全国普通高等院校“十三五”规划教材

国际贸易实务

主编

胡 琳 祝
冯 椿
张 颖

中央民族大学出版社
China Minzu University Press

图书在版编目（CIP）数据

国际贸易实务 / 胡琳祝，冯椿，张颖主编．—北京：中央民族大学出版社，2018.6（重印）

ISBN 978-7-5660-1295-1

Ⅰ．①国… Ⅱ．①胡… ②冯… ③张… Ⅲ．①国际贸易—贸易实务 Ⅳ．① F740.4

中国版本图书馆 CIP 数据核字（2016）第 296781 号

国际贸易实务

主　　编　胡琳祝　冯　椿　张　颖
责任编辑　舒　松
封面设计　北京无可限量文化传播有限公司
出 版 者　中央民族大学出版社
　　　　　北京市海淀区中关村南大街 27 号　　邮编：100081
　　　　　电　话：68472815（发行部）　　传真：68932751（发行部）
　　　　　　　　　68932218（总编室）　　　　　68932447（办公室）
发 行 者　全国各地新华书店
印 刷 厂　北京建宏印刷有限公司
开　　本　787×1092（毫米）　1/16　　印张：15.75
字　　数　335 千字
版　　次　2018 年 6 月第 2 次印刷
书　　号　ISBN　978-7-5660-1295-1
定　　价　76.00 元

前 言

我国自从加入世界贸易组织以来，进入了一个改革、开放的新时期，国际来往频繁，对外贸易迅猛发展，从事外贸事业的人员日益增多，尤其是新的外贸工作者亟须学习和了解国际贸易新的情况与新的做法，以适应我国对外贸易蓬勃发展的新形势，适应培养外贸人才和教学的需要的基础上，编写本书。

本书根据近年来国际贸易出现的新情况、新问题和最近发展起来的国际贸易惯例以及我国进出口贸易的实际经验编写，理论结合实际，着重于实践，让读者学习后即能上岗操作。全书共13章，包括国际贸易概述、贸易前的准备、磋商及合同履行、商品品质、包装运输、贸易方式、贸易术语、保险、检验以及技术贸易等基本知识，在最后附上在外贸实际操作过程中的典型案例及分析，提高初学者对外贸实际操作中的警惕性，避免外贸损失。全书内容力求深入浅出，举例确切，适宜有关院校的外贸专业教学，也便于外贸操作人员阅读。

本书由重庆科技学院的胡琳祝老师、中山市工贸技工学校的冯椿老师和辽宁机电职业技术学院的张颖老师担任主编。其中胡琳祝老师编写第一章至第五章，冯椿老师编写第六章至第十章，张颖老师编写第十一章至第十三章。本书由胡琳祝老师制定大纲，冯椿老师和张颖老师统稿。

因作者水平有限，书中可能存在疏漏和不足，还望同仁和读者不吝赐教。如果本书能在节省学生们的宝贵时间、提高学习效率等方面有一定作用的话，我们将深感欣慰。

编写

2016年7月

目　录

第一章 国际贸易概述

对外贸易亦称“国外贸易”或“进出口贸易”,简称“外贸”,是指一个国家(地区)与另一个国家(地区)之间的商品、劳务和技术的交换活动。这种贸易由进口和出口两个部分组成。对于进商品或劳务的国家(地区)来说,就是进口;对于出商品或劳务的国家(地区)来说,就是出口。这在奴隶社会和封建社会就开始产生和发展,到资本主义社会,发展更加迅速。其性质和作用由不同的社会制度所决定。国际贸易活动十分广泛。现在除传统的国际贸易形式外,还包括经济和科技合作等。

国际贸易由进口贸易(Import Trade)和出口贸易(Export Trade)两部分组成,故有时也称为进出口贸易。从一个国家的角度来看,国际贸易就是对外贸易(Foreign Trade)。

当代国际贸易的现象表明,国际贸易格局在第二次世界大战之后,已从垂直分工为主过渡到水平分工为主,即以发达国家和发展中国家的贸易为主过渡到以发达国家之间的贸易为主,这表明,人类生产力的发展越来越依靠技术进步。而且发达国家的跨国公司在当代国际贸易中的作用越来越大。根据联合国有关机构的数字,在20世纪90年代,世界贸易总额的2/3与跨国公司有关,而且相当大一部分国际贸易是在跨国公司内部进行的。在这样的情况下,一个后进的发展中国家要迅速发展经济,就必须学会怎样和跨国公司打交道,学会走改革开放之路。事实上,在第二次世界大战之后,也确实有一些发展中国家通过实施出口导向的经济发展战略,积极参与国际分工和国际贸易,使自己的经济快速增长,在一个不太长的时期内,使自己进入一个新兴工业化国家的行列。这些事实对于目前仍然贫穷落后的发展中国家来说无疑是具有启示意义的。研究当今国际贸易的特点和规律,结合本国的实际情况,从中找出发展本国经济的道路,正是许多国际贸易学者正在从事的工作。国际贸易是在一定的历史条件下产生和发展起来的。形成国际贸易的两个基本条件是:

(1)社会生产力的发展;

(2)国家的形成。

社会生产力的发展产生出用于交换的剩余商品,这些剩余商品在国与国之间交换,就产生了国际贸易。

第一节　传统外贸和现代新兴外贸

一、传统贸易理论

古典国际贸易理论主要是指亚当·斯密和大卫·李嘉图提出的绝对成本理论和比较成本理论。古典国际贸易理论建立在劳动价值论基础上,假定劳动是唯一的生产要素,生产技术是给定的,生产规模报酬不变。

15世纪到18世纪流行的重商主义是对国际贸易的第一种解释。重商主义者认为,国家富强的办法是尽量使出口大于进口,政府应当鼓励出口,限制商品的进口。亚当·斯密在《国民财富的性质和原因的研究》一书中对重商主义进行了批评,同时提出了绝对优势的国际贸易理论,阐述了比较优势的基本思想。他认为,一国只要专门生产本国成本绝对低于他国的产品,用以交换本国生产成本绝对高于他国的产品,就会使各国的资源得到最有效率的利用,获得总产量增加、消费水平提高及节约劳动时间的利益。他不仅论证了国际贸易分工的基础是各国的商品之间存在绝对成本差异,而且指出了存在绝对成本差异的原因。他认为,一般来说,一国的绝对成本优势来源于两个方面:一是"固有的"自然优势;二是人们后天经过训练、教育而获得的优势。一国如果拥有一种优势,那么,与该优势相关的产品生产的劳动生产率就会高于其他国家,生产成本会随之低于他国,从而取得价格优势。然而,斯密未能像李嘉图那样,在一系列的严格假定之下,使用较为简单的数学模型来阐明比较优势的基本原理,也未在定量方面完善比较优势理论。

1817年,李嘉图在《政治经济学及赋税原理》一书中论证和阐明了比较优势原理:即使一国在两种商品的生产上较之另一国均处于劣势(即无绝对优势),仍有可能有互利贸易。一个国家可以专门生产出口其绝对劣势相对较小的商品,同时进口其绝对劣势相对较大的商品。他认为,各国之间开展贸易的基础是其生产同一产品或同质产品的价格差,而这种价格差的原因是各国生产该产品的劳动生产率的差别。李嘉图的研究标志着国际贸易理论体系的建立,奠定了其后贸易理论的发展方向。

二、新古典贸易理论

1933年,瑞典经济学家伯尔蒂尔·俄林出版了《区际贸易与国际贸易》一书,提出了生产要素禀赋理论。由于俄林在其著作中师承了其老师赫克歇尔的主要观点,生产要素禀赋理论也被称为赫克歇尔—俄林理论。

要素禀赋理论用各国生产要素禀赋的差异来解释国际贸易产生的原因。认为:各国生产要素禀赋不同,供求关系不同,导致两国间要素的价格差异,而投入要素价格的差异导致两国商品生产成本的差异,生产成本的差异形成不同国家商品的价格差异,进而导致国际贸易的产生。贸易可以使各国生产要素的优势得到比较充分的发挥。在H-O定理（赫克歇尔-俄林理论，下同。）中,俄林将贸易模式进一步表述为:一国出口的应该是那些密集地使用本国较为丰裕的要素生产的产品,而进口的是那些需要在生产上密集地使用本国相对稀缺要素生产的产品。因此,其结论与亚当·斯密和李嘉图一样,认为自由贸易对于各个贸易参加国都是有利的。

赫克歇尔和俄林的贡献在于进一步丰富了传统国际贸易理论体系。在俄林的模型中,劳动不再是唯一的投入,但生产的技术条件及规模报酬仍然不变。要素禀赋理论被称为新古典贸易理论,曾经在很长时期内成为国际贸易的主流理论。从“绝对优势理论”到“比较优势理论”,进而到H-O四大定理,传统国际贸易理论的发展一直遵循着完全竞争、报酬不变、同质产品等古老的假定。总体看来,传统国际贸易理论没有脱离比较优势的理论框架。

三、新贸易理论

在第二次世界大战爆发以后,随着科学技术的进步、发展中国家的出现以及国际分工的重要发展,国际贸易达到任何时间都没有达到的发展。然而,与经典贸易模型所预测不相符合的是第二次世界大战的贸易模式与传统国际贸易理论相违背。美籍学者瓦西里·里昂惕夫首先发现这样问题。他运用经验资料对模型进行检验,结果发现美国的贸易有悖于H-O理论。按照传统理论,美国这个世界上具有最昂贵劳动力和最密集资本的国家,应主要出口资本密集型产品,进口劳动密集型产品。但事实恰好相反,美国出口量最大的却是农产品等劳动密集型产品,进口量最大的却是汽车、钢铁等资本密集型产品。这就是著名的“里昂惕夫之谜”。“里昂惕夫之谜”的出现挑战了传统国际贸易理论,也加速促使战后一系列重要的国际贸易理论的诞生。包括新要素贸易理论、产业内贸易理论、国际贸易产品的生命周期理论等等。这些理论的诞生都依托战后国际贸易中出现的一些新现象,战后的国际贸易理论也在解释新出现的现实问题中不断完善和发展。

20世纪70年代末至80年代初,克鲁格曼、赫尔普曼、布兰德等人以不完全竞争理论为出发点,以迪克西特—斯蒂格利兹的分析工具为基础,将规模经济、多样化偏好及产品的异质性理论纳入规范的贸易理论的分析之中,解释了资源禀赋和技术相似的国家间贸易及产业内贸易急剧上升等国际贸易现象,从而宣告了新贸易理论的诞生。

新贸易理论认为,除资源禀赋差异外,规模经济是国际贸易起因和贸易利益来源的另一个独立因素。新贸易理论引入了规模经济假设,打破了比较优势理论关于规模收益不变和完全竞争的基本假定,使得研究的中心由国家间差异转向市场结构和厂商行为等方面。新贸易理论的出现并不意味着其替代了传统的贸易理论。尽管赫尔普曼和克鲁格曼等人在其新贸易理论模型中假设各国的要素禀赋相同,但他们并不否认要素禀赋对贸易结构的重要影响。赫尔普曼和克鲁格曼在其论著中将规模报酬递增、专业化分工与要素禀赋的差异有机地结合在一起,并得出结论,要素禀赋的差异决定不同生产部门的贸易(产业间贸易),而专业化分工决定相同生产部门的不同产品之间的贸易(产业内贸易)。发达国家与发展中国家之间的贸易主要是产业间贸易,主要由要素禀赋所驱动;发达国家之间的贸易主要是产业内贸易,主要由规模报酬递增引起专业化分工所驱动。但是,新贸易理论有一个明显的不足,即不能解释国内贸易向国际贸易的转变,只能把一开始人们拒绝国际贸易的原因归之于某种障碍。

四、新—新贸易理论

古典贸易理论、新古典贸易理论和新贸易理论从国家、产业的角度解释了国际贸易发生的原因、贸易结构以及贸易对国家福利和经济增长的影响。新贸易理论抛弃了完全竞争市场结构和报酬不变的假定,引入了规模经济和不完全竞争等条件,解释了第二次世界大战后日益增加的产业内贸易现象。然而,随着国际分工的进一步发展和企业活动国际化的深入,出现了以企业为核心的国际贸易新格局。梅里兹通过对国际贸易的现实观察,提出了“异质企业贸易;新—新贸易理论以微观企业为研究对象,以企业异质性;新—新贸易理论以企业为研究视角,开启了国际贸易理论。

新—新贸易理论以企业为研究视角,开启了国际贸易理论研究的新领域,提供了关于跨国公司国际化路径和生产组织的全新解释框架。但目前该理论仍处于发展初期,其理论框架尚需进一步完善。该理论表明,发展中国家应积极参与国际分工,提高对外开放水平,这有利于提高本产业生产率,充分发挥市场的优胜劣汰效应。

五、新兴古典贸易理论

20世纪80年代,以杨小凯为代表的一批经济学家用超边际分析的方法,重新将斯密关于分工与专业化的精彩思想变成决策和均衡模型,创立了新兴古典经济学,使经济学的研究对象由给定经济组织结构下的最优资源配置问题转向给定技术与经济组织的互动关系及其演进过程的研究。

新兴古典经济学并不是一场经济学的革命,而是在一个新的分析框架下,去掉新古典经济学中消费者与生产者绝对分离的假定,抛弃规模经济概念而改用专业化经济概念,并考虑交易费用的一般均衡意义。新兴古典贸易理论依托新兴古典经济学分析框架,通过专业化水平决策来解释国内贸易和国际贸易,通过分工及事前相同的个人之间的内生比较优势的演进来解释国内贸易发展为国际贸易的原因。

新兴古典贸易模型产生了如下命题:随着交易效率不断改进,劳动分工演进会发生,而经济发展、贸易和市场结构变化都是这个演进过程的不同侧面。伴随着劳动分工的演进,每个人的专业化水平、生产率、贸易依存度、商业化程度、内生比较利益、生产集中度、市场一体化程度、经济结构多样化程度、贸易品种类及相关市场个数都会增加,而同时自给自足率下降。新兴古典贸易理论的发展为国内贸易和国际贸易提供了一个统一的理论内核。

新兴古典贸易理论引入了消费者—生产者合一及有交易费用的分析框架,并用专业化经济替代规模经济,克服了新古典贸易理论的局限,使斯密的分工理论与科斯的交易费用理论融为一体。该理论重新阐释了绝对优势、比较优势等国际贸易理论的核心概念,论证了内生比较优势的一般性,继承和发扬了斯密的绝对优势原理。另外,该理论成功解决了规模报酬递增与竞争市场的相容性问题。可以预见,新兴古典贸易理论将成为未来贸易理论发展的主要方向之一。

国际贸易是一个重要的经济现象,李嘉图的技术差异模型及赫克歇尔—俄林的要素禀赋差异模型主要揭示了贸易互利性的“双赢”理念,并解释了产业间贸易;以克鲁格曼和赫尔普曼为代表的规模报酬递增与垄断竞争模型主要解释了产业内贸易现象;新—新贸易理论以企业为研究视角,提供了对跨国公司国际化路径和生产组织的全新解释框架;新兴古典贸易理论以专业化经济替代规模经济,引入交易效率这一全新视角来解释国际贸易。不同的理论从不同的理论前提及分析框架对国际贸易的产生提供了一定的解释力。在经济全球化,自由贸易已基本成为各国共识的今天,中国作为新兴的发展中大国,只有坚定不移地推进改革开放,发展有效的法律制度,改进交易效率,才能在国际贸易分工的格局中处于有利地位。

六、跨境电子商务

跨境电子商务（Cross-Border E-Commerce），是指分属不同关境的交易主体,通过电子商务的手段将传统进出口贸易中的展示、洽谈和成交环节电子化,并通过跨境物流送达商品、完成交易的一种国际商业活动,又可称为跨境电子商务,其本质是电子商务在进出口贸易领域的运用,是国际贸易流程的电子化、数字化、网络化。按照跨境电子商务货物流动方向可分为跨境电子商务进口和跨境电子商务出口,其中跨境电子商务出口交易模式有企业间的交易的B2B模式,企业与个人消费者间的交易的B2C模式以及个人之间的交易的C2C模式,目前以B2B模式和B2C模式为主,而每种模式都出现了一些第三方的跨境电子商务平台使得交易更加便利化,如以B2B模式为主的阿里巴巴和敦煌网,发展为我国最大B2C交易平台的兰亭集势,而跨境电子商务进口有海淘为主的B2C模式、类似于广州珠江新城保税体验店的“网购保税”模式以及海外代购模式。目前跨境电子商务发展较好的地区有以江浙为代表的长三角地区和广深为代表的珠三角地区以及内地跨境电子商务试点城市,跨境电子商务的区位优势正在逐步形成,目前各地区以自由贸易试验区为契机进行不断的尝试和创新,力图能在新型对外贸易方式中获得先发优势,但在这过程中如何能把握机遇,对政府和企业都带来挑战,文章分析中国跨境电子商务发展的优势以及困境,并进行相应的思考,最终期望政府能有效规范和引导跨境电子商务的野蛮生长,地区获得先发优势,企业从中获得发展。

复习思考题

简要回答大卫·李嘉图“比较成本学说”的主要内容。

第二节 国际贸易的现状及趋向

20世纪90年代以来,以信息技术为核心的新科技革命迅猛发展、经济全球化以及全球性产业结构调整步伐加快,国际竞争更加激烈。面对国际经济形势的重大变化,当代国际贸易的发展也表现出一系列的新趋势:国际贸易发展动因知识化、国际贸易区域化、国际贸易交易对象高级化、国际贸易交易方式网络化、国际贸易交易市场垄断化以及国际贸易利益分配两极化。

在知识经济时代,科学技术知识既是推动社会经济发展的核心动力,又是国际竞争的重点。由于产品的不断升级换代,必将促使各国的产业结构和经济结构向更高层次发展,使国际间的相互依赖和渗透进步加深,从而推动国际商品范围和贸易量的不断扩大,并使商品生产的内容、形式以及组织等方面都将发生变革。因此,在知识经济初露端倪的今天,国际贸易呈现出了一系列的新趋势。

一、国际贸易发展动因知识化

20世纪90年代以来,知识经济初露端倪,特别是以信息技术、知识产业为主要标志的知识革命迅猛发展,我们正在迈向一个以智力资源和只是要素占有、分配、生产和消费的知识经济时代。知识总量、人才素质和科技实力将代替资本成为竞争的根本要素,智力资源的丰缺盈余程度将成为国际分工和国际贸易的决定性因素,自然禀赋状况的重要性日益被剥削,以自然资源为中心的国际分工体系逐渐被以知识和技术为中心的国际分工体系所代替,科学技术知识成为国际贸易发展的新的重要动因。社会发展的实践经验也证明了科学技术知识对经济发展的重要作用,科学技术对经济的贡献率在20世纪上半叶不到50%,但到90年代却达到80%~85%;发达国家经济增长也主要是通过科学技术进步获得的。据美国商务部和美国电子协会统计,美国“新经济”增长的1/4以上归功于信息科学技术,今天对美国经济起主导作用的是高技术信息产业,微软、英特尔等已取代了当年的三大汽车公司。高新技术产品的出口不仅利润较高,而且使美国对经济紧缩或经济周期的抵抗力更强,高技术产品的出口成为美国20世纪90年代以来经济持续增长的主要因素之一。

二、国际贸易区域化

2002年11月4日,朱镕基总理和东盟10国领导人签署了《中国与东盟全面经济合作框架协议》,决定到2010年建成中国东盟自由贸易区。2002年12月13日,欧盟哥本哈根首脑会议宣布成功结束同10个候选国的入盟谈判,它们将在2004年5月成为欧盟正式成员国。届时,欧盟将拥有25个成员国,其人口达四、五亿,经济总量同美国相仿。此外,欧盟还宣布了同罗马尼亚和保加利亚结束入盟谈判、同土耳其开始谈判的时间。2002年12月22日,海湾合作委员会(海合会)第23届首脑会议在多哈宣布,海湾关税联盟正式成立并启动。第二次世界大战以后特别是20世纪80年代以来,区域、次区域经济合作蓬勃发展,区域和双边自由贸易协定纷纷缔结。区域经济合作采取了丰富多样的形式,已形成的区域贸易协定(RTA)数量也相当可观。根据1948年以来各国向GATT/WTO报告的RTA的统计,世界上曾经出现200多个RTA,目前有150多个正在实施,而且他们中的大多数是在过去的10年间建立的。从1948年到1994年,GATT收到了124份RTA通报,自从1995年WTO(世界贸易组织的简称,下同)成立以来,收到了超过100份的RTA通报。RTA正日趋复杂、完善,很多国家参加了多个组织。截至2000年年底,接近60%的已生效实施的RTA通报来自于欧洲国家,发展中国家的通报大约占15%。中国~东盟自由贸易区在2010年的建成,将给双方带来“双赢”的局面。自由贸易区建成后,将形成一个拥有17亿人口、约2万亿美元国内生产总值和1.2万亿美元贸易总额的经济区。中国~东盟经济合作专家组的研究认为,它将使东盟对中国的出口增加130亿美元,增幅为48%;中国对东盟的出口增加106亿美元,增幅55.1%。

事实上,由于中国在进口东盟农产品和对越南等东盟新成员均采取照顾的方针,东盟不久就将通过增加对中国农产品的出口和取得关税优惠获得早期收益。由此可见,区域经济一体化对成员国可以带来静态的和动态的福利改善。区域经济一体化进程与多边贸易体制一起互为补充和完善,对国际贸易的快速发展起到了巨大的推动作用。但也应清醒地认识到,在世界各国关税水平都比较低的当代,区域经济一体化使得贸易转移的效应更为明显,对非同盟成员国来讲是很不利的(在1994年前,中国是输美纺织品的最大出口国,但自1994年美国和墨西哥、加拿大建立了北美自由贸易区后,首先墨西哥就替代中国成为输美纺织品的最大出口国,目前连加拿大也超过了中国),这就在一定程度上迫使更多的国家建立或加入各种区域经济一体化组织。WTO公布的2001年和2002年上半年国际贸易统计报告中指出:2001年,四个最大的区域贸易协定内的相互贸易占世界货物贸易的份额增长至36%。

三、国际贸易交易对象高级化

在科学技术知识对经济发展日益重要的今天,国际贸易交易对象逐渐高级化。首先,国际技术贸易在国际贸易的构成中发展十分迅速。据统计,1993年以来,主要工业化国家高新技术产品出口增长均高于全部出口的增长速度,1975~1985年十年间,美、德、英、法、日五国高兴技术出口额平均增长了73.1%,而1985~1995年,高新技术出口额增长了353%,是前十年高新技术出口额增长的5倍,可见高新技术产品的出口已成为国际贸易新的增长点。其次,国际贸易商品结构也日益高级化。1985~1993年,世界高科技产业年增长率为14.3%,高科技产业产品在制造产业产品出口贸易的份额也日益上升,到2002年占制造业产品出口比重的1/4。

四、国际贸易交易方式网络化

随着知识经济时代多媒体技术和网络技术的发展,国际贸易交易日益借助国际互联网来完成,出现了所谓的网络贸易。网络贸易是指通过计算机网络,如万维网、因特网等现代化电子方式所进行的贸易或商务活动,整个交易过程包括交易磋商、签约、货物交付、货款收付等大都在全球电信网络上进行。其交易的产品主要是数字化产品,如金融服务、网上娱乐、售票服务、音像书刊、软件设计、咨询服务、信息传递等;也有实物产品交易,实物产品交易则是交易磋商、签约、货款支付在网上进行,实物交付在具体地点进行。目前,网络贸易发展十分迅速。1996年网上交易额只有23亿美元,1997年网上交易额就为150亿美元,1998年达500亿美元,据美国《商业周刊》,2001年全球网上贸易总额达2051亿美元,2002年达3490亿美元。正是由于网络贸易具有如此强大的生命力,它才引起世界各国和国际经济组织的关注,纷纷制定各种政策和采取各种措施来维护和促进网络贸易的发展。如1997年7月8日,在德国波恩召开的由40多个国家参加的部长会议上,一致同意在网络贸易中维护自由贸易原则,各国不得自设关税和非关税壁垒,同意网络贸易不得征收新的税种,其中29个国家在通过的文件上签字;此外,WTO和APEC等国际或区域经济组织对网络贸易也十分重视。显然,网络贸易将会得到迅猛的发展,将成为21世纪国际贸易领域中一朵鲜艳的奇葩。

五、国际贸易交易市场垄断化

由于跨国公司垄断了国际技术创新的70%~80%和国际技术贸易的90%,因此,在国际交易市场中跨国公司的垄断地位日益加强。目前,跨国公司是新技术的主要开发者,也是技术贸易的主要交易者,已经成为世界经济拉动的火车头。据《商业周刊》2000年在美国纳斯达克指数疯狂暴涨时的一次统计,美国微软公司的市值已经超过了俄罗斯的国民生产总值,全球500家大型跨国公司内部和相互贸易占世界贸易总额的60%以上。在迈向知识经济快速发展的21世纪,信息技术和搞笑运输技术的突飞猛进,企业的跨国经营变得更加容易和有效,跨国公司的发展也将面临新的飞跃。因此,跨国公司现在都纷纷调整其发展战略,对内进行经济结构的升级和技术的大规模更新,对外竭力维护其市场份额,并努力开拓新市场。可见,在未来的国际贸易中跨国公司的垄断地位将进一步得到加强。

六、国际贸易利益分配两极化

因为发达国家和发展中国家在知识经济的发展过程所处的地位不同,所以在国际贸易利益分配格局中,两极化的趋势将进一步明显,即所谓“中心-外围化”趋势。目前,发达国家与发展中国家在国际贸易利益分配中的“中心~外围”的地位并没有发生改变。在国际技术贸易中,发达国家占80%,其中美、英、德、法、日占发达国家技术贸易总额的90%以上,仅美国就占了世界技术贸易总额的1/3,而且全球技术贸易的85%在发达国家之间进行;在知识经济的代表性产业国际信息技术贸易中,发达国家同样占领重要地位,1995年国际信息技术产品贸易额达6000亿美元,市场份额基本被美、日、欧盟所瓜分,在全球电信市场上美、日、欧盟也占了3/4;在网络贸易中发达国家也占尽先机,1998年全球网络贸易总额500亿美元中仅美国就占了170亿美元。在知识经济全面发展的21世纪,在国际贸易利益分配中,发达国家“中心化”和发展中国家“边缘化”、“外围化”的趋势将进一步加剧。

随着知识经济的发展,国际贸易协调的范围和重点也转移到以服务业、电信业、知识产权为代表的知识经济领域。1997年WTO的《全球基础电信协议》、《信息技术协议》和《开放全球金融服务市场协议》的签订就反映了这一发展趋势。在WTO的“千年回合”谈判中,高技术领域谈判更是发达国家首先关注的问题,这也是目前发达国家与发展中国家在WTO谈判中的重要分歧之一。高技术领域协调已经成为国际贸易协调的重点。当前各国在保护各自的相关产业时,也越来越多地采用WTO所允许的各种合法措施,自然其中也有很多是在合法的外衣的掩护下的不合法的行为,这也是为何国际间反倾销、反补贴以及临时性保障措施频频出现和数量大幅度上升的主要原因之一,但它毕竟相对于以往的无序要好得多,它体现了各国希望通过协调来解决贸易争端的一种趋势。面对世界经济、国际贸易的这些新变化、新趋势,我国应调整经济发展战略,采取符合国情的应对措施,促进我国对外贸易的发展。

第三节 开拓国际市场的探索

随着世界经济一体化的发展,使得世界上每一个国家或地区,不论处于怎样的发展水平,不论处在何种地理位置,如果不加大发展外向型经济的力度,不积极融入到世界经济一体化的潮流当中,就会被世界发展大潮所淹没,停滞与落后是必然的结果。因此加大我国外向型企业的国际市场开拓的进度和步伐具有十分重要的意义。

首先,外向型企业的国际市场开拓是加快我国对外开放,实现经济快速增长的重要条件。开拓国际市场是外向型企业积极应对经济全球化趋势的一个很重要的选择。一般而言,一个国家、地区的经济外向指数越高,出口额占GDP的比重越大,这个国家、地区在国际市场上的参与性、市场竞争力就越强,从而得到的利益也越多。就一个地区经济而言,对外贸依存度越高,这个地区的国际化程度也越高,与国际市场的联系更紧密,对周边地区的经济覆盖力和经济带动力也越强。顺应经济发展全球化的潮流,打开国际市场,加快外向型企业的国际市场开拓步伐是我省的重要也是必然选择。

其次,外向型企业开拓国际市场也是促进我国经济更快发展的内在要求。一是它能推动产业结构的深化,促使企业不断提高经营管理水平,促进产品升级和技术的更新,扩大销售市场,提高国际竞争力,实现产业效益最大化;二是它能进一步拉动当地工业的发展;三是它能促进当地其他相关联产业的发展,提供更多就业机会,增加财政收入。

最后,它有利于我国消化和转移过剩的劳动力和传统技术,提高优势产品在市场的占有率,对我国经济的发展起到积极的带动作用。通过扩大我国产品在国际市场占有的份额,来弥补国内市场的损失。并根据其消费习惯和市场特点来灵活调整出口产品的结构,促进出口贸易的增长。

因此,对我国外向型企业的国际市场开拓策略的分析与研究显得尤为重要,它有利于企业在国际市场开拓过程中规避更多的风险,使其能平稳地发展和壮大。

一、我国企业开拓国际市场的意义

1.可充分利用国际资源

在当前经济全球一体化的现状下,我国企业要想有一个更好的发展,就必须高瞻远瞩,充分利用全球资源和全球市场。不同国家和地区都有各自独特的资源优势,当企业的生产销售单纯面向国内市场时,其可有效利用的资源会受到国内市场条件的限制,要么成本高昂,要么难以寻找而使得企业生产销售无法满足规模性、经济性的要求。企业只有面向更广泛的国际市场,通过竞争促进资金、技术及自然资源等的合理配置,才能充分利用国际资源来更好地实现企业价值。

2.捕获更多的市场机会

经济全球一体化提供了更多的市场机会。对于国内大量生产长线产品的企业而言,他们可以把自己的活动扩展到国内市场以外并由此获得更多的顾客,同时通过在其他国家延长或更新产品生命周期来避免国内市场的饱和,进而使企业规避经营风险。例如,许多产品的寿命周期在国际市场中具有了时间差与地区差的特点,当企业某种产品在国内处于产品寿命周期的成熟期甚至是衰退期时,在另外一些国家却还处在导入期或成长期,此时,将产品打入这些国际市场,就等于是延长了产品的寿命周期。又如,国际市场需求较之国内市场需求更具多样化,这也会给企业提供更多的机会。

3.扩大企业规模,增加产品销售量

我国企业积极开拓国际市场,可以扩大企业规模,增加产品销售量。一方面,国际市场容量巨大,企业只有不断扩大规模才能够有效满足国际市场的需求;另一方面,扩大企业规模也是企业降低成本、获得规模效益,在国际市场竞争中取得竞争优势的重要手段。

4.可加速企业成长,提企业声誉

对于我国这样一个发展中国家来说,鼓励国内企业积极开拓国际市场,参与国际竞争,可以在强手如林的激烈竞争中锻炼企业,在融入世界经济主流的同时从根本上转变我国企业的发展思路,锻造出适应国际竞争环境的新型现代企业。从事国际市场开拓活动本身就可以提高企业在本国市场内的声誉和地位。另外,从事国际市场营销活动的企业通过对外交流,还可以扩大自身在国外的知名度和影响力,比如海尔、华为、联想等企业就是很好的例证。

二、我国企业开拓国际市场面临的问题

1.营销观念落后

近年来,随着我国经济改革的不断深化和市场经济的日趋成熟,国内企业的营销知识、技术和水平都得到了很大提高,但由于我国仍旧处在市场经济发展的初级水平,所以许多企业的营销观念仍然还停留在“生产观念”和“推销观念”阶段。而在西方资本主义国家,企业营

销活动的指导思想已经经历了从“生产观念”到“推销观念”再到“营销观念”的演变。相比之下,我国企业在营销观念上比欧美发达国家落后了几十年。

2.开拓国际市场的经验和能力不足

我国改革开放刚刚进行了三十一年,而企业真正开始自主进入国际市场才是近二十年的事,与国际市场的长期隔绝,使我国企业对国际市场缺乏了解,这是个不争的事实。当国外企业已积累有百余年国际市场营销经验的时候,我国的企业则是刚刚涉足这一领域。目前,我国企业对国际市场的宏观、微观环境,国际市场的行情、走势,国际经商惯例,本国对外贸易规章、运货、报关、检验等手续,各国关税及非关税方面的规定,国际汇兑、国际法律、保险、运输知识等还都处在学习和熟悉的阶段,更缺乏能够熟练掌握和应用外语,并具有国际市场知识和经验的相关人才。可以说,国际市场经验和能力方面的缺乏是我国企业进入国际市场的最大障碍。

3.缺乏充分的市场调研

市场调研是联系市场和企业的纽带,没有市场调研企业就很难在目标市场获得成功。开拓国际市场需要的信息资料很多,而市场正是一个庞大的信息系统,为了获取有效的信息,企业应深人目标市场做充分调研。我国大多数企业的经营者懂得重视国内市场调研,但是在国际市场上,许多企业要么否认国际市场调研的价值,要么为了节约成本而忽视境外目标市场的调研;有的虽然调研了,但数据不充分,调研结果没有真正反映国际市场的实际,导致不少企业在开拓与国内有差异的国际市场时屡遭失败。

4.产品质量、结构有待改善

面对国际市场,特别是欧美市场,我们的产品质量还有待提高。一方面,我国的出口产品,除了少数能够达到国际水平以外,大多数企业的产品在品质、功能、包装和服务方面都与国外同类产品存在着不小的差距。这使得我们的许多产品要么由于达不到相应标准而无法对外出口,要么就是出口了也只能被当作低档商品来出售而无法卖出好的价钱。时至今日“Made in China”仍然在一些国际市场上被认为是低档货的代名词。另一方面,我国出口产品的总体结构还存在着严重的不合理性。绝大部分出口产品都是初级品、低值品、劳动密集型产品,而高技术产品和高附加值产品的出口比重很小。

5.对知识产权保护不力

知识产权是企业开拓国际市场的通行证和保护神。现阶段,我国很多企业要么对知识产权保护的了解还相当粗浅和模糊,要么出于企业对成本控制的需求,知识产权的事先保护支出与事后维权支出十分有限。由此引发我国企业自主品牌被恶性抢注的事件屡屡发生:“竹叶青”在韩国被抢注;“凤凰”在印尼被抢注;“阿诗玛”在菲律宾被抢注;“红星二锅头”在英国被抢注“同仁堂、“全聚德”、“王老吉”、“女儿红”、“杏花村”等中华老字号都曾在海外遭遇商标抢注,这给开拓国际市场的我国企业造成了很大的障碍。

三、我国企业开拓国际市场的策略

1.树立营销观念

在当前国际市场竞争激烈、商品极大丰富的年代,企业经营者一定要树立市场营销的观念。企业的经营理念必须从“以自我为中心”向“以顾客为中心”转变,从“企业生产什么,顾客接受什么”向“顾客需要什么,企业就生产什么”转变。企业管理者只有牢固树立市场营销观念,立足目标市场,研究目标市场的规律、研究目标消费者的行为,并根据市场的变化在产品生产、价格制定、渠道建立及促销组合等方面充分满足消费者的需求,才能在国际市场竞争中赢得一席之地。

2.在实践中学习、积累国际市场开发经验

我国企业应认真研究跨国公司的成功经验,世界500强企业如通用、保洁、丰田等公司在开拓国际市场上积累了丰富的经验,我们应结合我国企业自身的实际,有选择地学习。学习可口可乐的品牌打造、学习沃尔玛的渠道建设,同时还要学习国内企业如华为、联想、海尔等如何成功地进军国际市场的经验。在学习的过程中,注意积累并紧密结合自身的实际,制定出一套适合自身行业、自己企业的国际市场开发方案。

3.做好充分的市场调研

市场是企业经营的起点,是商品流通的桥梁。企业在开拓国际市场的过程中会遇到国内市场所没有的变数,如关税及汇率的变化、当地的政策法规、不同的文化、宗教信仰等。企业进入国际市场,变化因素大大增加,通过充分的市场调研所提供的信息就能很好地解决这些问题。另外,在国际市场上,由于消费者需求个性更加明显,消费心理和消费行为变化更趋复杂。面对这些情况,哪个企业信息掌握得越迅速、准确、可靠,产品更新换代越快,生产计划安排越得当,哪个企业就能更好更快地满足目标顾客的需求,就能取得更多的国际市场份额。

4.改善产品结构及质量

我国企业开拓国际市场要解决的核心问题就是产品问题。在国际市场上,由于受不同价

值观、文化、宗教信仰等不同因素的影响,消费者对产品的需求爱好会表现出不同的特征。各国经济条件的不同,决定人们的消费行为有差异;地理环境与气候的迥异,导致消费者对产品的功能、特性等方面的需求会有很大的区别。例如红色在我国被视为喜庆的颜色,但在印度红色就不被看好;另外在产品包装、命名等方面也要充分考虑目标市场的具体情况,提供与之适应的产品。改进产品结构,通过增加产品的技术含量、文化含量等来提高产品的附加值,注重自主品牌的建立、培养及推广,增强品牌的溢价功能。

5.加强知识产权保护力度

进入新世纪以来,知识产权已日益成为跨国公司争夺国际市场份额和市场优势的重要武器。美国、日本等国家明确提出了本国知识产权战略,并把其作为振兴本国经济、增强其国际竞争力的战略举措。特别是日本提出“知识产权立国”,促使竞争的源泉从产品生产过渡到“知识生产”。在我国,温家宝总理明确指出:“世界未来的竞争就是知识产权的竞争,集中表现在一流的技术、一流的产品。”所以我国企业在知识产权保护方面也不能落后,特别是在开拓国际市场的过程中,更应如此。首先,要提全民对于知识产权的保护意识,使他们懂得保护知识产权的重要性。其次,国家应支持企业加大培训力度,通过开办讲座、举办短期培训班、召开研讨会等多种形式,进行全方位的培训,培养一批素质的知识产权人才队伍。再次,建立知识产权保护的沟通与合作机制,加强了解国外知识产权执法信息,积极参与知识产权行政执法的国际交流与合作,深入学习外商投资企业在打击假冒伪劣商品、保护知识产权等方面的经验。最后,国家应设立专项资金支持我国企业在国际上开展专利打假活动,维护正常的市场竞争秩序。

四、总结

总之,随着经济全球化步伐的加速,将有更多的中国企业走出国门,与世界各国的优秀企业同台竞技。我国的企业要想在竞争日益激烈的国际市场中立于不败之地,要想在国际舞台上有出色的表现,就必须正确认识和把握国际市场的规律及变革趋势,积极应对。只有这样才能不断增强我国企业跨国经营的能力,提企业国际竞争力,赢取更广阔的国际市场空间。

复习思考题

一、什么叫国际贸易?它对国民经济发展有什么作用?

二、开展对外贸易,为什么要了解国际市场?

三、当前国际贸易的情况和趋向是什么?

四、开拓国际市场应研究哪些问题?

五、我国现阶段对外贸易的主要问题有哪些?

第二章　对外贸易前的准备

在出口贸易中,交易对象都是国外商人,而国际市场情况又是错综复杂和变化多端的,因此,在开展出口业务时,一定要充分做好各项前期准备工作。这些准备工作主要包括:对国际市场的调查研究和出口营销;寻找客户和建立业务关系;落实货源、制定出口商品的生产(收购)计划;制定出口商品经营方案;开展出口促销活动等。

第一节　外贸交易的准备

一、办理相关手续

出口交易前出口企业要履行办理进出口经营权、办理海关登记注册、办理出口许可证等相关手续。

1.办理进出口经营权

办理进出口经营权自中国加入WTO以后,国家鼓励企业申报进出口经营权,申办的手续日益简单而开放。但对企业的规模、生产能力、人员配备等仍有相当的要求。取得进出口经营权的企业通常也需要接受相对严格的政府职能机构行政管理。根据我国《对外贸易法》(2004)规定,自然人、法人和其他组织依法登记后,可以从事货物和技术的进出口贸易。

未获进出口经营权或无该项商品进出口经营权的企业,如需进出口,必须委托有该商品进出口经营权的企业代理进出口。对众多的民营小企业而言,通过外贸公司代理出口更为简便可行。所谓代理出口,就是找一家外贸公司或有进出口权的公司合作。与外商的生意由小企业自己去洽谈,谈定后,以外贸公司的名义与之签订合同。根据合同备货妥当后,由外贸公司代理进行出口事宜,比如商品进出口检验检疫、海关申报、外汇收支等。外商把美金货款支付给外贸公司,外贸公司再按照约定的比例折合成人民币,扣除相应费用后支付给小企业。这样一来,虽然实质上仍是小企业做外贸,但操作形式上就变成:小企业以普通内贸的方式把货物赊销给外贸公司,外贸公司自行出口后支付货款。

对于个人做外贸还可以通过挂靠。所谓“挂靠”就是与某个外贸公司达成协议,成为此外贸公司名义上的业务员或兼职的业务员。业务自己做,以外贸公司的名义对外签合同、交货、结算货款,自己则按照约定的比例计提利润。挂靠的方式多见于有一定的外贸经验,有自己的进货和销售渠道的人。这之所以选择挂靠而不是自己去开公司,主要是借助大型外贸公司的知名度和商业信用,以期在购销过程中得到优惠便利,并节省办公费用。在这种情况下,挂靠者甚至不需要到公司上班,在自己家中用一台电脑即可完成外贸交易——有时甚至是大宗交易。这种自由的SOHO（small office home office）方式颇受有经验的外贸人的欢迎。不过,做外贸SOHO需要比较深厚的外贸知识技巧,有对进销两方面渠道较强的把控能力,因此并不推荐外贸新手去做。

2.办理海关登记注册

所有进出口货物都要向海关办理报关手续。需要向海关办理报关手续的企事业单位,应向当地海关提出书面申请,经海关审核并办理注册登记手续。办理了上述手续的单位,才可以直接向海关办理进出境货物的报关手续。

3.办理出口许可证

根据国家规定,凡是国家宣布实行出口许可证管理的商品,不管任何单位或个人,也不管任何贸易方式,出口均须申领出口许可证。目前,我国只对少部分商品（如供应港澳鲜货冷冻商品）的出口规定须办理出口许可证。

二、国际市场调研

这里所说的国际市场调研,是指出口商所进行的以国外客户的信息为中心的调查研究活动。该活动要解决的问题有:现有客户由哪些人或组织构成?潜在市场顾客由哪些人或组织构成?这些顾客需要购买哪些产品或服务?为什么购买?何时何地以及如何购买?等等。国际市场调研的具体内容主要包括两个方面:一是关于市场的调研;二是关于客户的调研。

1.关于市场的调研

在对外洽谈之前,企业应对国外市场做深入、细致、准确、多方面的调查研究,以便从中择优选定出适当的目标市场。这些调研主要包括:对进口国别（地区）的调研;对商品市场的调研;对商品销售的调研。

对进口国别（地区）的调研,主要是调查研究有关国家或地区的经济状况、对外政策、进出口商品的结构、贸易对象国、贸易与外汇管制、有关对外经济往来的情况及其特点、市场惯例、政治财政状况、生活习惯等。通过这些调研,主要是为了达到贯彻国别政策、选择适宜的市场、创造有利条件以及发展贸易关系的目的。

对商品市场的调研,主要是调查研究有关商品的供需情况及相关商品的品种、质量、包装、成本、价格,主要的供需国别(地区)及其发展状况。通过这些调研,主要是为了摸清适销市场,使本方的商品销售在有利的条件下进行。

对商品销售的调研,主要是调查研究有关产品的销售渠道、广告宣传、计价货币和售前售后服务等。通过这些调研,主要是为了学会做贸易的技巧,运用有效的推销手段,扩大商品出口。

2.关于客户的调研

关于客户的调研,也就是对交易对象的调查研究。主要是调查已经或有可能经营本企业出口产品的客户或潜在客户的资信情况、经营范围、经营能力以及客户与我国贸易往来的情况等,以便于根据企业自身的特点有区别地选择和利用客户。

出口商投入时间调查和研究,是为了在国际市场上增加其产品成功的机会。调查和研究潜在市场有助于确定产品在哪里最容易销售,确定细分市场,确定国内和国外的竞争对手,为产品确定合理的市场价格。该项工作可以由企业内部的调研人员完成,也可以委托企业外部专业调研公司完成。

三、制定出口商品经营方案

外贸企业在对国际市场调查研究的基础上,一般均应对所经营的出口商品制定经营方案。出口商品经营方案是根据国家的方针政策和本企业的经营意图对该出口商品在一定时期内所作出的全面业务安排。一个企业在分析市场、选定自己的目标市场以后,就要针对目标市场的需求、影响市场销售的不可控的宏观因素以及本企业可以控制的销售因素,最有效地利用本身的人力、物力资源,趋利避害、扬长避短,设计企业的销售策略,制定最佳的综合销售方案,即出口商品经营方案,以便达到企业的预期目标。

不同的商品,经营策略的方法、步骤不一样,经营方案的内容繁简也不一样,商品经营方案所涉及的产品可以是一种,也可以是一类。一般来说,对大宗商品通常是逐个制定出口商品的经营方案。目前,我国外贸企业所制定的出口商品经营方案内容,通常包括国内货源情况、国外市场与目标市场情况、历史经营情况、计划安排和实现计划的措施,如市场安排、物色客户、广告宣传、贸易方式、价格、支付等交易条件的选择、运用和掌握,以及成本和经济效益的核算等。对于某些一时情况难以全面掌握不易制定经营方案的新小商品,可暂订价格方案。价格方案的内容一般比较简单,局限于成本核算与出口定价。

由于国际市场情况复杂多变,有时所制定的出口商品经营方案不可能完全符合市场实际情况,所以外贸企业应结合市场变化及时修订经营方案,使之符合市场实际并能有效地指导企业的经营活动。

四、落实货源

组织货源是出口交易前的必要工作。没有货源就无法交货,根本谈不上出口。对制造企业或其他非专业外贸公司而言,要制定好出口商品的生产计划,生产适合于目前国际市场需要的产品,同时注意试制新品种,扩大出口货源。对专业外贸公司而言,则要制订收购计划。

专业外贸公司应结合国外市场的要求,如质量、规格、花色、型号、品种、包装和需求量等要求,与国内生产企业签订购销合同。签订合同后,外贸企业要经常深入生产部门,了解存在的问题,协助生产部门解决,以保证收购顺利完成。

五、开展出口促销

出口促销活动包括的内容很多,这里主要介绍商标注册、广告宣传、展览会促销和自建网站宣传。

1.商标注册

商标作为一种工业产权,在国际贸易中有其特殊的作用,特别是名牌商品的商标更是企业的无形资产。外贸公司要注意加强商标管理,在进入某个市场前要及时将自己出口货物的商标按市场所在国的有关法规向有关部门申请注册。否则,耗费人、财、物力创出的名牌被他人抢先注册,后果将不堪设想。向国外办理商标注册,可以委托国外代理人代办,也可以委托中国国际贸易促进委员会商标代理处代办。该代理处还为外贸企业办理商标变更或转移注册,提供有关商标侵权纠纷的诉讼或其他有关商标咨询的各项服务。商标注册的有效期一般为十年,如期满可续展注册的有效期。

出口商品的商标,在商标设计上必须符合各国在商标方面的一些规定,要符合各销往国的风俗习惯,要结合产品的性质,便于记忆,要考虑到译名的感情色彩和心理作用及效果,在国外已经成为众所周知的译名不应随意变动。

2.广告宣传

在交易前,为了扩大产品知名度,增加销量,对外广告宣传的重点应放在介绍出口商品的特点和用途方面。广告宣传的内容要生动、传神、说明力强,要使消费者相信所宣传的商品正是他们所需要的。要想取得满意的广告效果,需要注意以下几个问题:

（1）进行广告宣传的商品必须慎重选择,一般来说应是质量稳定、货源充足、能保证持续供应,并且在国际市场上有销路和发展前途的商品。因为国际市场上广告宣传费很高,并且必须经过一段时间的持续不断的宣传才能奏效,如果所宣传的商品质量时好时坏,货源时断时续,那就会使宣传效果大打折扣。

（2）针对不同的市场、不同的商品,采用不同的宣传媒介和方式,通过各种途径来达到促进销售的目的。

（3）注意各国政府对商业广告的各种限制,了解不同国家具有的不同风俗和生活习惯。

（4）要合理使用代理商或广告商。一般来说,出口商不可能在所有的外销市场都做广告,另外,根据商品的销售情况,有的市场有独家经销或包销,而有的市场没有。因此,广告宣传的做法也不应一样。没有独家经销、包销商的市场,可以通过广告商进行广告宣传。而有独立经销、包销商的市场,最好由他们来做。因买卖双方的利益是一致的,这些独立经销、包销商为了扩大产品销售,都会积极地去进行广告宣传的。关于宣传费和宣传方式的问题,可由双方研究决定。

3.展览会促销

展览会以其独具的专业性、针对性的特点逐渐成为企业直接面对客户,展示自己的极好工具。通过参加展会宣传自己,逐渐成为出口企业的营销理念。尤其是海外展会已成为企业开辟新市场的理想方式,能给企业带来很多好处。

知名展会相当于一次行业年会,能吸引本行业最具影响力的公司参与。我国企业可借此了解市场,开阔视野,有助于激发企业改进、开发产品。然而,参展尤其是参加国际大型展览会,并非易事,从展前准备、展览期间的应对至展后的后续工作,都与参展的效果息息相关。

4.自建网站宣传

在现代贸易中,网上有自己的固定主页,某种意义上就如同传统贸易中拥有一个固定门面,贸易机会增加了几倍。这样做的目的,不但我们可以找客户,更重要是有需求的客户也可以找到我们。同时,有固定的网站,客户在一定程度上也增加了对我们的信心。

目前大多数企业都有了自己的网站。可是,很多人抱怨说网站并没有给他们带来什么明显的效果。事实上也是这样,根据统计,目前国内超过80%的企业网站是日均访问量低于1人次的“死网站”。

如何激活自己的网站呢?首先要利用一切机会来做推广,在所有的公司宣传资料,不论是媒体广告、产品目录、传真、电子邮件、名片上都加上公司的网址。其次要重视网站的建设,据经验分析,“活网站”的四大关键因素:醒目明确的标题、实质性内容、被搜索引擎列在比较靠前的位置、稳定且浏览速度快。炫目的网页往往打开速度慢,而且有的主流搜索引擎,比如Google,不支持复杂的动态网页。因此,应不断充实实质性的内容,提供专业翔实的信息,才能受搜索引擎和访问者的喜爱。

第二节 建立业务关系

出口商通常在寻找新的进口商前,先根据本方的营销策略,对潜在市场的基本情况进行一些调查了解。如果潜在市场的基本情况符合本方的要求,就将这个市场定为目标市场,并在目标市场上寻找潜在的进口商作为交易对象,与之建立业务关系。

一、寻找客户

寻找潜在客户是建立业务关系的第一步,在确定本方的市场区域后,就要找到潜在客户在哪里并与其取得联系。有时,我们会遇到一些主动找上门的或经朋友介绍过来的客户,但更多的时候要靠本方主动去寻找。寻找客户主要有以下三类方法:网络搜寻法;资料分析法;利用现实平台法。

1.网络搜寻法

当今世界已经进入网络经济时代,互联网改变了一切,包括外贸。凭借一台上网的电脑,我们几乎可以获取所需的一切知识和信息,处理与外贸相关的绝大部分工作。目前,通过互联网寻找客户已经成为方便、快捷、有效的一种途径。尤其对于缺乏经费的小企业来说,在网上直接找到客户是日常工作的首选目标。

网络上的资讯极为丰富,但过于杂乱。目前,出口商查找客户主要利用以下几个渠道。

(1)大型的搜索引擎。如Google,Yahoo,Excite等。一般用关键词搜索。

(2)商务网站。如我国商务部的世界买家网 http://win.mofcom.gov.cn ,在线广交会http://www.cecf.com.cn等。登录这些网站还可以链接到更多更新的商务网站上去。

(3)B2B网站。如阿里巴巴网,环球资源网http://www.globalsources.com等。B2B网站里免费看到的求购信息通常没有联系方式,但不少会显示公司名称,那么以这个公司名称作为关键字去搜索,就有可能找到这个公司的网站,从而获得其联系方式。

(4)行业网。如纺织品交易网http://www.texindex.com等。

(5)通过大型的搜索引擎查找目标国的黄页网站和工商企业目录。

(6)名录网站。如北美制造企业名录http://www.thomasnet.com,提供北美覆盖7万多种产品的超过17万家工业产品制造商的企业名录资料,包括基本联系信息和产品信息。这些工业产品制造商每年从中国采购大量的原料和配件。

2.资料分析法

资料分析法是指通过分析各种资料来寻找潜在客户的方法。这些资料包括相关部门的统计报告、行业在报刊或期刊等上面刊登的统计调研资料、行业团体公布的调查统计资料,还有国内外出版的企业名录、会员名录、协会名录、电话黄页、公司年鉴、企业年鉴等。

3.利用现实平台法

除了网络搜寻、资料分析,有时我们可以利用一些现实中的机构、场所寻找客户。

（1）通过参加国内外展览会、交易会,与客户直接见面。

（2）请国内外的贸易促进机构或友好协会介绍客户,如我国的贸促会也办理介绍客户的业务。

（3）请我国驻外使馆商务处或外国驻华使馆介绍合作对象。一般来讲,我国驻外使馆对当地主要厂商的经营范围、能力和资信较为熟悉和了解。

（4）请国外银行介绍客户。

（5）利用国内外的专业咨询公司介绍客户。国内外都有许多专业咨询公司接受委托代办介绍客户,他们的业务关系中有许多具有一定影响力、专业经验和能力的客户,请他们介绍客户,一般效果较好。

二、建立业务关系

在寻找到潜在的交易对象的公司名称和联系方法后,就可以采用以下两种基本途径与其建立关系:一是派出代表到目标市场去物色和接洽交易对象,直接进行面对面的联系;二是通过函电或发送资料建立联系。

随着现代通信业的不断发展,信函的范围不断扩大,从传统的书信、电报、电传发展到传真、电子邮件、EDI等,不仅提高了通信速度,也降低了通信成本,从而“缩短”了国际货物买卖双方地理位置上的距离。因此,通过信函联系就成了国际货物买卖中交易双方的主要联系方式。

建交函首先要表达出建立业务关系的愿望,包括阐述如何获得对方的信息、说明写信的目的并写明希望早日得到对方答复。之后,向对方介绍本方情况,建立业务关系的阶段是买卖双方从陌生到熟悉、再到信任的阶段,因此,介绍本公司情况、让对方尽可能了解自己是很重要的,有时可单独附上一份较为详细的公司简介。

另外,通常还要向对方介绍相关产品,这类介绍可分两种情况:一是当明确对方需求时,宜选择某类特定产品进行具体的推荐;二是当不明确对方需求时,宜对企业产品整体情况作笼统介绍,可能的话可以附上商品目录。

需要注意的是,建交函应言之有物,凸显公司与产品的优势,提高吸引力。但也不宜太过详细,长篇大论。其目的是引起客户的注意和兴趣,引诱客户回复联系。

为了做到知己知彼、减少交易风险,在建立业务关系的过程中必须对客户的资金、信誉、经营商品的品种及地区范围、从业人员的人数、技术水平及拥有的业务设施、经营管理水平、提供售后服务和市场情报能力等进行综合分析,选择经营作风好、有经营能力的客户作为企业的基本客户并与之建立业务关系。

三、外贸开发信的写法

写外贸开发信是外贸人员开发客户最经常使用的工具,可以说是一名合格的外贸人员的必备技能。那么写外贸开发信之前,需要做什么准备工作呢,这里只从海关数据应用方面分析:

1.客户公司情况分析

知道客户公司名称很容易,可以通过海关数据、B2B网站、行业名录、买家名录等渠道获得客户的名称。但是这家客户是什么性质的公司?终端采购客户,还是外贸中间商,还是船公司?这是最先要了解的情况,通过海关数据,根据收货人的公司名称,查询客户的所有交易记录,经常客户采购记录中采购商品的分析,判断出客户是什么类型的公司,这点很容易。写给外贸中间商的邮件,要强调的是自己的产品质量没有问题,不会给他制造麻烦。

2.采购产品分析

外贸开发信不可以群发,就算是同一行业的客户也不一定采购的产品都一样。群发邮件只会浪费时间与资源,达不到理想效果。通过“外贸宝”海关数据的全球海关数据查询系统,查询出客户的采购记录,根据采购的货物描述,总结出客户所采购的产品。筛选出与自己的产品完全相符的客户,针对性地手动发邮件,才会达到理想的效果。而且注意邮件的标题要出现自己产品的名称,这样才足够吸引人。

3.客户的采购习惯

客户对某种产品的采购量有多大?是每个月都采购,还是一年只采购一两次?客户都从哪些公司进口产品,你的竞争对手多不多?客户是否主要从中国采购商品,还是从来都不从中国采购?这些都是需要通过海关数据来分析得出评估的。如果一个采购商,经常从中国采购商品,证明他接受中国的产品,对中国出口的产品质量与价格是放心的。这个客户的供应商不仅仅是一家,而且是好多家中国供应商在给他供货,那么这个客户的采购忠诚度也就不高,你的机会就在于此。

4.价格是否合理

你对客户愿意接受的价格是否有所了解?一个陌生的市场(比如接触了一个智利纺织品客户),你如何给他报一个合理的价格?如果你的报价不靠谱,相信这封外贸开发信也就白写了。还是需要通过海关数据作为参考,通过客户报关的价格,你能了解到客户从全球不同的地区所采购同样的商品,成交的价格各是多少。

通过以上几步的方法,使用海关数据在写外贸开发信之前全面的分析采购商的情况,会使自己写的外贸开发信更精准、更专业、提高自己的E-mail的打开率,从而做好外贸的第一步。

课外拓展

外贸开发信的注意事项

一家叫作Return path公司的市场调查公司在2006年12月做的一次调查,其中列出了读者打开和阅读邮件的主要原因。在什么情况下会打开一封邮件,根据Return path的调查结果,排在前三位的原因分别是:

1、你认识并信任发件人;

2、以前打开过发件人的E-mail,或进而有过回复;

3、邮件标题吸引人。

在这三大原因中前两项原因我们无法控制,因为你在写开发信前客户一般都不认识你,之前也没有回复过你的邮件,唯一能让客户打开你邮件的最大可能是你的"邮件标题"可以吸引到客户。客户平时是很忙的,处理邮件的时候,不可能一封封的当小说来读,根据一个AMA(美国营销协会)的数据,一个商务人士花在每封信上的时间大概是两秒钟,两秒钟是什么概念?眼睛一眨就过去了。如果标题不够吸引人,客人直接忽略了,里面正文写的再精彩都没用。

许多人写的开发信标题,大部分都有这样或那样的问题,写的还算科学的有一小部分,写的让人眼前一亮的就寥寥了。先把几个具有代表性的挑了出来,大家来一起看看:

1.How do you do?

这个标题是一个外贸销售员写的。我看了以后就问他为什么要这样写,他说写信就像聊天呀,刚一见面首先要打招呼。他的这句话我只同意一半,写信和聊天的确有像的地方,比如我们都应该用生活的语言。但是标题不是用来打招呼的。标题的作用是什么?就一句话:吸引客户的眼球。如果你是客户的话,看到How do you do? 会怎么想呢?会觉得你是一个优质供应商吗?还是会觉得是一封垃圾邮件?

2.Manufacturer of cable shelf,ISO9001:2000

这个标题让客户知道你是做什么的,知道你是一个生产商,而且更进一步,说明了产品通过了ISO认证。那这样的标题好吗?比第一个好一点,但是有一个致命的问题,就是不够吸引人。和你同是manufacturer的供应商千千万万,客户为什么要打开你这一封。ISO认证就更是浮云了,大家都知道,花一点钱都能通过,老外客户也不傻。用三个字来形容就是"假大空"。

3.Hangzhou *** Export and Import Co., ltd ,seeking cooperation

和第二个标题类似,也是出现率很高的一种标题。表明了身份和写信的目的,但是还是缺乏新意。客人也许有空的时候打开看一下,忙的时候直接忽略了。

4.Price list for led lamp

这个标题看起来还是蛮有吸引力的。可是如果在开发信中就把价格报了出去,是不是有些操之过急呢? 价格是我们的最后底牌,过早暴露有害无益。而且被价格吸引过来的客户往往对价格都很敏感和苛求。还有的时候,我们只是把price当作个噱头,当客户点开邮件却找不到价格,这个时候客户的心情就很难说了。

5.Lowest cost, highest quality

这个标题的出现率也很高。我用过很多次,但是效果都不好。原因有两个,一是口说无凭。你想说质量好,价格又低,请拿出证据来。二是这样写标题的人太多了,客人看的会很烦。很明显,这样的开发信,收件人1个月能看到一封的时候,可能会打开看看,但问题是人家1天都收到几十几百封这样的邮件,人家还会不厌倦吗?一般而言就会直接DELETE,你们肯定会经常收到回执:The messages were deleted without reading. 大家对此不陌生吧?

那么,什么样的标题才是好标题呢? 总结归纳了一下,大概如下:

(1)简结,通俗,必要时,有名有姓。

(2)秀出你的公司、产品或者个人的亮点。

(3)避免人云亦云,通过新颖的措辞或创意吸引客户注意力,激发好奇心。

(4)具有一定或者相当足够的煽动性。

下面列出几个个人认为比较好的开发信标题供大家参考:

1、 Manufacturer of bamboo flooring/Supplier of Wal-Mart.

这个标题为什么好呢?前半部分告诉客户我是做什么产品的,后半部分告诉客户我是沃尔玛的供货商。因为我们公司原来和沃尔玛合作过,而能成为它的供货商条件还是很苛刻的。首先付款方式是O/A 90天,每3个月结一次账,如果中间质量或交货期出了什么问题,货款就要扣下来或者打折了。其次沃尔玛的需求量是很高的,这就需要你的生产能力很强,同时保证质量和交货期符合要求。所以如果能成为沃尔玛的供货商,的确是公司的一大卖点。可以毫不犹豫地把它写到邮件标题里,吸引客户的注意。 Supplier of Wal-Mart 这一句就可以顶十句话。我用4个字概括叫作“名人效应”。

有的朋友这时候可能会想,我没有沃尔玛这样的大客户那该怎么办?其实就算没有,也可以这样写。因为你的客户的客户有可能就是知名的大买家。你可以尝试去和你现有客户八卦一下,看看他们的下家客户中有没有大型买家。如果有的话,就可以这样写了。因为事实上,你的货物最终的确是到了大型买家的手上。

2、Re: Ecotimber/product catalogue /brief intro.

这个标题后半部分没有什么特别神奇的地方,关键是开头有一个“Re:”。一般我们在回复别人的邮件后,系统自动会在原来邮件前面加一个“Re:”表示这是一封回复邮件。如果在给客人写的第一封信中,就加上了“Re:”会给对方造成一种错觉,以为是自己写了一封邮件,然后你回复他。十有八九客户会点来看一看。这招还是蛮管用的,但是要慎用,属于不得已而为之的方法。

3、 John, are you ok with your * suppliers?

这个标题的杀伤力体现在指名道姓,平易近人。如果你知道你写信对象的姓名,那请你务必把它放到你的标题,正文中去。人多自己的名字总是很敏感。如果人群中有人叫你的名字,你会发现这个时候你的耳朵会特别尖。对于一个人最好的尊重就是首先要记得住他的名字。写邮件同样也如此。客户一眼扫过去,100个标题中,唯独你这一条中出现了他的名字,首先被点击的很可能就是你的邮件。

4、Stay Cool With Us * air conditioner supplier.

这是一家卖空调的供应商,标题中Stay cool with us是一个英语的俗语, 意思是和我们在一起可以无忧无虑。同时cool又让人联想到空调,所以是一语双关。这就是一种创意,和老外做生意光有精明的头脑的同时,如果能加上一点幽默感和创意, 保证你可以脱颖而出。

5、Regarding mp3, Can you get your questions answered on the spot?

这个标题中,用了一个反问句,问客户你能立即解决你的问题吗?写信人的身份是一家外贸公司的业务员。外贸公司相对于工厂来说,显然具有一些劣势,但优势也是存在的。比如说提供的服务要更好,更灵活,更全面。从这个问句中就是这种优势的体现。

6、Is there a middle man draining your profit. Get rid of them, it's information age?

同样的,这个标题大家看的出来适合于哪一类的供应商吗?没错就是工厂。工厂的优势在于物廉价美,在于定制,在于直接。这个标题就是很好的体现。

7、Can you reach your supplier at 3 pm?

这是一个SOHO（SMALL OFFICE HOME OFFICE）外贸员写的一个标题,是一个反问句,反问客户凌晨3点你能找到你的供应商吗?因为国内外有时差,有的时候客户白天遇到问题,十万火急,但是我们这里却是深夜,无法及时沟通。但是SOHO就可以做到,因为他们的上班时间很灵活,这是他们的优势。用最直白简介的话把它表达出来,效果非同一般。

复习思考题

一、为什么要做好出口交易前的准备工作?

二、对客户如何调查与管理?

三、怎么建立业务关系?

四、怎么落实货源?要注意什么?

五、写一封外贸信给客户。

第三章 交易磋商及合同履行

外贸企业在与选定的国外客户建立业务关系以后,即可就出口交易的具体内容与对方进行实质性谈判,这就是交易磋商。磋商的内容主要是买卖货物的各种交易条件。交易磋商既可通过交换书信、数据电文(包括电报、电传、传真、EDI和电子邮件)等书面形式进行,也可通过电话、当面谈判的口头形式进行。交易磋商一般要经过询盘、发盘、还盘、接受等环节,但是要达成交易、订立合同的基本程序是:一方向另一方发盘和另一方对该发盘作出接受。除另有约定外,国际货物买卖合同于对发盘的接受生效时即告订立。然而,在实际业务中,为了明确责任,便于履行,或使口头谈成的合同生效,通常还需当事人双方签署一份有一定格式的书面合同,例如出口销售合同或售货确认书。

第一节 交易磋商的形式

交易磋商(Business Negotiation),通常称为贸易谈判,是指交易双方为买卖商品,对交易的各项条件进行协商以达成交易的过程。交易磋商是国际贸易中十分重要的业务环节。交易磋商是以成立合同为目的的,磋商的过程就是合同成立的过程。交易磋商工作的好坏,直接影响到合同的签订及以后的履行,关系到双方的经济利益。为保证交易磋商工作顺利进行,必须做好交易前的各项准备工作,如选择目标市场、客户的调研、制定商品营销方案、选定客户等。

交易磋商是指买卖双方以买卖某种商品为目的而通过一定程序就交易的各项条件进行洽商并最后达成协议的全过程。因此,交易磋商是签订货物买卖合同的基础,是进出口商品贸易的基础工作。交易的一般程序应包括询盘、发盘、还盘、接受和签订合同等环节,其中发盘和接受是交易成立的基本环节,也是合同成立的必要条件。

交易磋商的形式有两种:口头磋商和书面磋商。口头磋商是指买卖双方在广交会、华交会等国际交易会上或客户来访或出国小组拜访客户等面对面直接磋商,以及交易双方通过电话交谈磋商。书面磋商是指交易双方通过信函、电报、电传、传真、电子邮件(E-mail)和网上洽谈等通信工具进行磋商。交易磋商的过程可分成询盘、发盘、还盘和接受四个环节，其中发盘和接受是必不可少的,是达成交易所必需的法律步骤。

课外拓展

外贸开发信的格式

（1）主动跟新买家建立联系

Dear Mr.

Jones:

We understand from your information posted on Alibaba.com that you are in the market for two way radio. We would like to take this opportunity tointroduce our company and products, with the hope that we may work with your company in the future.

We are a factory specializing in the manufacture and export of two way radio .We have enclosed our catalog, which introduces our company in detail and coversthe main products we supply at present. You may also visit our online company in troduction at Http://www.xxx.com which includes our latest product line.

Should any of these items be of interest to you, please let us know. Wewill behappy to give you a quotation upon receipt of your detailed requirements.

We look forward to receiving your enquires soon.

Sincerely,

John Roberts

（2）对新买家要求建立业务联系的回复

Dear Mr.

Jones:

We have received your letter of 9th April showing your interest in our complete product information.

Our product lines mainly include high quality textile products. To give you ageneral idea of the various kinds of textiles now available for export, we have enclosed a catalogue and a price list. You may also visit our online company in troduction at Http://www.xxx.com which includesour latest product line.

We look forward to your specific enquiries and hope to have the opportunity towork together with you in the future.

Sincerely.

（3）向老客户介绍公司新的产品信息

Dear Mr.

Jones:

We have refreshed our online catalog at http://www.howseek.com, and now itcovers the latest new products, which are now available from stock.

We believe that you will find some attractive additions to our product line.

Once you have had time to study the supplement, please let us know if you would like to take the matter further. We would be very happy to send samples to you forclose inspection.

We will keep you informed on our progress and look forward to hearing from you.

Sincerely .

第二节　交易磋商的主要环节

一、交易磋商的一般程序

交易磋商是指买卖双方以买卖某种商品为目的而通过一定程序就交易的各项条件进行洽商并最后达成协议的全过程。因此,交易磋商是签订货物买卖合同的基础,是进出口商品贸易的基础工作。交易的一般程序应包括询盘、发盘、还盘、接受和签订合同等环节,其中发盘和接受是交易成立的基本环节,也是合同成立的必要条件。

1.询盘。询盘是指交易的一方打算购买或出售某种商品,向对方询问买卖该项商品的有关交易条件,或者就该项交易提出带有保留条件的建议。询盘在通常的交易中并非必不可少的环节,询盘的内容可涉及价格、品质、数量、包装、装运以及索取样品等,而多数只是询问价格。

2.发盘。根据《联合国国际货物销售合同公约—United Nations Conventionon Contracts fortheIn-temational Saleof Goods》(简称公约—CISG)第14条第一款对发盘的解释为:"向一个或一个以上特定的人提出的订立合同的建议,如果十分确定并且表明发盘人在得到接受时承受约束的意旨,即构成发盘。一个建议如果写明货物并且明示或暗示地规定数量和价格或规定如何确定数量和价格,即为十分确定。"对于这个定义,可以看出一项发盘的构成必须具备下列几个条件:

(1)向一个或一个以上的特定人提出。

(2)表明订立合同的意旨。发盘必须表明严肃的订约意旨,即发盘应该表明发盘人在得到接受时,将按发盘条件承担与受盘人订立合同的法律责任。

(3)发盘的内容须十分确定。对于什么是"十分确定",CISG的解释是在发盘中明确货物,规定数量和价格。在规定数量和价格时,可以明示,也可以暗示,还可以只规定确定数量和价格的方法。国际贸易实务中,一般发盘内容应该有货物的质量、数量、价格、付款方式、交货地点和时间、包装等主要内容。

(4)发盘送达受盘人生效。CISG和包括中国《合同法》在内的绝大多数国家的法律都规定:无论是口头还是书面的发盘,只有送达受盘人才能生效。如果发盘在传递中遗失导致受盘人没有收到,此发盘是无效的。

案例

某年六月,甲国某公司准备向国际招标机构投标,由于缺少货源,向我某外贸公司发来求购意向,我公司遂于6月25日向其发实盘并规定有效期至同年7月20日。对方为争取得标,6月30日向我公司发来传真,要求降价20%,我公司于7月2日回电拒绝。对方7月12日给我公司来电,同意接受我方6月25日发盘。此时我公司已将该批货物以高价转卖他国,无法向对方供货,对方遂派专人前来交涉,要求我方供货。问:我方应否向对方供货?

分析:这是一起合同是否成立的问题,分析的关键在于两个问题,一是发盘何时失效;二是还盘的法律后果。《公约》明确规定,受盘人做出还盘或对发盘主要条款提出修改,原发盘失效。还盘有两个法律后果,一是还盘是对发盘的拒绝,还盘一经做出,原发盘失去效力,发盘人不再受其约束;二是还盘是受盘人向原发盘人提出的一项新的发盘,还盘做出双方角色互换,这时还盘人即成为发盘人。新受盘人有权对还盘内容进行考虑,可以接受也可以不接受。

对方认为其7月12日的接受是在规定的7月20日的有效期内做出的,故7月12日接受是合同成立的标志。然而,对方6月30日传真要求我方降价20%,是对我方发盘内容实质性修改,是还盘,造成了我方原发盘内容失效。其6月30日还盘成为新的发盘,被我方拒绝。因此,双方不存在合同关系。对方7月12日的来电仍然是发盘,我方也没有接受且将货物售出,没有订立合同意思。所以,对方要求是无理的,我方有权不向对方供货。

3.还盘。受盘人在接到发盘后,如果不完全同意发盘的内容,为了进一步磋商交易,对发盘提出修改意见用口头或书面形式表示出来,就构成还盘。还盘有两个法律后果:

（1）还盘是对发盘的拒绝,还盘一经做出,原发盘即失去效力,发盘人不再受其约束;

（2）还盘等于是受盘人向原发盘人提出的一项新的发盘。

4.接受。接受就是交易的一方在接到对方的发盘或还盘后,以声明或行动向对方表示同意的行为。接受和发盘一样,既属于商业行为,也属于法律行为。对有关接受问题,在CISG的第18条与第19条也作了较明确的规定。根据CISG的解释,构成有效的接受要具备以下四个条件:

（1）接受必须是由受盘人做出。

（2）受盘人表示接受,要采取声明的方式。

（3）接受的内容要与发盘的内容相符。就是说,接受应是无条件。但在业务中,受盘人在答复中使用了“接受”的字眼,但又对发盘的内容作了增加、限制或修改,这在法律上称为有条件的接受,不能成为有效的接受,而属于还盘。那么,是不是说受盘人在表示接受时,不能对发盘的内容作丝毫的变更呢?也不是的。为了贸易的便利化,尽可能地使双方达成交易,根据CISG,关键问题是看这种变更是否属于实质性的。什么叫实质性变更呢?CISG的第19条、中国《合同法》第30条和第31条的规定:对以下六个主要交易条件（货物的质量、数量、价格、付款方式、交货地点和时间,一方当事人对另一方当事人赔偿责任范围或解决争端等的添加或不同条件）之一进行变更均视为实质上变更发盘的条件。实质性变更是对发盘的拒绝,构成还盘。

5.有效期。发盘中通常都规定有效期。这一期限有双重意义:一方面它约束发盘人,使发盘人承担义务,在有效期内不能任意撤销或修改发盘的内容,过期则不再受其约束;另一方面,发盘人规定有效期,也是约束受盘人,只有在有效期内做出接受,才有法律效力。在国际贸易实务中,由于各种原因,导致受盘人的接受通知有时晚于发盘人规定的有效期送达。对于这种迟到的接受,发盘人不受其约束,不具有法律效力。但也有例外的情况。CISG第21条和中国《合同法》第28条和第29条的规定:过期的接受在下列两种情况下仍具有效力:

（1）如果发盘人毫不迟延地用口头或书面形式表示同意且通知受盘人。

（2）如果载有逾期接受的信件或其他书面文件表明,它在传递正常的情况下是能够及时送达发盘人的,那么这项逾期接受仍具有接受的效力,除非发盘人毫不迟延地用口头或书面方式通知受盘人,认为该发盘已经失效。

二、交易磋商的案例分析

在国际贸易实务中,发盘方通过磋商对“接受”的处理方法一般有以下三种主要情形:

1.受盘方在发盘的有效期内对八个一般交易条件进行变更。如果发盘方不同意对方的变更则应该在毫不迟延的期间内通知对方反对其差异,此时“有条件接受”是无效接受;如果发盘方同意对方的变更，此时“有条件接受”转变为有效接受。

2.正常传递下不逾期但由传递延误导致的逾期且对发盘内容不加修改的“接受”。如果发盘方不同意则应该毫不延迟通知对方“逾期接受”无效;如果发盘方同意则“逾期接受”转变有效接受。

3.正常传递下逾期且对发盘内容不加修改的“接受”。如果发盘方同意则毫不延迟通知对方“逾期接受”有效,此时“逾期接受”转变为有效接受;如果发盘方不同意则“逾期接受”无效。在此用合同磋商的相关案例进行分析。

案例1

我国A某外贸公司11 月18日通过电子邮件向法国公司发盘:“出售玉米:一级品,980公吨,每公吨FCA DALIAN价560USD,PACKING IN SOUND GUNNY BAGS,次年2月中国大连港装船,SIGHT L/C支付,限28日复到有效”。第六天法国公司回电:“接受,装新麻袋装运 (ACCEPTED,SHPMT IN NEW GUNNY BAGS）。”我方收到上述复电后,着手备货,准备于双方约定的次年2月装运。数周后,玉米的国际市场价格猛跌,针对我方催促对方开立信用证的电子邮件,法商于12月28日来电称“由于你方对新麻袋包装的要求未予确认,双方之间无合同”,而我外贸公司则坚持合同已经有效成立,于是双方对此发生争执,此案应如何处理?说明理由。

分析:中法两国均为CISG的签字国,而且没有声明排除CISG,合同关系成立。原因是上述第一种情形:受盘方在发盘的有效期内对八个一般交易条件之一的包装材料进行变更,依据CISG之规定,对方的接受是有条件接受。依据CISG之规定:对于有条件接受,如果发盘方不同意对方的修改事宜,则应该毫不延误地通知对方反对其差异,此时对方的有条件接受无效,合同不成立;否则应该以对方修改的内容加上没有修改的构成买卖双方的交易条件,合同成立。由于我出口方对于法国进口方关于包装条件的修改没有毫不延误地通知对方反对其差异,合同成立,我方应该要求法商及时开立信用证以保证按期履行合同。

案例2

我某进出口公司于 2008年8月5日向外商A发盘并限其8日复到我方。外商A于6 日上午10时向当地邮局交发关于接受我方发盘的电报,但由于当地邮局工人罢工,该电报在传 递途中延误到12日才送达我方。我进出口公司认为对方答复逾期,未予置理,并将货物以较高价格售予外商B。8月14日,外商A来电称:信用证已经开出,要求我方尽早出运货物。我方立即复电 A,声明接受到达过晚,双方并不存在合同关系。于是双方陷入争执。根据CISG的规定分析双方孰是孰非,并说明理由。

分析:我国与A方所在国均为CISG签字国,而且没有声明排除CISG,对方的接受是有效的,合同关系成立。原因是上述第二种情形:即正常传递下不逾期但由于传递延误导致的逾期且对发盘内容不加修改的“接受”,如果发盘方不同意对方的“逾期接受” 则应该毫不延迟通知对方“逾期接受”无效;因为我方没有“毫不延迟通知对方”其“逾期接受”无效,而是未予置理,所以我方有过错,作为发盘方应该毫不延迟通知对方“逾期接受”无效。

案例3

我某进出口公司于 2009年9月9日向外商A发盘并限其18日复到我方。外商A于 18日下午5时向当地邮局交发关于接受我方发盘的电报,该电报在19日上午8时才送达我方。我进出口公司认为对方答复逾期,未予置理,并将货物以较高价格售予外商B。8月20日,外商A来电称:信用证已经开出,要求我方尽早出运货物。我方立即复电A,声明接受到达过晚,双方并不存在合同关系。于是双方陷入争执。根据CISG的规定分析双方孰是孰非,并说明理由。

分析:我国与对方所在国均为CISG签字国,而且没有声明排除CISG,对方的“逾期接受”是无效的,合同关系不成立。原因是上述第三种情形:正常传递下逾期且对发盘内容不加修改的接受。如果发盘方同意则毫不延迟通知对方“逾期接受”有效,此时 “逾期接受”转变为有效接受;如果发盘方不同意则“逾期接受”无效。所以由于我方的未予置理导致合同是不成立的。

交易磋商函范例

**公司:

*月*日来信收悉。对你公司要求与我公司建立业务关系的愿望,我们表示欢迎。从来信中获悉你方对中国真丝绢花很感兴趣,并希望了解该商品的有关情况及我方的贸易做法。现将我公司销售绢花的一般交易条款介绍如下:

1.品质规格:真丝绢花以绫、绸、绢、缎等高级丝绸为原料,品种有月季、寒冬菊、杜鹃、凤尾兰等千余种,式样有瓶插花、盆景、花篮等。质地轻盈,不褪色,耐温耐压。具体规格请参阅全套彩色样本。

2.包装:纸箱装。大花每箱装20盒,每盒装1打;小花每箱装30、40或80打不等,根据货号决定。纸箱内衬托蜡纸,外捆塑料打包带。每箱体积长X公分,宽X公分,高X公分。每箱毛重X公斤,净重X公斤。

3.数量:为便于安排装运,卖方有权多交或少交5%的货物,其多交、少交部分按合同价格结算。

4.付款:买方应通过卖方所接受的银行开具全部货款,不可撤销的,准许转船准许分期装运的即期信用证,信用证必须于装运月份前15天送达卖方。其中装船货物的数量和金额允许增减5%,信用证有效期应规定在最后装运日期后15天在中国到期。

5.保险:如按CIF价格条件成交,卖方概按发票金额110%投保综合险,以中国人民保险公司的有关海洋运输货物保险条款为准。

6.人力不可抗拒:如因战争、地震、严重的风灾、雪灾、水灾以及其他人力不可抗拒事故而致延期交货或无法交货时,卖方不负任何责任。

7.索赔:凡有对装运货物质量提出索赔者,必须在货到目的港后30天内提出。货物质地、重量、尺寸、花型、颜色均允许有合理差异,对在合理差异范围内提出的索赔,卖方概不受理。

8.仲裁:凡因执行合同所发生的或与合同有关的一切事宜,双方应通过友好协商解决。如协商不能解决,应提交北京中国国际贸易促进会对外贸易仲裁委员会根据该会仲裁程序暂行规则进行仲裁,仲裁裁决是终局的,对双方都有约束力。

以上一般交易条款已为*国其他进口商所接受,相信这些条款也将为贵公司所接受。如有任何疑问,请向我们提出。

近来各地对中国真丝绢花需求甚殷,如你方有意购买,请即询价。我们相信,在双方良好的配合下,首笔交易必将能很快达成。等候佳音。

**公司

**年*月*日

案例

我国BC公司向美国JR公司出口一批热水器,交易磋商过程如下:

1997年3月8日去电:“可供海尔牌热水器30000件,FOB大连每件35美元,5月装运,即期信用证付款,3日内复到有效。”

3月10日JR公司来电:“接受你8日来电,CFR纽约每件37美元。”

3月12日BC公司去电:“我方只接受CIF纽约每件45美元,请确认。”

3月14日JR 公司来电:“你12日来电抱歉,只接受CIF每件40美元,请速复。”

3月16日JR公司又来电:“经说服批发商同意CIF纽约每件45美元。”

3月18日BC公司去电:“货已售出。有货再与你联系。”

3月28日BC公司去电:“现在可供海尔热水器30000件,CIF纽约每件50美元,6月装运,即期信用证付款,5日复到有效。”

3月30日JR公司来电:“接受你28日电,仲裁地点新加坡。”

4月1日BC公司去电:“抱歉,难以接受仲裁地点新加坡,仲裁地点在中国。”

4月3日JR公司来电:“接受在中国仲裁。”

4月5日BC 公司去电:“限即期信用证4月15日到有效”

4月7日JR公司来电:“你5日电信用证将由花旗银行驻北京办事处开立。”

经过几个回合磋商,合同即告成立。请判断:

(1) 3月10日JR公司来电合同是否生效?为什么?

(2) 3月16日JR公司来电合同是否成立?为什么?

(3) 3月18日BC公司去电是否为违约?为什么?

(4) 4月3日JR 公司来电合同是否成立?为什么?

(5) 上述往来交易磋商过程中哪些是发盘?哪些是接受?

分析如下:

(1) 3月10日JR公司来电不能生效,因为来电的“接受”已经对实盘内容进行了修改,其实是一项新的发盘。

(2) 3月16日JR公司来电也不能成立,因为JR公司3月14日来电已经表示拒绝,此来电只能认为是一项新的发盘。

(3) 3月18日BC公司去电不能构成违约,因为JR公司3月14日已经拒绝BC公司3月12日去电的实盘内容,而JR公司3月16日来电只能是一项新的发盘而已。

(4) 4月3日JR JR公司来电合同能够成立,因为它对BC公司4月1日去电的内容形成了有效接受。

(5) 形成发盘的有:3月8日去电,3月10日来电,3月12日去电,3月14日来电,3月16日来电,3月28日去电,3月30日来电,4月1日去电,4月5日去电。

形成有效接受的有:4月3日来电,4月7日来电。

课外拓展

磋商技巧

商务谈判活动是在经济活动中,谈判双方通过协商来确定交换有关的各种条件的一项必不可少的活动,它可以促进双方达成协议,是双方洽谈的一项重要环节。商务谈判是人际相互调整利益,减少分歧,并最终确立共同利益的行为过程。如果谈判技巧掌握不合适,不但会使双方发生冲突导致贸易的破裂,更会造成经济上的损失。在商务谈判中,应善于收集与谈判内容有关的信息,善于进行认真分析思考,抓住问题的本质,然后将自己所要表达的内容,运用恰当的方式与策略将其准确、简练地表达出来。其次,了解选择谈判时间、地点的技巧,它们在谈判中也占有重要的地位。最后,谈判策略的把握。如开局策略,报价策略,拒绝策略等。

商务谈判前的准备

谈判桌上风云变幻莫测,谈判者要想左右谈判的局势,就必须做好各项的准备工作。这样才能在谈判中随机应变,灵活处理各种突发问题,从而避免谈判中利益冲突的激化。所谓“知己知彼,百战不殆”，在商务谈判活动中,对有关的信息的收集、整理非常重要,搜集的信息越多、分析得越彻底,就越具备谈判环境的把握能力,谈判的可能性就越大。

知己知彼,不打无准备之战

在谈判准备过程中,谈判者要在对自身情况作全面分析的同时,设法全面了解谈判对手的情况。自身分析主要是通过对拟谈判的进行可行性研究。了解对手的情况主要包括对手的实力、资信状况,对手所在国(地区)的政策、法规、商务习俗、风土人情以及谈判对手的谈判人员状况等。

选择高素质的谈判人员

商务谈判从某种程度上来讲是谈判双方人员实力的较量。谈判的成效如何,往往取决于谈判人员的学识、能力和心理素质。一名合格的商务谈判者,除了具备丰富的知识和熟练的技能外,还应具备自信心、果断力、富于冒险精神等心理状态,只有这样才能正视挫折与失败。而商务谈判又常常是一场群体间的交锋,单凭谈判者个人的丰富知识和熟练技能,并不一定就能达到圆满的结局,应选择合适的人组成谈判班子。成员各自的知识结构要具有互补性,从而在解决各种专业问题时能驾轻就熟,并有助于提高谈判效率,在一定程度上减轻了主谈人员的压力。

谈判计划书的拟定

谈判计划是商务谈判人员在谈判前预先对谈判目标具体内容和步骤所做的安排,是谈判者行为的指针和方向。谈判计划书的主要内容有:确定谈判目标;时间的安排;谈判地点的安排等。

谈判目标的确定

谈判目标的判目标是指谈判要达到的具体目标,它指明谈判方向和要达到的目的。企业对本次谈判目标是保证谈判成功的基础。

在确定谈判目标的时候,一定要充分分清自己想要的和需要的内容,并把它罗列出来。谈判中有许多常见的问题都会出现,包括价格、数量、质量、交货期、折扣、售后服务等。谈判前,先列出自己的谈判目标,考虑对方可能关心的,按优先级分出来,再列出一个竞争对手目标,考虑对方可能关心的内容。

时间的安排

“时间就是金钱,效益就是生命”,可见时间的安排是非常重要的环节,如果时间安排得很仓促 ,很难沉静地在谈判中实施各种策略;如果时间安排得很拖延,会耗费大量的时间和精力。

谈判地点的选择

谈判地点的选择,往往涉及谈判的环境心理回素问题,有利的谈判场所能增加自己的谈判力量。例如:日本的钢铁和煤炭资源短缺,而澳大利亚盛产铁和煤,日本渴望购买到澳大利亚的煤和铁,按理来说,日本人的谈判地位低于澳大利亚,处于不利地位,而澳大利亚一方在谈判桌上占据主动地位。为了取得谈判的优势,日本商人总想方设法把对方的谈判代表请到日本去谈生意。一旦澳大利亚人到了日本,日本方面和澳大利亚方面在谈判桌上的相互地位就发生了显著的变化。日本方面这一成功的谈判恰恰说明了主场谈判具有不少优势。

商务谈判的技巧

商务谈判是协调经济贸易关系的行为过程,其内驱力是各自的经济需求。成功的商务谈判总是寻求达到需求结合点的途径。因此,商务谈判技巧不是研究虚假、欺诈和胁迫手段,而是探讨根据现代谈判理论和原则,为实现谈判目标,在谈判过得程中熟练运用谈判知识和技能,是综合运用知识经验的艺术。将理论知识和经验运用到现实中去锻炼,培养在不同环境中,迅速、准确、自如地应用能力,是核心,是关键。

谈的技巧

谈判当然离不开“谈”,在商务谈判中,“谈”贯穿谈判的全过程。怎样谈得好,谈得巧,是谈判人员综合应用能力的体现,但是语气不能咄咄逼人,总想驳倒他人。否则谈判就很难取得成功。

听的技巧

在谈判中我们往往容易陷入一个误区,那就是一种主动进攻的思维意识,总是在不停地说,总想把对方的话压下去,总想多灌输给对方一些自己的思想,以为这样可以占据谈判主动,其实不然,被压抑下的结果则是很难妥协或达成协议。更为关键的是,善于倾听可以从对方的话语话语中发现对方的真正意图,甚至是破绽。

鼓励类技巧

这是鼓励对方讲下去,表示很欣赏他讲话的一类技巧,如在听的过程中,运用插入“请继续吧”,“后来怎么样呢”,“我当时也有同感”,而且一定要注视对方的眼睛,缩短人际距离,保持目光接触,不要东张西望,否则会使人感觉不受尊重。面部表情也应随着对方的谈话内容而有相应的自然变化。

引导类技巧

引导类技巧就是在听的过程中适当提出一些恰当的问题,诱使对方说出他的全部想法。比如:“你能再谈谈吗?”,“关于…方面您的看法是什么?”,“假如我们、、、您们会怎么样呢?等等,配合对方语气,提出自己的意见。

商务谈判策略的把握

开局策略

谈判开局阶段,首先应该创造和谐的气氛。人们通常将谈判的开局阶段称为“破冰期”阶段,它与谈判的准备阶段不同之处在于这个阶段谈判双方开始接触是谈判进入实质的短暂过渡阶段。谈判双方在这段时间内相互熟悉,为下一步的正式会谈做准备。

在谈判开始,双方无论是否有成见,一旦坐到谈判桌前,就应心平气和,坦诚相待,不要在一开始就涉及有分歧的议题或不讲效果地提出要求。

议程安排策略

先易后难、先难后易策略

综合式:横向议题策略

单项式:纵向议题策略

要点:时间、主题、议题和议程

目标:不遗漏、己方有利对方损害小

人员角色策略

红白脸策略　在商务谈判过程中,两个人分别扮演红白脸角色,使谈判进退更有节奏的一种策略。

角色安排应符合习惯、职位

谋求主动策略

投石问路:通过巧妙提问,根据对方应答,尽可能多地了解对方信息、情况,掌握谈判主动权。

特点:提问要有试探、引导倾向,落地有声。要做充分准备,以备对方含糊或反问。第三方出面,指出商品缺陷、休会。

磋商阶段常用策略

针对对方策略

声东击西策略,是指敌我双方对阵时,一方为更有效地打击对方,造成一种从某一面进攻的假象,借以迷惑对方,然后攻击其另一面。使用此策略的一个目的,往往是掩盖真实的企图。只有在对手毫无准备的情况下,才容易实现目标。声东击西的策略就是要达到乘虚而入的目的。

幽默拒绝法策略,是指无法满足对方提出的不合理要求,在轻松诙谐的话语中设一个否定之间或讲述一个精彩的故事让对方听出弦外之音,既避免了对方的难堪,又转移了对方被拒绝的不快。在谈判中运用反问、易色、仿拟法都能增加谈判伙伴间的关系。

疲劳战策略,是指和对方展开拉锯战,或是从体力上使对方感到疲劳,从而使对方精神涣散、反应程度降低、工作热情下降,这样己方就能趁机达到目标。这种疲劳战术主要适用于那些锋芒毕露、咄咄逼人的谈判对手。

针对商品权力策略

吹毛求疵策略,就是谈判中处于劣势的一方对有利的一方炫耀自己的实力,谈及对方的实力或优势时采取回避态度,而专门寻找对方弱点,伺机打击对方。只有掌握了商品的有关技术知识,才有助于对商品进行正确的估价,才能将毛病挑到点子上,使对方泄气。

故布疑阵策略,谈判中一方利用向另一方泄露虚假信息的手段,诱其步入迷阵,从而实现谋利的一种方法。一般人的心理是,由间接途径或偶然得到的消息比直接得到的信息更可信任,更有价值。

针对谈判过程的策略

以下这些谈判策略是对于谈判过程中可能出现问题的解决方式。主要有:挡箭牌、针锋相对、最后通牒、软硬结合、强调双赢。这些策略可以单独使用,也可联合使用。

挡箭牌　这种谈判策略是指谈判者推出假设决策人,表示自己权力有限,以此来隐藏自己,金蝉脱壳。因此,精于谈判之道的人都信奉这样一句名言:在谈判中受了限制的权力里才是真正的权力。这种策略的应用可以使我们在遇到棘手的问题时,争取更多的反应时间,不必马上回复对方的要求。

针锋相对　商务谈判中我们往往发现有些难缠的人,类似铁公鸡——一毛不拔,他们往往报价很高,然后在很长时间内拒不让步。如果按捺不住,做出让步,他们就会迫使你接着做出一个又一个的让步。对于这种强硬难缠的谈判对手,最好的办法就是以牙还牙,针锋相对,自己也成为难缠的谈判对手。但需要注意的是,与对手争锋相对不是目的,只是达成目标的手段,因此也要注意适度。

最后通牒　最后通牒是指双方一直争执不下,对手不愿让步接收我方条件时,我方抛出最后通牒,即对手如果不在某个期限内接受我方的条件并达成协议,我方就退出谈判,宣布谈判破裂。

软硬结合　该策略又叫作黑白脸策略,指在谈判中有两种表现完全不同性格的谈判人员共同配合以达到谈判目的的策略。黑脸一般有律师等法律人员扮演,会表现的傲慢无礼,让对手产生极大的反感。而白脸一般有主谈人员扮演,会表现出体谅对方的难处。

强调双赢　正如前面多有提到的,双赢是商务谈判的前提和重要目标。因此,双赢的理念在什么时候都要铭记在心,即使在使用前面的一些比较激烈的策略时,如针锋相对、唱黑脸等。只有谈判的各方都想着怎么把蛋糕做大而不是怎么瓜分蛋糕,商务谈判才能顺利圆满的完成。

总结

在这个以市场经济为主的社会,谈判贯穿我们生活的方方面面,随时都会遇到问题,这时就需要谈判来解决。想要成为谈判高手,我们必须扩展自己的视野,广泛地涉猎不同领域的知识,例如,心理学、礼仪、法律、国际贸易等,只有不断地拓展自己的知识面,才能得心应手地运用各种技巧,这样在商务活动中才可以不断为自己的企业或个人获得更多的利益。谈判不仅在商务活动中出现,而且也贯穿生活的方方面面,学好谈判,可以帮我们解决商场与生活中的种种棘手的问题。

第三节　合同的订立

国际贸易合同在国内又被称为外贸合同或进出口贸易合同,即营业地处于不同国家或地区的当事人就商品买卖所发生的权利和义务关系而达成的书面协议。国际贸易合同受国家法律保护和管辖,是对签约各方都具有同等约束力的法律性文件,是解决贸易纠纷,进行调节、仲裁与诉讼的法律依据。国际贸易合同属于社会交往中比较正式的契约文体,具有准确性、直接性和法定效力性等特点。了解国际贸易合同的独特文体特征有助于对其理解和运用。

一、国际贸易合同的特点

在国际贸易中,国际货物买卖合同的当事人处于不同的国家,因此国际货物买卖合同与国内货物买卖合同相比,具有不同的特点:

1.国际性

即订立国际货物买卖合同的当事人的营业地在不同的国家,不管合同当事人的国籍是什么。如果当事人的营业地在不同的国家,其签订的合同即为“国际性”合同;反之,合同被称为“国内”合同。如果当事人没有营业地,则以其长期居住所在地为“营业地”。

2.合同的标的物是货物

国际货物买卖合同的标的物是货物,即有形有产,而不是股票、债券、投资证券、流通票据或其他财产,也不包括不动产和提供劳务的交易。

3.国际货物买卖合同的货物必须由一国境内运往他国境内

国际货物买卖合同的订立可以在不同的国家完成,也可以在一个国家完成,但履行合同时,卖方交付的货物必须运往他国境内,并在其他境内完成货物交付。

4.国际货物买卖合同具有涉外因素,调整国际货物买卖合同的法律涉及不同国家的法律制度、适用的国际贸易公约或国际贸易惯例

国际货物买卖合同具有涉外因素,被认为与一个以上的国家有重要的联系,因此在法律的适用性上,各国法律的规定就与国内合同有所不同。概括起来,国际货物买卖合同适用的法律有三种:国内法;国际贸易惯例;国际条约。

二、国际货物贸易合同的作用

首先,国际贸易合同是各国经营进出口业务的企业开展货物交易最基本的手段。这种合同不仅关系到合同当事人的利益,也关系到国家的利益以及国与国之间的关系,因此国际贸易合同具有重要的作用。其次,国际贸易合同明确规定了当事人各方的权利和义务,是联系双方的纽带,对双方具有相同的法律约束力。在合同的履行过程中,合同双方当事人都必须严格执行合同条款,否则就是违反合同,即违约。当违约造成损失或损害时,受损害方可依据相关适用法律提出索赔要求,违约方必须承担造成的损失。如果一方因客观原因需要修改合同的某些条款或终止合同时,必须提请对方确认。如果对方不同意修改或终止合同,除非提请方证明出现了不可抗力等特殊情况;否则,提请方仍需履行原合同。

三、国际贸易合同成立的法律规范

合同对当事人构成的约束力是建立在法律基础上的。因此,合同必须符合法律规范才能得到法律的承认和保护。各国的法律对于合同的成立,都要求具备一定的条件,即所谓合同有效成立的条件,但各国的要求不完全相同。综合起来看。主要有以下几项:

1.合同当事人的意思表示要一致

这种意思表示一致是通过要约(Offer)和承诺(Acceptance)而达成的。也就是说,一方向另一方提出要约,另一方对该项要约表示承诺,双方的意思表示达成一致,合同即告成立,对双方均产生法律约束力。如果有要约,没有承诺,合同就不成立。即使双方相互要约(Cross Offer),意思表示正好一致,合同仍不成立。

要约和承诺在国际贸易实务中分别被称作发盘和接受。在有关国际贸易法律中,对发盘和接受这两个行为的定义非常严格。判定国际贸易合同是否成立,不仅要看有无发盘和接受,还要看发盘和接受这两个行为是否成立。

2.对价和约因的规定

对价(Consideration)是英美法中有关合同成立所必须具备的一个要素。按英美法解释,合同当事人之间存在着我给你是为了你给我的关系。这种通过相互给付,从对方那里获得利益的关系称作对价。例如,在货物买卖合同中,买方付款是为了获得卖方的货物,而卖方交货是为了获得买方的货款。

约因(Cause)是大陆法中提出的合同成立要素之一。它是指当事人签订合同所追求的直接目的。例如,在货物买卖合同中,买卖双方签订合同都要有约因。买方的约因是获得货物,卖方的约因是获得货款。

在国际贸易合同中,要有对价或约因,法律才承认合同的有效性;否则,合同得不到法律的保障。

3.合同当事人必须有订立合同的能力

国际贸易合同一般是在法人之间签订的。我国《对外贸易法》规定我国的涉外经济合同当事人必须是企业或者其他经济组织;但是,法人是由自然人组织起来的,它必须通过自然人才能进行活动,因此,代表法人的自然人必须具备订立合同的能力。另外,法人本身也必须具有一定的行为和能力。法人采取的最普遍的具体形式是公司。

4.合同标的和内容必须合法

各国法律都规定合同不得违反法律,不得违反公共政策和公共秩序。我国《合同法》规定:订立合同,必须遵守法律,并不得损害社会公共利益。这里的公共利益是广义的,包括公众安全、优良习惯和道德规范。在国际贸易中对违禁品,如毒品、走私物品、严重败坏社会道德风尚的物品等签订贸易合同是不合法的;与敌国或国家明令禁止的贸易对象国签订贸易合同也是不合法的。

对于不合法的合同,在当事人之间,没有权利和义务关系。一旦双方当事人发生争议或纠纷,任何一方都不能上诉。法律对这种合同不予承认和保护。同时,如果法律认为必要时,还要追究当事人的刑事责任,没收买卖的货物。

5.当事人必须在自愿和真实的基础上签订合同

合同是双方当事人意思表示一致的结果。根据各国的法律规定,如果由于各种原因或事实,构成当事人表示的意思不是自愿和真实的,合同则不成立。这些原因和事实大致有以下几种:

(1)胁迫(DURESS)

各国法律都一致认为,凡在胁迫下订立的合同,受胁迫的一方可以主张合同无效。因为在受胁迫的情况下所作的意思表示,不是自愿表达的意思。在英美法中,除普通法中有胁迫的法律原则外,在平衡法中有“不正当影响”(Undue Influence)的原则。“不正当影响”主要适用于滥用特殊关系以订立合同为手段从中谋取利益的场合。在大陆法中,除有胁迫的法律原则外,还有“绝对强制”的法律原则。前者是指施加心理上的压力;后者是指除施加心理压力外,还对其人身加以强制。在“不正当影响”和“绝对强制”下订立的合同都是无效的。

（2）欺诈（FRAUD）

欺诈是指以使他人发生错误为目的的故意行为。各国法律都认为,凡因受欺诈而订立合同时,蒙受欺诈的一方可以撤销合同。我国《合同法》第52条规定:采取欺诈或者胁迫手段订立合同无效。英美法把欺诈称为“欺骗性的不正确说明”（Frandulent Misrepresentation）,受欺骗的一方,可要求损害赔偿并撤销合同。对某种事实保持沉默是否构成欺诈的问题,国外一般认为,只有当一方负有对某种事实提出说明的义务时,不作说明才构成欺诈;如果没有此项义务,则不能仅因沉默而构成欺诈。以买卖合同举例,在磋商过程中,当事人没有提供商品的国际市场价格的义务,因此没有必要提供说明,不能认为是欺诈。但对于买卖标的物的情况一定要如实说明,因其与对方决定是否订约有关,买方必须告知。若明知一旦告知买方,买方就不会订约,因而采取沉默的办法隐瞒,这就构成欺诈。

（3）错误（MISTAKE）

错误是指当事人意思表示错误。错误导致意思表示不真实,从而影响合同的有效性。各国法律都认为,任何意思表示的错误,都使合同无效,交易就会缺乏必要的保障。所以,对此问题应采取谨慎的态度。英美法认为,订约当事人一方的错误,原则上不能影响合同的有效性,只有当该项错误导致当事人之间根本没有达成真正的协议,或者虽已达成协议,但双方当事人在合同标的物的存在、性质、数量或有关交易的其他重大事项存在分歧时,才可主张合同无效。

6.合同形式的法律规定

在大陆法中,把合同形式分为要式合同（Formal Contract）和不要式合同（Informal Contract）。所谓要式合同是指依照法律的规定,应按其规定的形式和程序成立的合同。例如,必须由双方当事人签字,并由证人或公证机关证明的合同。不要式合同,可以用口头,或者书面,或者包括人证在内的其他证明形式的合同,而无须一定要采用书面形式。在英美法中,虽没有要式和不要式的划分,但也有相同的概念,例如,在英美法的分类中,有签字蜡封的合同。该合同应属于一种按要求的形式和程序订立的合同,它与大陆法中的要式合同相似。美国的《统一商法典》规定,凡是价金超过500美元的货物买卖合同,须以书面形式作成,但仍保留了例外,如卖方已在实质上开始生产专为买方制造的,不宜于售给其他买方的商品,则该合同虽然没有采取上面的形式,但仍有约束力。

《公约》对于国际货物买卖合同的形式,原则上不加以任何限制。《公约》第11条明确规定,买卖合同无须以书面订立或证明,在形式方面不受任何其他条件的限制。《公约》的这一规定既兼顾西方国家的习惯做法,也是为了适应国际贸易发展的特点。因为许多国家贸易合同是以现代通讯方法订立的,不一定存在书面合同。但《公约》允许缔约国对该条的规定提出声明予以保留。我国对此做了保留。

买卖双方在以函电成交时,任何一方当事人如果要以签订书面合同作为合同成立的依据,都必须在发出要约或在承诺通知中提出这一保留条件。这时,合同的成立不是以双方函电达成协议时成立,合同应于签订书面合同时成立。如果任何一方当事人都没有提出签订书面合同作为合同成立的依据,则按合同法的一般原则,合同应于双方的函电达成协议时成立,即当载有承诺内容的信件、电报或电传生效时,合同即告成立。

四、国际贸易合同有效认定

国际贸易合同争议的仲裁案件中,许多争议需要首先根据适用的法律及国际公约来认定合同的效力。因为合同是否有效直接影响着国际仲裁的过程和结果。一个国际贸易合同的有效订立,一般应具备以下条件:合同当事人须有订立合同的主体资格;合同订立的形式和内容必须合法;当事人的意思表示真实;合同当事人之间要通过要约与承诺的方式达成一项可履行的协议。

国际贸易合同样本

合同编号:____

____年__月__日

____(售方)为一方,与____(购方)为另一方,签订合同如下:

第一条　合同对象

依据____年__月__日双方签订的关于合作的协议,在售方国国境车上交货条件下售方售出,购方购入货物。其数量、种类、价格及交货期均按第__号附件办理,该附件为本合同不可分割的部分。

合同总金额为_____

第二条　价格

本合同所售出货物的价格以瑞士法郎计算,此项价格系卖方国国境车上交货,包括包皮、包装和标记费在内。

第三条　品质

按本合同所售出货物的品质应符合中华人民共和国国家标准或原苏联国家标准,并符合本合同附件所规定的技术条件;凭样交货的商品品质应符合双方确认的样品。

商品质量应以售方国国家商品检验局出具的品质证明书证明之。

第四条　供货期

售方应在本合同附件规定的期限内发货。在征得购方同意的情况下,售方有权按双方商妥的数量和金额提前交货。

第五条　标记

每个货箱均应用防水颜料在箱体的三面(上面,前面和左右)用英、俄两种文字书写以下标记:合同号,收货人,箱号,毛重,净重。

第六条　支付

本合同所供应的货物之价款,由购方按照中国银行和原苏联外经银行关于边境贸易支付协议书所规定的办法及1990年3月13日“由中国向苏联和由苏联向中国交货的共同条件”以瑞士法郎凭下列单据向售方支付:

1.账单4份;

2.盖有售方国发站印章的铁路运单副本1份;

3.明细单3份;

4.品质证明书1份。

第七条　保证和索赔

卖方在提供的商品投入使用之后12个月内保证商品质量,但不超过供货之日起18个月。

对货物品质的异议应在发现缺陷后3个月内提出,如在保证期发现缺陷,提赔日期不能迟于保证期结束30天。

如商品在保证期内出现缺陷,供货一方应排除缺陷或更换有缺陷的部分并负担费用。

当事人一方给对方造成人身伤害或因故意或重大过失给对方造成财产损失的,应当进行赔偿。

第八条　发货通知

售方应在发货后10天内以电传向购方通知有关货物自生产厂发运的情况,并注明发运日期,合同号,发动机号,件数,毛重和铁路运单号。

第九条　仲裁

由本合同所产生或与本合同有关的一切纠纷,应尽可能通过双方谈判解决。如双方不能达成协议,可提交被告国对外贸易仲裁机关审理,中方国家对外贸易仲裁为中国对外贸易促进委员会,苏方为原苏联工商会。

第十条　不可抗力条款

双方任何一方发生不可抗力情况(如火灾、自然灾害、战争、各种军事行动、封锁、禁止进出口或不以双方意志为转移的其他情况),使本合同全部或部分义务无法履行时,履行本合同义务的期限可相应推迟,在此期间合同义务仍然有效。

如果不可抗力情况持续30天以上,其中一方有权通知另一方免除继续履行合同义务,此时任何一方无权向对方提出补偿可能的损失。

无法履行本合同义务方应将不可抗力情况发生和结束及影响合同义务履行情况立即通知对方。

不可抗力发生和持续的时间应以售方或购方有关商会出具的证明书证明。

第十一条　其他条件

本合同未尽事宜,双方均按1990年3月13日“由中国向苏联和由苏联向中国交货共同条件”办理。

本合同一式两份,以中、俄两种文字书就,两种文字具有同等效力。

第十二条　双方法定地址

售方名称:_____　购方名称:_____

地址:_______　地址:_______

电报挂号:_____　电报挂号:_____

第十三条　运输地址

发货人:　收货人:

发站:______　到站:________

签字:_______　购方签字:______

案例

我某公司按每公吨242美元FOB Vessel New York进口200公吨钢材,我方如期开出48400美元的信用证,但美商来电要求增加信用证金额至50000美元,不然,有关出口捐税及签证费用应由我另行电汇,试分析美方此举是否合理?

回答:美方的要求不合理。信用证款项的支付要按照合同执行,卖方可以要求修改合同中的有关价格条款,然后再修改信用证款项。如果达不成修改合同中价格条款的协议,也只能按照合同去执行。

五、合同需要注意的问题

1.选用合适的贸易术语。合同条款应该与贸易术语的规定一致。如果双方采用《INCOTERMS2000》中的某一个贸易术语,双方对这个术语的理解应该一致,所以无论是发盘还是接受中都将价格作为主要内容之一,价格涉及贸易术语及装运地(港)或目的地(港),但贸易术语作为国际贸易惯例在双方明示排除时并不具备强制性以及双方针对具体贸易合同可以对国际贸易术语修改使用,所以如果双方合同磋商中就某个义务作出了与贸易术语不一样的规定,应该明确合同条款的效力是高于国际贸易惯例的效力 的。例如与美国出口商磋商进口 合同时,在使用美国的《1990对外贸易定义修正本》的FOB VES SEL 贸易时,双方关于出口手续与出口费用进行磋商改变为卖方办理出口手续与支付出口关税与费用时就是对FOB VESSEL的修 改使用。

2.选用合适的支付方式。国 际贸易实务支付方式有预付、托 收、信用证、赊销四种。这四种方 式作为出口商为规避国际结算风险,一般对外发盘或接受对方的发盘时应该选择信用证支付方式,如果国外进口方预付货款也是可以接受的结算方式。对于处理滞销商品或积压商品时选择在争取不到信用证方式支付时,也应该选择即期付款交单方式。如果对方是信用度高的国际知名公司,也可考虑对方用赊销的方式进行支付。

3.制定详细的磋商方案。为保证实现交易的目标,发盘方在磋商前应事先拟定好磋商方案,交易磋商方案一般有以下内容:

(1)交易目标与策略。应该确定交易要实现的最高或最低目标,制定好为达到目标所应实施的具体措施。

(2)拟定交易条件。发盘方应事先拟定好交易的各项条件或条款,对六项主要条件必须非常明晰。

(3)准备充分,讲究策略与技巧。在交易复杂时,出口方应该组成强有力的具备相关知识结构要求的谈判小组,做到准备充分,心中有数。在与对方面对面磋商时,我方对对方提出的还盘 进行交流时,用事先约定好的方式进行交流,同时注意国外贸易商对汉语知识的了解日益成熟,所以我方人员在涉及价格等敏感问题时不要用汉语进行交流,同时不要让对方知道我方的回程机票时间,否则对方会以这个时间界限就关键问题向我方施压。

4.掌握发盘或接受的技巧。在我国出口贸易中,我方主动发盘居多,出口方对外发盘应该注意以下问题:

(1)发盘之后一般不要轻易撤回、修改或提高售价,若必须变更发盘,按法律程序进行。

(2)适当运用询盘或发虚盘。如果因国际市场变化较快,可在发盘中附加一定的条件,例如在发盘中加入"以签订确认书为准",或"以得到出口许可证为准",以规避将来履约被动。

(3)当汇率、运费附加费率、保险费率、出口退税率或出口关税率波动频繁时,出口方在发盘时可表明上述费率波导致的损失由受盘人承担或双方均摊。

(4)依据商品销售形势,适当接受对方"逾期接受"或还盘。在有利于自身利益的情况下,出口商对对方的“逾期接受”或还盘,可适当地考虑接受,尽可能增加交易机会,也为双方将来的合作提供平台。

案例

某公司出口货物一批。信用证规定的数量为400公吨。其中A级120公吨,B级120公吨,C级160公吨。数量和金额均允许有5%的机动。向银行交单的发票数量为420公吨,其中,A级126.2公吨,B级126公吨,C级167.8公吨。银行拒绝仪付。试分析拒付的原因。

答题要点:

(1)信用证要求单证严格相符。

(2)分别计算允许有5%的机动幅度的交货数量;则A级的交货数量范围是(114公吨,126公吨),C级的交货数量范围是(152公吨,168公吨)。

(3)由题可知,卖方交货时,A级多交0.2公吨,C级少交0.2公吨,不符合信用证规定。

第四节 合同的履行

出口贸易合同签订后,买卖双方按合同规定在享有各自权利的同时必须承担各自的义务。合同履行是实现买卖双方当事人各自的经济目的,实现货物和资金按约定方式转移的过程,既是经济行为,又是法律行为。因此,在履行出口合同时,出口企业必须遵循重合同、守信用的基本原则,严格按合同规定对外履行其本身应尽的义务。

"重合同、守信用"是我国社会主义对外贸易的重要原则,是我们在进出口业务中具体贯彻"平等、互利"的对外贸易政策的要求,在我国出口业务中,要严格遵守这个原则,按时、按质、按量履行合同,维护国家信誉。我国出口合同,多属CIF或CFR价格条件和即期信用证支付方式的合同。履行此类合同的程序,一般包括货（备货）、证（催证、审证、改证）、船（租船、订舱）、款（制单、结汇）四个主要环节。货、证、船、款四个环节的工作之间是有紧密的不可分割的内在联系的。因此,在进行每个环节的工作时,都必须同其他环节的工作相互配合,保持一致,防止"有货无证、有证无货"或"有货无船、有船无货"或"单证不符"等现象发生。

一、备货

备货也是外贸流程中的一个重要环节,根据客户的需要把客户需要的东西做好。备货实际上就是采购货物或者下订单到工厂生产货物。在备好货后要经过国家进出口商品检验检疫局的检验（商检）,否则无法报关出口。备货在整个外贸流程中有着非常重要的地位,须按照合同来进行。货物的质量、规格、数量、包装等,要符合合同或信用证的要求。要注意结合船期安排,以利于船货衔接。为了确保质量和交货没有问题，一般来说外贸公司会派专门的人员（如跟单、QC）去工厂追踪生产,检验货物,也有客人指派的专门验货的机构(第三方）,如 SGS,OMIS,BV等来验货。

在生产结束,货物装箱完毕后,工厂要提供装箱清单（Packing List）给外贸公司，也就是多少箱货物,箱子的尺寸、重量、件数、规格等），有的工厂还要接受外贸公司的委托,代为货物办理商检。在备货结束之前,千万不要忘了去外汇管理局领取出口收汇核销单;请货代（货运代理公司）安排货物运输,填写装货单（Shipping Order）,这些单据下一步报关要用。

注意:

1.样品（Sample）到底有哪些?——以服装为例。

一种做法是:在客人没有订单前,我们已经开始帮客人做样品（Sample）了。我们根据客人的要求或客人提供的原样（Original Sample）,做出初样（Counter Sample）,客人确认后,我们就帮他做极小批量的推销样（Salesman Sample）,我们自己也留一件样品（Keep Sample）,客人推销成功就意味着我们有优先接订单的机会。

另一种做法是:没有推销样这个环节。客人直接下单给你,你做出样品,交客人确认,直到没问题。无论是上面两种做法的哪一种,接下来就是落实生产了,由于服装的尺码不同,我们会让工厂做不同尺码的样品,确保不同尺码的服装风格不走样,在客人确认后,基本上就开始生产了,从流水线上拿来的产品就是生产样（Production Sample）,在生产行将结束准备出货时,我们就要将船样（Shipment Sample）也就是从流水线上拿一二件产品寄给客人,告诉客人集装箱里的东西全都是按照这个生产的。

2、什么是商业发票（Commercial Invoice）?

简称发票（Invoice）,做生意是要给国家缴纳货物增值税,那就要开发票。我们要向客人收回货款就要开发票:一是要提供价目清单,二是对订单的整个交易以及货物内容的说明。商业发票是全部单据的中心,是缮制其他单据的主要依据。

发票的种类有很多,如形式发票、样品发票、寄售发票、海关发票。发票没有统一的格式。客人核对我们是否按合同规定,要将发票内容和合同一条一条的核对;它也是买卖双方记账和核算的凭证依据;还是报关时海关让你交多少税的依据,是验关放行的依据。在不用汇票时,发票也可替代汇票作为付款的依据,也是保险索赔,补充交易细节的依据。

二、申请信用证

1.申请开证

信用证开到后,应对信用证内容逐项认真审核,信用证条款必须与合同内容相一致,不得随意改变。在实际业务中,有时由于国外商人（或开证银行）工作上的疏忽差错,或因来证地区不同,信用证另有特殊规定;或因国外商人对我国政策不了解,以致信用证所列内容与合同不符,甚至会有同我国政策相违背的条款。因此,我们必须认真做好审证工作,以保证及时装船,安全结汇。

所谓催证,是指卖方通过信件、电报或其他电讯工具通知或催促国外买方按合同规定迅速通过开证银行开出信用证,以便卖方能按时交货。催证并不是一个必不可少的业务环节,如果卖方已经发货或即将发货却仍未收到买方开立的信用证时,就有催开信用证的必要了。

在采用信用证方式结算货款的交易中,按时开立信用证是买方的一项义务。但在实务中,买方由于资金等种种原因,延误开证时间的事时有发生。在下列情况下,卖方应注意向买方发出函电提醒或催促对方开立信用证。

(1)在合同规定的期限内,买方未及时开证这一事实已构成违约。如卖方不希望中断交易,可在保留索赔权的前提下,催促对方开证。

(2)签约日期和履约日期相隔较远,应在合同规定开证日之前,去信表示对该笔交易的重视。并提醒对方及时开证。

(3)卖方货物已经备妥,并打算提前装运,可去信征求对方同意提前开证。

(4)买方资信欠佳,提前去信提示,有利于督促对方履行合同义务。

在实际业务操作中,用快捷的通信方式催证是很普遍的。其内容有以下几点:说明所涉及的商品名称、合同、确认书名称;说明尚未收到信用证;催促对方开证。

案例

我A公司向中东B公司按CIF中东口岸每磅1.38美元出口某商品,即期信用证付款,合同规定11月装运,未规定买方具体开到信用证的日期。合同签订后,该商品市场价格趋降,B公司便拖延开证。我方从10月中旬起多次电催B公司开证,终于使该商在11月16日开来了信用证。但由于开证太晚,我方安排装运发生困难,于是我公司要求买方对信用证的装运期和议付有效期进行修改,分别推迟一个月。但B公司拒不同意,并以我方未能按期装运为由单方面宣布解除合同,我方也就此作罢。

评析:我方处理不当。应吸取的教训有:①在合同中未规定信用证开到日期不妥;②按惯例,即使合同中未规定开证期限,买方也应于装运月前开到信用证,现经我方多次催促,买方未及时开到信用证,我方应保留索赔权;③对于外商以我方未能按时装运为由,单方面宣布解除合同,我方不能就此作罢。

(2)信用证的审核

审证时,遇到有关政策性的问题,因对于不同国家、不同地区以及不同银行有不同的掌握原则,应先与中国银行共同研究,根据我国的方针政策,区别问题的性质,决定统一的对外措施,以使银贸步调一致。如果属于品质、数量、金额、交货期、港口等交易条件的不符,责任在对方的,不能为我方接受时,应立即要求国外修改。有时由于舱位及备货发生变化等原因不能按期装运,责任在我方的,也应及时商请对方改证,并在收到对方的修改书后,才能安排装运交货。这里要注意的是对于一张信用证中的问题,应尽可能一次提出修改,不应一次只修改一项,造成多次修改的现象,改证过多也会引起不良的政治影响和经济上的损失。

审核信用证要遵循《UCP600》。有些信用证未载明遵守现行信用证统一惯例办理，这种信用证易引起误解,不宜接受。以前的SWIFT信用证是自动遵循《UCP500》的,2006年11月18日SWIFT升级,在MT700、MT705等报文中增加了40E这一必选项,来表明所开立的信用证适用的规则。该项有6种可供使用的选择,最好选择“UCP LATEST VERSION”。

《UCP600》是确保在世界范围内将信用证作为可靠支付手段的准则,也是各国银行处理结算业务必须遵循的基本准则。出口商在审核信用证时应遵循《UCP600》的规定来确定是否可以接受信用证的某些条款。例如,受益人在审核信用证种类及性质、到期日及地点、交单期等或某些直接表明与《UCP600》相关的条款时,应遵循《UCP600》的规定。

在对信用证进行了全面细致的审核以后,如发现有任何与合同规定不符并影响到合同的顺利履行和安全收汇的不符点时,应该对这些内容提出修改,或者要求取消某些不能接受的条款。

信用证的修改形式上虽由买方向开证行请求,但实际上,多数情况下是由卖方要求买方向开证行申请修改。改证的一般程序如图所示。

修改信用证流程

说明:

①出口商提出要求对信用证进行修改,可以通过电话、传真、电子邮件和面谈提出修改要求。

②如果进口商同意修改,就指示开证行开立修改信用证。

③开证行修改信用证,并将修改信用证通知给通知行。

④通知行将修改信用证通知给出口商。

在改证工作中,需注意以下问题:

①凡需要修改的各项内容,应做到一次向国外客户提出,尽量避免由于我方考虑不周而多次提出修改要求。否则,会使履约受到影响,而且手续烦琐,改证费用过高,会引起国外客户不满。

②对通知行转来的“信用证修改通知书”的内容,经审核后,只能全部接受或全部拒绝,不能只接受一部分而拒绝其余部分。

③接到国外银行寄来的信用证修改通知书后,应仔细审核。如发现修改内容仍难以接受,应及时与开证申请人联系,说明有关情况。

④对提出修改的信用证,必须在收到修改通知书并已审核同意后,方可将货物装船出运,否

则,会使我方陷入被动,影响收汇安全。

⑤对来证不符合合同规定的各种情况,还需作出具体分析,不一定坚持要求对方办理改证手续。只要来证内容不违反政策、原则并能保证我方安全迅速收汇或经过适当努力可以办到而并不造成损失的,我方也可以酌情处理。

三、安排运输和保险

1.安排运输

按FOB贸易术语成交的进口合同,货物采用海洋运输,应由进口方负责租船或订舱工作。租船订舱事宜可委托进出口贸易运输公司办理,也可直接向远洋运输公司或其他运输机构办理。

在办妥租船订舱手续后,应按规定的期限将船名、船期及时通知对方,以便对方备货装船。派船通知中一般包括船名、船籍、船舶吃水深度、装载重量、到达港口、预计到达日期以及其他需要说明的问题。这些信息对于出口方及时做好交付准备是很有帮助的。

2.保险

按FOB术语签订的进口合同,货物运输保险是由进口方办理的。从事进口业务的企业,通过与中国人民保险公司签订“海运进口货物运输预约保险合同”的方式,办理“预约保险”的手续。

四、审单和付汇

在进口业务中,如采用托收或汇付方式,由进口公司负责对货物单据进行全面审核;如采用信用证的支付方式,则由开证银行和进口公司共同对货物单据进行审核。通常由开证银行对单据进行初审,进口公司进行复审。在单据符合信用证及合同规定的条件下,开证银行履行付款责任。

开证银行或进口公司审核国外单据,如发现单证不符或单单不符,应由开证银行立即向国外银行提出,并根据具体情况做出必要的处理。一般来说,处理“不符点”的方法有以下几种:

1.拒绝接受单据并拒付全部货款。

2.部分付款,部分拒付。

3.货到经检验后付款。

4.国外议付行书面担保后付款。

5.更正单据后付款。

6.放弃该不符点,进口方按单证相符对外付款。

五、报关、验收和提交货物

1.报关

进口报关是指进口人按国家海关法令规定,向海关申报进口货物验收的行为,也称进口通关。

（1）报关的程序。

（2）报关的期限。进口货物的报关期限,自运输工具申报进境之日起14日内,超过这个期限报关的,由海关征收滞报金。

（3）预申报的应用。

2.报验

报验的时间一般在海关放行提货前后。

报验的地点。进口报验地点一般应为检验地点。

——凡属于法定检验范围的商品、货物卸离运输工具时已发现残损或有异状的商品、大宗散装、易腐烂变质商品及合同规定在卸货地(港）检验的商品,应在卸货口岸申请检验。

——属于机械、仪器、成套设备以及金属材料类商品,一般可在使用地点结合安装使用进行检验。采用集装箱运输情况下,要求在拆箱地点进行检验。

对列入《种类表》以及其他法律、法规规定必须经商检机构检验的进口商品到货后,进口公司或代理托运部门应凭“进口货物通知书”或其他有关证件,向卸货口岸或到达站的商检机构办理进口商品登记,经商检机构审核、登记后,在“进口货物报关单”上加盖“已接受登记”印章,交申请人凭此向海关办理报关手续,海关据以审核放行。

办理进口商品登记后,收货单位应尽快向商检机构正式办理进口商品报验手续。申请报验时应按规定缴纳检验费。

案例

中国某公司在国外承包一工程, 由于业主修改设计造成部分工程量增加,部分工程量减少的事实。为此,该公司决定向业主索赔,在索赔内容上出现两种意见, 第一种认为增加工程量部分应索赔,而减少工程量部分不应索赔,索赔费用仅低于直接费用部分； 第二种认为,增加和减少工程量都应索赔,索赔费用既应包括直接资,也应包括间接费用,你认为哪种意见正确,为什么?

分析:这是单方面修改合同问题，有关《国际法》规定:买卖双方签订合同之后,只要合同成立条件符合要求,在合同有效期内,任何一方都不得单方面修改和变更合同内容，显然业主单方面变更合同内容是违法的，至于如何索赔,原则上只要对方修改合同内容部分并且造成我方经济损失的部分都应该提出索赔,索赔金额由直接经济损失及利息、支付费用和预期利润四个部分构成。

本案例业主增加工程量和减少工程量都属于违约行为,并且造成了我方直接经济损失和间接损失,所以第二种意见正确。

3，办理拨交货物

在代理进口业务中,如订货或用货单位在卸货港所在地,进口企业则就地拨交货物,如订货或用货单位不再卸货区,则委托运输机构将货物运转内地交付给订货或用货单位,有关进口的关税和运往内地的费用,由运输机构向进口企业结算后,进口企业向订货或用货单位结算。

进口货物运抵港口卸货时,港务当局要进行卸货核对。对于法定检验的进口货物,进口企业应在入境前或入境时向入境口岸、指定的或到达站的出入境检验检疫机构办理报检手续,未经检验的货物不准销售或使用,如进口货物经入境检验检疫机构检验,发现有残缺短缺,应凭出入境检验检疫机构出具的检验证书对外索赔。进口报检时,应填写入境报检单并提供合同、发票、提单等有关单证。

六、进口索赔

进口索赔一般是指货物自出口方交到进口方的过程中,由于人为、天灾或其他种种原因,使进口方收到的货物不符合合同规定或货物有其他损害,进口方依责任归属,向有关方面提出赔偿要求,以弥补其所受的损失。

1.索赔对象

（1）卖方。

1）货物的品质、规格等不符合合同规定。

2）交货数量不足,重量短少。

3）掺杂使假,以次充好,以旧顶新。

4）包装不良或不符合合同要求造成货物残损。

5）凭样成交的商品,所交商品与成交样品不符。

6）未按合同规定的交货期限交货或不交货等。

（2）承运人。

1）因短卸、误卸造成货物短少。

2）托运货物在运输途中遗失。

3）托运货物由于承运人配载不当、积载不良或装卸作业粗疏造成货物损毁。

4）船舶不具备适航条件,设备不良造成所装货物损毁等。

发生上述情况时,进口方应毫不迟延地将损害事实用书面通知承运人,让承运人了解货物灭失或残损、短缺的实际状况,以便确定其赔偿责任。

③保险公司。货运途中发生保险范围内的风险导致的损失。

2.进口索赔应注意的问题

（1）准确判定货损原因和索赔对象。

（2）注意收集与保留旁证材料。

（3）提供有效的证明文件。

——制备索赔清单,随附商检局签发的检验证书、装箱单、提单副本。

——对不同的索赔对象,还要另附有关证件。

（4）合理计算索赔金额。合同双方当事人之间确定索赔金额,应与因违约造成的实际损失相等,所以具体金额除受损商品的价款和利润外,还应包括其他有关费用,如商品检验费、装卸费、银行手续费、仓租费、利息等。

（5）严格把握索赔期限。进口索赔要在合同规定的有效期内提出,过期无效。

向保险公司索赔的期限为:被保险货物在卸货港（地）全部卸离海轮（车辆、飞机）起算,最多不超过两年。

向承运人索赔期限为:货物到达目的地（港）交货后一年之内为有效。

向出口方提出索赔的期限,分法定索赔期限与约定索赔期限两种。

七、信用证开具的中英文对照

（1）KINDS OF L/C 信用证类型

①revocable L/C/irrevocable L/C 可撤销信用证/不可撤销信用证

②confirmed L/C/unconfirmed L/C 保兑信用证/不保兑信用证

③sight L/C/usance L/C 即期信用证/远期信用证

④transferable L/C(or) assignable L/C(or) transmissible L/C /untransferable L/C可转让信用

证/不可转让信用证

⑤documentary L/C/clean L/C 跟单信用证/光票信用证

（2）L/C PARTIES CONCERNED 有关当事人

①opener 开证人

1）applicant 开证人（申请开证人）

2）principal 开证人（委托开证人）

3）accountee 开证人

②beneficiary 受益人

1）beneficiary 受益人

2）in favour of 以（某人）为受益人

3）in one’s favour 以……为受益人

4）favouring yourselves 以你本人为受益人

③drawee 付款人（或称受票人,指汇票）

1）to drawn on (or :upon）以（某人）为付款人

2）to value on 以（某人）为付款人

3）to issued on 以（某人）为付款人

4）drawer 出票人

⑤advising bank 通知行

1）advising bank 通知行

2）the notifying bank 通知行

3）advised through…bank 通过……银行通知

4）advised by airmail/cable through…bank 通过……银行航空信/电通知

⑥opening bank 开证行

1）opening bank 开证行

2）issuing bank 开证行

3）establishing bank 开证行

⑦negotiation bank 议付行

1）negotiating bank 议付行

2）negotiation bank 议付行

⑧paying bank 付款行

⑨reimbursing bank 偿付行

⑩the confirming bank 保兑行

（3）AMOUNT OF THE L/C 信用证金额

①amount RMB… 金额:人民币

②up to an aggregate amount of Hongkong Dollars… 累计金额最高为港币……

③for a sum (or :sums） not exceeding a total of GBP… 总金额不得超过英镑……

④to the extent of HKD… 总金额为港币……

⑤for the amount of USD… 金额为美元……

⑥for an amount not exceeding total of JPY… 金额的总数不得超过……日元的限度

（4）DRAFT(BILL OF EXCHANGE） 汇票

①the kinds of drafts 汇票种类

②available by drafts at sight 凭即期汇票付款

③draft(s） to be drawn at 30 days sight 开立30天的期票

④sight drafs 即期汇票

⑤time drafts 远期汇票

（5）INVOICE 发票

①signed commercial invoice 已签署的商业发票

②beneficiary’s original signed commercial invoices at least in 8 copies issued in the name of the buyer indicating (showing/evidencing/specifying/declaration of） the merchandise, country of origin and any other relevant information、 以买方的名义开具、注明商品名称、原产国及其他有关资料,并经签署的受益人的商业发票正本至少一式八份

（6）Bill of Loading 提单

①full set shipping (company’s） clean on board bill(s） of lading marked “Freight Prepaid” to order of shipper endorsed to … Bank, notifying buyers 全套装船（公司的）洁净已装船提单应注明“运费付讫”,作为以装船人指示为抬头、背书给……银行,通知买方

②bills of lading made out in negotiable form 作成可议付形式的提单

③clean shipped on board ocean bills of lading to order and endorsed in blank marked “Freight Prepaid” notify: importer(openers,accountee） 洁净已装船的提单空白抬头并空白背书,注明“运费付讫”,通知进口人（开证人）

④full set of clean “on board” bills of lading/cargo receipt made out to our order/to order and endorsed in blank notify buyers M/S … Co、 calling for shipment from China to Hamburg marked

"Freight prepaid" / "Freight Payable at Destination" 全套洁净"已装船"提单/货运收据作成以我（行）为抬头/空白抬头,空白背书,通知买方……公司,要求货物字中国运往汉堡,注明"运费付讫"/"运费在目 的港付"

（7）INSURANCE POLICY (OR CERTIFICATE） 保险单 （或凭证）

①Risks & Coverage 险别

1）free from particular average (F、P、A、) 平安险

2）with particular average (W、A、) 水渍险（基本险）

3）all risk 一切险（综合险）

4）total loss only (T、L、O、) 全损险

②the stipulations for insurance 保险条款

1）marine insurance policy 海运保险单

2）specific policy 单独保险单

3）voyage policy 航程保险单

4）time policy 期限保险单

5）floating policy (or open policy) 流动保险单

6）ocean marine cargo clauses 海洋运输货物保险条款

（8）CERTIFICATE OF ORIGIN 产地证

①certificate of origin of China showing 中国产地证明

②certificate of Chinese origin 中国产地证明书

③Certificate of origin shipment of goods of … origin prohibited 产地证,不允许装运…的产品

④declaration of origin 产地证明书（产地生明）

⑤certificate of origin separated 单独出具的产地证

⑥certificate of origin "form A" "格式A"产地证明书

⑦genetalised system of preference certificate of origin form "A" 普惠制格式"A"产地证明书

（9）PACKING LIST AND WEIGHT LIST 装箱单与重量单

①packing list detailing the complete inner packing specification and contents of each package 载明每件货物之内部包装的规格和内容的装箱单

②packing list detailing… 详注……的装箱单

③packing list showing in detail… 注明……细节的装箱单

（10）Inspection Certificate 检验证书

①certificate of weight 重量证明书

②certificate of inspection certifying quality & quantity in triplicate issued by C、I、B、C、由中国商品检验局出具的品质和数量检验证明书一式三份

③phytosanitary certificate 植物检疫证明书

④plant quarantine certificate 植物检疫证明书

⑤fumigation certificate 熏蒸证明书

⑥certificate stating that the goods are free from live weevil 无活虫证明书（熏蒸除虫证明书）

⑦sanitary certificate 卫生证书 sanitary certificate

⑧health certificate 卫生（健康）证书 health certificate

（11）OTHER DOCUMENTS 其他单据

①full set of forwarding agents' cargo receipt 全套运输行所出具之货物承运收据

②air way bill for goods consigned to…quoting our credit number 以……为收货人,注明本证号码的空运货单

（12）DATE & ADDRESS OF EXPIRY 有效日期与地点

①valid in…for negotiation until… 在……议付至……止

②draft(s) must be presented to the negotiating(or drawee) bank not later than… 汇票不得迟于……交议付行（受票行）

③expiry date for presention of documents… 交单满期日

复习思考题

一、在出口业务中,出口企业与客户洽谈时,通常必须对哪几项内容进行磋商?

二、出口交易磋商有哪几个环节?达成一笔交易有哪些磋商环节是不可缺少的?为什么?

三、签订合同要注意什么事项?

四、备货工作主要注意什么?

五、什么是信用证?信用证审证时要注意什么?

六、进口索赔要提供什么单据?

课外拓展

银承和信用证样本

中国银行

BANK OF CHINA

170 People Avenue, Shanghai, China
FAX:86-21-52896599

信用证通知书

NOTIFICATION OF DOCUMENTARY CREDIT

TO 致： AIGE IMPORT & EXPORT COMPANY ROOM 2501, JIAFA MANSION, BEIJING WEST ROAD, SHANGHAI 200001, P.R.CHINA	WHEN CORRESPOND NG PLEASE QUOTE OUT REF N(
ISSUING BANK开证行 THE BANK OF TOKYO-MITSUBISHI, LTD.	TRANSMITTED TO US THRO REF NO.

L/C NO.信用证号 002/0000026	DATED 开证日期 20110829	AMOUNT 金额 JPY 1200000
EXPIRY DATE 有效期 20110930	TENOR 期限	CHARGE 未付费用
RECEIVED VIA 来证方式 SWIFT	AVAILABLE 是否生效 VALID	TEST/SIGN 印押是否相符 YES

DEAR SIRS 敬启者：
WE HAVE PLEASURE IN ADVISING YOU THAT WE HAVE RECEIVED FROM THE A/M BA
CREDIT, CONTENTS OF WHICH ARE AS PER ATTACHED SHEET(S).
THIS ADVICE AND THE ATTACHED SHEET(S) MUST ACCOMPANY THE RELATIVE DOC
PRESENTED FOR NEGOTIATION.
兹通知贵公司，我行收自上述银行信用证一份，现随附通知。贵司交单时，请将本通知书及
一并提示。

REMARK备注：
PLEASE NOTE THAT THIS ADVICE DOES NOT CONSTITUTE OUR CONFIRMATION O
DOES IT CONVEY ANY ENGAGEMENT OR OBLIGATION ON OUT PART.

THIS L/C CONSISTS OF SHEET(S), INCLUDING THE COVERING LETTER AND A
本信用证连同面函及附件共 纸。

CATHAY BANK
777 NORTH BROADWAY，NEWYORK, USA
PHONE 625-4700 / CABLE ADDRESS: CATHBANC

□CONFIRMATION OF TELEX/ CABLE PRE-ADVISED　　DATE: MAY 5, 1996　　TELEX NO. 4720688 ITT

IRREVOCABLE DOCUMENTARY CREDIT	CREDIT NUMBER 96/0500-FTC	ADVISING BANK'S REF. NO.
ADVISING BANK: SHANGHAI A J FINANCE CORPORATION 59 HONGKONG ROAD　SHANGHAI 200002, CHINA	**APPLICANT:** CATHAY PACIFIC TRADING CO. 1-18 ITHACA STREET ELMHURST　NEWYORK 11373	
BENEFICIARY: LEAD IMPORT & EXPORT CORPORATION HENGTONG ROAD 144　SHANGHAI, CHINA	**AMOUNT:** USD117227.52　(US DOLLARS FIFTY THREE THOUSAND FIV HUNDRED AND SEVENTY NINE ONLY)	
EXPIRY DATE: JUNE 15TH, 1996	FOR NEGOTIATION **IN CHINA**	

GENTLEMEN:

WE HEREBY OPEN OUR IRREVOCABLE LETTER OF CREDIT IN YOU FAVOR WHICH IS AVAILABLE BY YOUR DRAFT AT 45 DAYS' SIGHT FOR FULL INVOICE VALUE ON US ACCOMPANIED BY THE FOLLOWING DOCUMENTS:

+ SIGNED COMMERCIAL INVOICE AND 3 COPIES
+ PACKING LIST AND 3 COPIES, SHOWING THE INDIVIDUAL WEIGHT AND MEASUREMENT OF EACH ITEM.
+ ORIGINAL CERTIFICATE OF ORIGIN AND 3 COPIES ISSUED BY THE CHAMBER OF COMMERCE.
+ FULL SET CLEAN ON BOARD OCEAN BILLS OF LADING SHOWING FREIGHT PREPAID CONSIGNED TO ORDER OF CATHAY BANK 777 N. BROADWAY, NEWYORK, USA NOTIFY APPLICANT
+ INSURANCE POLICY OR CERTIFICATE FOR 130 PERCENT OF INVOICE VALUE COVERING: RISK (A) AS PER I.C.C. DATED 1/1/1982.
+ BENEFICIARY'S CERTIFICATE IN DUPLICATE CERTIFYING THAT EACH PIECE HAS BEEN PRINTED WITH "MADE IN CHINA"

COVERING SHIPMENT OF:

288 CARTONS CHAMPION BRAND BASKETBALL (SO252 SIZE5 96 CARTONS, SO262 SIZE 7 96 CARTONS, KS241 S SIZE 7 CARTONS) IN ACCORDANCE WITH SALES CONFIRMATION 96S-0421 DATED APRIL 21, 1996.

[ ] FOB / [ ] CFR / [x] CIFC3 / [ ] FAS NEWYORK, USA

SHIPMENT FROM	TO	LATEST	PARTIAL SHIPMENTS	TRANSSHIPMENT
SHANGHAI	NEWYORK, USA	JUNE 30, 1996	PROHIBITED	PROHIBITED

DRAFTS TO BE PRESENTED FOR NEGOTIATION WITHIN 15 DAYS AFTER SHIPMENT, BUT WITHIN VALIDITY OF CREDIT.
ALL DOCUMENTS TO BE FORWARDED IN ONE COVER, BY AIRMAIL, UNLESS OTHERWISE STATED UNDER SPECIAL INSTRUCTION

SPECIAL INSTRUCTIONS: ALL BANKING CHARGES OUTSIDE THE UNITED STATES ARE FOR ACCOUNT OF BENEFICIARY

+ ALL GOODS MUST BE SHIPPED IN ONE 20' CY TO CY CONTAINER AND B/L SHOWING THE SAME
+ THE VALUE OF FREIGHT PREPAID HAVE TO SHOW ON BILLS OF LADING
+ DOCUMENTS WHICH FAIL TO COMPLY WITH THE TERMS AND CONDITIONS IN THE LETTER OF CREDIT SUBJECT TO A SPECI DISCREPANCY HANDLING FEE OF US$35.00 TO BE DEDUCTED FROM ANY PROCEEDS.

DRAFT MUST BE MARKED AS BEING DRAWN UNDER THIS CREDIT AND BEAR ITS NUMBER; THE AMOUNTS ARE TO BE ENDORS ON THE REVERSE HEREOF BY THE NEGOTIATING BANK.

WE HEREBY AGREE WITH THE DRAWERS, ENDORSERS AND BONA FIDE HOLDER THAT ALL DRAFTS DRAWN UNDER AND IN COMPLIANCE WITH THE TERMS OF THIS CREDIT SHALL BE DULY HONORED UPON PRESENTATION AT THE OFFICE OF CATHAY BANK, NEWYORK, USA.

THIS CREDIT IS SUBJECT TO THE UNIFORM CUSTOMS AND PRACTICE FOR DOCUMENTARY CREDITS(1993 REVISION) BY T INTERNATIONAL CHAMBER OF COMMERCE PUBLICATION NO. 500.

Yours Very Truly,

Joanne Susan

AUTHORIZED SIGNATURE　　　　AUTHORIZED SIGNATURE

第四章 商品品名、品质、数量和价格

《联合国国际货物销售合同公约》规定,合同的建议“如果写明货物并明示或暗示地规定数量和价格或规定如何确定数量和价格,即为十分确定”。可见,商品的品名、品质,数量和价格,为交易中必不可少的条件。

从法律角度来讲,有些国家把买卖合同条款分为“要件”(Condition)与“担保”(Warranties)两种。一方违反“要件”,对方有权撤销合同,并可请求损害赔偿。如果违反“担保”,则只能要求赔偿,不得撤销合同。而在国际贸易中,商品的品名、品质和数量大多作为合同的“要件”,因此,在贸易中对商品的品名、品质和数量应予重视。

第一节 商品的名称

商品品名,是合同中不可缺少的主要交易条件。品名也代表了商品通常应具有的品质。在合同中,应尽可能使用国际上通用的名称。

对新商品的定名,应力求准确,符合国际上的习惯称呼。对某些商品还应注意选择合适的品名,以利减低关税,方便进出口和节省运费开支。

国际上为了便于对商品的统计征税时有共同的分类标准,早在1950年,由联合国经济理事会发布了《国际贸易标准分类》(SITC)。其后,世界各主要贸易国又在比利时布鲁塞尔签订了《海合作理事会商品分类目录》(CCCN),又称《市鲁塞尔海关商品分类目录)(BTN)。CCCN与SITC对商品分类有所不同,为了避免采用不同目录分类在关税和贸易、运输中产生分歧,在上述两个规则的基础上,海关合作理事会主持制定了《协调商品名称及编码制度》(The Harmonized Commodity Description and Coding System,简称HS编码制度)。该制度于1988年1月1日起正式实施,我国于1992年1月1日起采用该制度、目前各国的海关统计,普惠制待遇等都按HS编码制度进行。所以,我国在采用商品名称时,应与HS编码制度规定的品名相适应。

品名是区别不同商品的一种称呼与概念,实务中用来表示 商品的方法主要有以下几种:

（1）用商品的原材料命名（如羊毛 衫、羽绒服等）；

（2）用商品的主要用途命名（如洗手液、杀虫剂、 洗衣机等）；

（3）用商品的外观造型命名（如喇叭裤、迷你织布机等）；

（4）用人物名字命名（如孔府家酒、王致和豆腐乳等）；

（5） 用商品的褒意来命名（如青春宝、飘柔等）；

（6）用制作的工艺命 名(如精制油等）。

品名条款的内容,一般取决于商品的品种与特征。一般合 同通常只规定具体名称即可,但有些商品,为了明确起见,也可 将品种、商标、等级型号这些内容涵盖在品名条款中。

一次台湾出口苹果酒到中东地区,当时使用的商品名称就 是“Apple Wine”,这批酒到中东地区之后,海关就不准这批货物进口。该案例涉及的是商品品名在实务中体现出来重 要意义,如果品名不合适,会影响到交易的顺利进行。中东地区对于“Wine”酒类产品是禁止进口的,如果把单词“Wine”换成 “Cider”苹果汁的话,这批货物是绝对可以进口的。

由此可见,商品品名在合同履行中的重要意义。根据《公约》的规定,若卖方交付货物不合约定的品名和说明,买方有权 提出损害赔偿要求,甚至可以拒收货物和撤销合同。与此同时,品名条款的订立在买卖合同中占有重要地位。订立此项条款具有重要的法律和实践意义,因此买卖双方在订立此条款时,应注意以下事项:

（1）品名条款应明确具体。在订立品名条款时,商品的名称要力避笼统的表述,必须能确切反映交易标的物的特点,以利于合同的顺利履行。如成交商品名称为苹果时,就不能笼统命名为水果,因为水果的范畴太大,只有在品名条款中明确具体是哪一种水果,买卖双方在交接货物方面才有一定的依据,海关在征收关税时才可以明确采用哪一种税率。

（2）正确使用成交商品的名称。对于成交的商品一定使用国际上通用的,且合适的名称。如美国曾经对进口的打字机征税,如果是一般打字机,税率定为0%;如果是玩具打字机,税率为35%。因此,如果品名选用不当,会影响到关税税率的高低。

（3）针对商品实际做出实事求是的规定。卖方一定要确保有能力供应合同中所约定的商品,避免盲目成交,否则买方有权拒收货物或撤销合同。

第二节 商品的品质

一、品质的含义及约定的意义

商品的品质,不能简单理解成商品的质量,即使用性能。它是指商品的内在素质与外观 形态的综合。内在素质包括商品的物理性能、机械性能、化学成分和生物的物性等自然属性,外观形态包括商品的外形、色泽、款式或者透明度等。凡是卖方在以上这些方面违反合同的规 定,都可归属于卖方交货的品质不合要求。

中方某公司与国外某客商成交龙井茶一批,合同规定二级茶叶,卖方实际交货时发现二级茶叶库存为零,便在未征求买方同意的情况下,以一级茶叶充抵二级茶叶交货,并电告买方"一级茶叶仍按二级茶叶计价,不另外收费"。卖方的这种做法妥当吗?

根据《公约》规定,合同中的品质条件,是构成商品说明的重要组成部分,是买卖双方交接货物的依据,卖方交货必须符合约定的质量,如卖方交货不符约定的品质条件,买方有权要 求损害赔偿,也可要求修理或交付替货物,甚至拒收货物和撤销合同。所以,本案例中卖方这种"以好顶次,又不另外收费"的做法是不妥当的。因为在合同达成后,卖方交货品质低于合同的要求是违约行为。未经买方允许,擅自将品质高于合同规定的货物交付买方同样也构成违约。尽管中方所交茶叶适用于原来的用途,并且在价值上还高于二级茶叶的价值,但卖方已经违约,在市场行情的变化不利于买方,或由于卖方交货品质高于合同的规定使买方在办理进口清关手续中遇到麻烦时,往往会成为买方拒收货物并要求赔偿损失的理由。

二、商品品质的表示方法

国际货物贸易中,用来表示商品品质的方法主要有两大类:用实物表示和用说明表示。

(1)实物表示

看货买卖。买方或代理人通常先在卖方存放货物的场所验看货物,一旦达成交易,卖方就应按对方验看过的商品交货,只要卖方交付的是验看过的货物,买方就不得对品质提出异议。这种做法多用于寄售、拍卖和展卖业务中。

凭样品买卖。根据样品提供方的不同,可分为凭卖方样品买卖、买方样品买卖以及对等样品。凭卖方样品买卖与凭买方样品买卖在使用过程中势必会有利于样品的提供方,而对等样品是国贸实务中常用的一种凭样品买卖的方法。对等样品,又称回样,卖方可根据买方提供的样品,加工复制出一个类似的样品交买方确认,并对确认样品进行留存封样,最终作为卖 方所交货物的品质依据。

(2)用说明表示

用说明表示主要包括凭规格买卖、凭等级买卖、凭标准买卖、凭商标品牌买卖、凭说明书及图样买卖,以及凭产地名称买卖这几种具体的方法。其中,对于容易受到气候、季节方面影响,品质变化不稳定的农副产品,常用“FAQ”标 准表明商品的品质。FAQ(Fair Average Quality,FAQ),中文意指“良好平均品质”,是指一定时期某地出口货物的平均品质水平。

这个概念可以有两种具体的解释:

①农产品每个生产年度的中等货;

②某一季度或某一装船月份在装运地发运的同一种商品的平均品质。只要卖方交付货物达到此平均品质水平,就算符合相应要求。

机器、电器和仪表等产品因为结构比较复杂,表示性能的数据也很多,很难用简单的指标来描述商品品质的全貌,所以适合用说明书及图样表明商品的品质。而凭商标和品牌买卖一般只适用于品质稳定的工业制成品或经过科学加工的初级产品。因产区的自然条件、传统加工工艺等因素,而在品质方面具有其他产区的产品所不具有的独特风格和有一定地方特色的产品,则适合凭产地名称买卖,如信阳毛尖、西湖龙井、长白山人参、景德镇陶瓷等。

三、合同中的品质条款

国际货物买卖合同中的品质条款一般包括品名、规格、标准以及牌号、商标等指标。但为了保证合同的顺利履行,对这些相关指标的订立可根据货物的特性和实际需要规定品质机动幅度或品质公差。

(1)品质机动幅度

对于一些品质不稳定的初级产品,往往允许卖方交付货物的品质在一定幅度内有灵活性,在此幅度内买方不得拒收。主要有三种表示方法:

规定范围。对某项货物的品质指标规定允许有一定差异范围。例如,漂布,幅阔35/36英寸,即布的幅阔只要在35英寸到36英寸的范围内,均作为合格。

规定极限。对有些货物的品质规格,规定上下极限。规定极限的表不方法,常用的有:最大;最高;最多（Maximum,缩写Max）;最小;最低;最少(Minimum,缩写为Min）。例如,大米碎粒40%(最高）Rice,long shaped Broken grains 40% (max）;水分13%(最高）Moisture 13%(max）;杂质1%(最高Admixtures 1 %(max）规定上下差异。这也是使货物的品质规格具有必要的 灵活性的有效方法,如灰鸭毛,含绒量15%,上下1%Grey Duck Feather,Down content 15%,l%more or less。

（2）品质公差

品质公差是指国际同行业所公认或买卖双方所认可的产品品质的差异范围,一般适合工业制成品指标的灵活订立。即使合同无此规定,只要卖方交货品质在公差范围内,也不能视作违约。如手表公差为48小时可误差1秒。

品质增减价条款。此条款可以将商品的品质与价格紧密结合,一定程度上体现按质论价。如出口大豆时规定含油率不低于10%,以10%为基础,含油率每增加1%,价格增加2%。

品质增减价条款主要有两种订法:①对机动幅度内的品质差异,可按交货实际品质规定予以增价或减价。例如,在我国花生出口合同中规定:“含油量每增减1%(±1%）,则合同价格增减2%(±2%）。如增减幅度不到2%者,可按比例计算。”②只对品质低于合同规定者扣价。在品质机动幅度范围内,交货品质低于合同规定者扣价;而高于合同规定者却不增加价格。为了更有效地约束卖方按规定的品质交货,还可规定不同的扣价办法。例如,在机动幅度范围内,交货品质低于合同规定2%,扣价 1%;低于合同规定2%以上者,则加大扣价比例。

采用品质增减价条款,一般应选用对价格有重要影响而又允许有一定机动幅度的主要质量指标。

四、约定品质条款的注意事项

（1）品质条款要明确具体。品质条款订立时,不宜采用笼统的字眼,如“大约”、“左右”、“近似”等,以免在交货品质上产生异议。但是,也不宜把品质条件订得过于绝对化,如棉布无瑕疵,这将会给履行交货义务带来困难。一般地说,对一些矿产品、农副产品和轻工业品的品质规格的规定,要有一定的灵活性,以利于合同的履行。

（2）正确运用各种表示品质的方法。用来表示商品的品质方法有很多,但要根据商品自身的特性合理选择。凡能用一种方法表示商品品质的,一般不宜同时采用两种或两种以上方法表示,因为这会给卖方履约造成麻烦。如既凭样品表示,又凭说明书和图样表示商品的品质的方法,就意味着卖方交货的品质既要符合提供样品的要求,又要与说明书和图样上描述的一致。

（3）灵活运用品质公差与品质机动幅度。明确订立品质条款的同时,又要灵活运用品质公差或品质机动幅度,这样既可合理描述商品品质,又可为卖方的交货留有很大的余地。

我国某公司同日本公司签订出口羊绒衫合同,共计10000件,价值100万美元。合同规定羊绒含量为100%,商标上也标明“100%羊绒”。当对方检验后,发现羊绒含量不符合合同规定而提出索赔,要求赔偿200万美元。最后我方公司赔偿数十万美元结案。本案例中对方的要求是合理的,因为我方交货的品质不符合合同的规定。规避该案例中损失的发生正确的做法应该是:灵活运用品质机动幅度,如“羊绒含量99%, 1% more or less”,只要卖方交付的羊域衫含线量在98%-100%区间内,买方就不得拒收货物和提出赔偿要求。从该案例中得到的启示是:合同中就较难掌握交货品质的出口商品的品质条款,应采用规定品质公差或品质机动幅度的方法,来避免因交货品质难以掌握给卖方交货带来的困难。

案例

我向国外出口纯毛纺织品数批,买方收货后未提出任何异议。但数月后买方寄来服装一批,声称是用我方面料制作,服装有严重的色差,难以销售,要求赔偿。问:我方应如何处理?

回答:按合同中的检验条款关于检验时间、检验地点、检验方法以及索赔时间等内容去处理。该是谁的责任就由谁来承担。一般来说,纺织品的检验是货到目的港或目的地或用户所在地检验,其实买方收货就是等于对货物进行了检验,如果对方没有提出异议,只能说明买方丧失了索赔权,我方可以不予理睬。当然为了今后继续贸易合作,也可以予以补救。

第三节 商品的数量

一、商品数量的重要意义

在国际贸易中,买卖双方必须以约定的货物数量作为履行合同的依据,商品数量是买卖合同中不可缺少的主要条件之一。按照《联合国国际货物销售合同公约》规定,卖方所交货物的数量必须与合同规定相符。如卖方所交货物的数量小于合同规定的数量,卖方应在规定的交货期届满前补交,但不得使买方遭受不合理的不便或承担不合理的开支。即使如此,买方也有保留要求损害赔偿的权利。反之,卖方所交货物的数量如大于合同规定的数量,买方除了可以拒收超额部分外,也可以收取多交部分中的一部分或全部,但应按合同价格付款。在我国对外贸易业务中,正确掌握进出口商品的数量,合理订定合同中的数量条件,不仅有利于多快好省地完成对外贸易任务,而且有利于体现我国经营意图和贯彻对外政策。

二、计算数量的单位

(1)常见的度量衡制度

公制(The Metric System)

基本单位为千克和米。为欧洲大陆及世界大多数国家所采用。

国际单位制(The International System)

是国际标准计量组织在公制基础上制定公布的。其基本单位包括千克、米、秒、摩尔、坎德拉、安培和开尔文七种。是我国的法定计量单位。

英制(The british System)

基本单位为磅和码。为英联邦国家所采用,而英国因加入欧盟,在一体化进程中已宣布放弃英制,采用公制。

美制(The U.S.System)

基本单位和英制相同,为磅和码,但有个别派生单位不一致。如英制为长吨等于220O磅,而美制为短吨等于2000磅。此外容积单位加仑和蒲式耳,英美制名称相同,大小不同。

（2）计量单位

国际贸易中用以表示商品数量的计量单位分成两类:一类是以度量衡制单位表示,包括重量、长度、面积、体积和容积。另一类是以个数表示,包括约定成俗的一些个数单位,如打、罗、大罗以及订有国际标准的某些商品的包装单位,如桶（石油）、包（棉花）等。

计算重量的方法

在国际贸易中,按重量计量的商品很多。根据一般商业习惯,计算重量的方法有以下几种:

净重

净重（Net Weight)是指商品本身的重量,按照国际惯例,如合同中对重量的计算没有其他规定,则应以净重计量。

有的商品需经包装后才能称量,所得重量为毛重。对价值较低的商品,可以在合同中规定以毛重计量,即所谓“以毛作净”（Gross for Net）。如果需以净重计算,则必须从毛重中减去包装物的重量,即皮重。计算皮重主要有下列几种做法:

实际皮重。即称量每件包装物的重量。

平均度重。在包装物比较划一的情况下,可从全部商品中抽取一定件数的包装物,加以称量,求出平均每件包装物的重量。

习惯皮重。适用于规范化的包装方式。包装的重量已为人所共知,无须称量。

约定皮重。双方事先约定的包装重量。

公量

对于含水率不稳定的商品,如羊毛、生丝、棉花等,为准确计算这类商品的重量,国际上通常采用按公量（Conditoned weight）计算的方法、即测定商品的实际回潮率（含水率）以计算商品干净重,再换算成公定回潮率的重量。计算公式如下:

公量=[商品实际重量/(1十实际回潮率)]×(1十公定回潮率）=商品干净重×（1十公定回潮率）

理论重量

对一些具有固定规格尺寸的商品,每件重量基本一致,一般可从件数推算出总重量。即所谓理论重量（Theoretical Weight)以方便买卖双方交接货物。

（3）合同中的数量条款

①合同数量条款的作用

商品数量条款是合同中不可缺少的主要条件。《联合国国际货物销售合同公约》规定:按约定数量交货是卖方的一项基本义务。如卖方交货数量大于约定的数量,买方可以拒收多交的部分,也可收取多交部分中的一部分或全部,但应按实际收取数量付款。如卖方交货数量少于约定的数量,卖方应在规定的交货期届满之前补交,且不得使买方遭受不合理的损失，买方可保留要求赔偿的权利。因而,正确订立合同中的数量条款,对买卖双方都是十分重要的。

②数量机动幅度

在实际业务中,对于大宗散装商品,如农副产品和工矿产品,由于商品特点和运输装载的缘故,难以严格控制装船数量。此外,某些商品由于货源变化、加工条件限制等,往往在最后出货时,实际数量与合同规定数量有所上下。对于这类交易,为了便于卖方履行合同,通常可在合同中规定溢短装条款（More or Less Clause）,即规定交货数量可在一定幅度内增减。常用的方式为规定允许溢短装的百分比。例如20000米,卖方可溢短装5%。在以信用证支付方式成交时,按《跟单信用证统一惯例》的规定,在金额不超过信用证规定时,对于仅用度量衡制单位表示数量的,可有5%的增减幅度。如果在数量上加有‘大约”一类的词语,则可有10%的增减幅度。

对在机动幅度内多交或少交的数量,一般可按合同价格结算。如果双方考虑到交货时市场价格可能有较大变化,则可事先在合同中规定。对于溢短装部分接货物装船时的市价计算。

第四节　商品的价格

商品的价格,始终是交易磋商的核心条款。在国际贸易中,正确掌握作价原则,选择有利的计价货币,做好成本核算,是对外报价必须做好的工作。

一、进出商品的计价原则

在确定进出口商品价格时,国际市场行情和购销意图,是商品定价的最主要的依据。市场行情既反映了当前的价格水平,又反映了未来价格变动的趋势。正确把握市场行情,才能以有利的价格条件成交。

我们在出口商品报价时,尤其应重视国际市场的价格，有些出口商采用低价作为竞争手段,导致被进口国有关企业指控“倾销”，对此,我们一方面应积极应诉,另一方面在报价时应充分重视市场价格水平。

二、计价货币

国际贸易中,对于现汇贸易,应采用可兑换货币。我国的人民币,已实行经常项目下可兑换,所以也是我国对外贸易中使用的货币之一。可兑换货币的价值,因汇率的变动而变动,故而买卖双方均应密切注意货币汇率的升降趋势。选择合适的货币,以减少由于汇率波动而带来的风险。

通常,买卖双方愿意选择汇率稳定的货币作为计价货币。但在汇率不稳定的情况下,出口方倾向于选用”硬币”,即币值坚挺,汇率看涨的货币,而进口方则倾向于选用“软币”,即币值疲软,汇率看跌的货币。合同中采用何种货币要由双方自愿协商决定。若采用的计价货币对其中一方不利,这一方应采取合适的保值措施,比如远期外汇买卖,并应把所承担的汇率风险考虑到货价中去。

三、佣金和折扣

在商品价格中,有时会包含佣金和折扣。

（1）佣金

佣金（Commission）是指卖方或买方支付给中间商代理买卖或介绍交易的服务酬金。

我国的外贸专业公司,在代理国内企业进出口业务时,通常由双方签订协议规定代理佣金比率,而对外报价时,佣金率不明示在价格中,这种佣金称之“暗佣”。如果在价格条款中,明确表示佣金多少,称为“明佣”。在我国对外贸易中,主要出现在我国出口企业向国外中间商的报价中。

包含佣金的合同价格,称为含佣价,通常以含佣价乘以佣金率,得出佣金额。其计算公式为:

佣金=含佣价X佣金率

而佣金=含佣价—净价

整理后得含佣价和净价的关系:

含拥价=净价/1—拥金率

佣金通常以英文缩写字母C表示。比如每公吨1000美元CFR西雅图包含佣金2%,可写成:每公吨1000美元CFRC2西雅图。其中的“C2”即表示佣金率为2%。

卖方应在收妥货款后,再向中间商支付佣金。

（2）折扣

折扣（Discount）是卖方在原价格的基础上给予买方的一定比例的价格减让。使用折扣方式减让价格,而不直接降低报价,使卖方既保持了商品的价位,又明确表明了给予买方的某种优惠,是一种促销手段、如数量折扣、清仓折扣、新产品的促销折扣等。比如每件20美元CIF纽约减5%折扣。卖方在开具发票时,应标明折扣,并在总价中将折扣减去。

四、出口商品的成本核算

出口商品的成本核算主要有两个经济效益指标:

（1）出口商品换汇成本（换汇率）

该指标反映出口商品每取得一美元的外汇净收入所耗费的人民币成本。换汇成本越低,出口的经济效益越好，计算公式为：

出口换汇成本=出口总成本（人民币元）/出口外汇净收入（美元）

这里的出口总成本,包括进货（或生产）成本,国内费用（储运、管理、预期利润等,通常以费用定额率表示）及税金。出口外汇净收入指的是扣除运费和保险费后的FOB外汇净收入。

例:某商品国内进价为人民币7270元,加工费900元,流通费700元,税金30元,出口销售外汇净收入为1100美元,则:

出口总成本=7270+900+700+30=8900元（人民币）

换汇成本=8900元人民币/1100美元=8人民币元/美元

（2）出口商品盈亏率

该指标说明出口商品盈亏额在出口总成本中所占的百分比,正值为盈负值为亏。

出口商品盈亏率=（出口人民币净收入—出口总成本）/出口总成本×100%

其中 出口人民币净收入=FOB出口外汇净收入 X 银行外汇买入价

盈亏率和换汇成本之间的关系为:

出口商品盈亏率=［1-出口换汇成本/银行外汇买入价］×100%

可见,换汇成本高于银行买入价,盈亏率是负值。换汇成本低于银行外汇买入价,出口才有盈利。

复习思考题

一、对出口商品品质有什么规定?

二、在凭样品买卖中,对样品的要求是什么?

三、签订品质条款时应注意什么问题?

四、商品数量的意义是什么?

五、解释下列名词:

毛重、净重、皮重、以毛作净、公量

六、某公司出口一批商品100公吨,合同规定有5%机动幅度,试计算出最多能装多少?最少能装多少?

七、商品价格核算时要注意哪几个方面?

课外拓展

外贸的价格谈判技巧

价格是国际贸易谈判中的主要内容。要达到预期的价格谈判目的,首先就必须熟识国际贸易价格谈判的特点,有针对性地制订报价策略,找出最合理的价位并力求使对方接受;其次是巧妙地与对方讨价还价,即在做好市场调查的前提下进行投石问路并向对方提高要求;最后就是适度地妥协与让步,即为了双方长久的利 益步步为营地做出互惠互利的让步。

发展对外贸易,参与国际竞争,开拓国际市场,是经济发展和改革开放的必然要求。要想成为一名优秀的谈判者,不仅要掌握谈判的基本原则、方法,了解不同国度谈判者的谈判风格、民俗、法律与习惯 做法,还要学会熟练地运用价格谈判中的策略与技巧。因为在国际贸易中,价格是买卖双方交易磋商的主要内容,也是买卖合同中的一项主要条款。价格的高低,会直接影响企业的经济效益和国家利益。所 以,只有熟练地掌握国际贸易中的价格谈判技巧,才 能在国际贸易中运筹帷幄,掌握主动,赢得谈判的成功。本文拟就国际贸易中的价格谈判技巧进行探讨。

一、国际贸易价格谈判的特点

与国内贸易谈判相比,国际贸易的价格谈判要复杂、艰难得多。国际贸易中的价格是一个很复杂的问题,它具有国内贸易价格谈判所不具备的一些特点:

1. 与双方国家的有关政策息息相关

国际贸易的价格谈判既是一种贸易交易的谈判,也是一种国际交流活动。由于谈判双方涉及两个国家或地区间的政治和外交关系,因而可能对谈判带来一些影响。所以,谈判者必须贯彻执行国家的相关方针政策,执行对外经济贸易的法律和最低限价政策,对方国家对该商品的进口关税是多少,有否 有相关的贸易保护法案、禁运条款、许可证等。

2. 以国际商法为准则,以国际惯例为基础。由于国际贸易的谈判结果会导致资产的跨国转移,因而要涉及国际贸易、国际结算、国际保险以及国际运输等一系列问题。所以谈判人员必须熟识各种国际惯例以及对方所在国的法律条款。这些问题是国内贸易谈判无须涉及的。在国际贸易的价格谈判中,首先必须明确的是,拟以那种货币为计量单位 进行谈判,该货币与本国货币的外汇牌价比率是多少,等等,然后才能进行报价及讨价还价。

3. 不同国家的商人具有不同的价格谈判风格 来自不同国家和地区的谈判者,由于社会文化和政治经济背景不同,他们的价值观、思维方式、行为方式、语言及风俗习惯各不相同,因而也就形成了不同的价格谈判风格。比如,以印度为代表的南亚客商属于自由市场上小贩那种讨价还价的谈判方式,属贸易低价区;而日本人在贸易谈判中首先着眼于商品的质量、包装和生产厂家,尔后才会谈及价格。当然,价格问题也很重要,但必须是符合所要求的质量且能提供优质的服务为前提。

4. 与国际市场行情的变化密切相关

影响国际贸易价格因素很多,但首先是国际市场行情的影响。国际市场风云变幻,这就要求谈判人员必须熟知国际市场的行情,能够随时随地地了解价格变动的最新动态,准确地推测价格的走势和市场动向。只有这样,才能在价格谈判中居于主动地 位。

二、报价的策略

报价是国际贸易谈判中非常重要的阶段。报价适当与否,对实现自己既定的经济利益具有举足轻重的意义。报价分寸掌握得好,就会把对方的期望值限定在一个特定的范围之内。这样己方在讨价还价 的过程中就会占据有利地位。

1. 确立报价方案

在国际贸易中,卖方总是希望他所卖出的商品 价格越高越好,而买方则希望所买进的商品价格越低越好。无论是买方还是卖方,只有被对方认可接受才能成交。所以谈判者报价时不仅要考虑按照自己的报价所能获得的利益,还要考虑报价成功的概率。因此,报价的基本原则就是通过反复的研究论证和比较权衡,设法找出所报价格能得到的利益与此报 价能被接受的成功率之间的最佳结合点。

通常,卖方应根据拟出口商品的市场行情,参照近期的成本价格,分析影响供求关系诸因素的变动情况,结合自己的经营意图,制定出一个价格幅度方案:一个是己方力求争取的最高价格,另一个是己方的价格底线或下限。也并非越低越好。这首先是因为价格的高低会直接影响企业的经济利益;再者,买方普遍存在"一分价钱一分货"的心理,高价总是和高质量联系在一起。卖方出价过低等于自贬身价。当然,这里所说的报高开盘价或者说通常是卖方的报价一定是最高的,并力求争取使对方接受的价格,即上述提到的"价格最佳结合点"因为卖方的报价确定了商品价格的最高限度。其次,确定这样一个最高的价格可以为接之而来的磋商留下充分的余地;最后,这样一个较高的报价也为买方提供了评价卖方产品的价值尺度。对买方来说,报价对所购商品的印象和评价产生很大影响。所以,卖方不能在价格谈判之初就把己方的下限价格端出来。至于价格的下限价,切不可盲目地漫天要价,而必须基于事先所确定的合理价格范围之内,否则就可能使谈判气氛遭到破坏,甚至会导致谈判的失败,从而失去成效的机会,乃至破坏双方长期的合作关系。

2. 使买方觉得便宜

卖方报出所确定的最高价格必须是合乎情理的,并且能讲出为什么要报这样一个价格的理由。要有针对性地强调己方的产品质量、性能等方面的优势之所在,还要强调己方的产品会给买方带来哪些益处。比如说各种附加服务、零配件服务、送货上门、一定期限内的保修等。买方如果称心,多付钱也会高 兴。

如果买方提出我们的报价太高,我们应适当说明价格高的原因。比如,原材料价格的提高,技术水准要求严格,需要高质量、高水平的劳动力,产品的使用期限长,耐用性强等等。

另外,如果卖方能成功地进行价格比较,则有较强的说服力,能使买方觉得便宜。如果你对你对所售商品的行情了如指掌,比如你的价格比其他公司的价格更优惠,或者在差不多的价格条件下,你能提供 比同行业更优质的服务,那你一定要详细阐述。价格比较的方式还有:和同类产品以及技术更新以前的同类产品比价格,比质量功能等,和同类企业比提供的各种的附加服务等。

3. 先下手为强

国际贸易中,抢先报价与等对方报价各有利弊。但绝大多数专家认为先报价的利于大于弊。

（1）先报价显得更有力量。在进行了详尽的研究分析和科学的估计后,由己方做出果断而自信的报价,会显得非常有利,具有极大的说服力。

（2）先报价为以后的讨价还价设定了一个界区,从而把对手的期望值限定在特定的范围内,并会对谈判的全过程持续地起作用。这样,就为对方设立一个有利于己方的参照目标;使对手的判断和行为有 意无意地接受其影响并偏向于己方的谈判目标。

当然,如果在己方谈判实力不甚雄厚或对价格行情不很了解的情况下,让对方先报价反而对己方更为有利,这样至少可以从中了解对方的一些想法。

三、讨价还价策略

卖方报价后,如果双方以往合作得很好,而现在仍能求同存异,则他们很快就能达成协议。但在绝大多数情况下,买方不会马上接受卖方的要价,而是根据卖方的要价,检查调整自己原来的设想,寻求如何向对方还价,以使自己获得最大的利益。

1. 做好市场调查

无论是买方还是卖方,都应当在谈判前做好市 场调查工作:拟售(购)产品的市场最高价和最低价;产品的供求情况;产品的质量性能和各项技术指标;产品的价格变化走向及幅度;同种产品不同卖主之 间的竞争情况;同类代用品上述各方面的情况;谈判 对手的生产、财务、经营的各种情况等。只有这样,才能在价格谈判的过程中如鱼得水,仰俯自如。

2. 投石问路

卖方报价后,买卖双方一般还要进行一番讨价还价。讨价还价的技巧就是投石问路。在这个阶段,双方一般都不马上直接进行讨价还价,而是围绕所谈商品的价格向对方提出种种问题,从而在对方的 回答中找寻可能出现的机会,为进一步的讨价还价做准备。例如,买方经常提问这样一些问题:

（1）假设我们买下你的全部存货,你们的价格优惠多少?

（2）如果我们和你签订为期一年的合同,你们的价格优惠多少呢?

（3）如果我们给你提供生产产品所需的原材料,那么成品价又是多少呢?

（4）假如我们同时购买你们其它系列的产品,能否在价格上再优惠一些?

（5）如果我们以现金支付或分期付款的形式,你的产品价格有什么区别?

（6）如果货物的运输由我们解决,你的价格又是多少?

同样,卖主也可向买方提问一些问题和要求以便强其议价力量。例如:

（1）你们的订货数量能加一些吗?

（2）贵方的订单能否保证每月20万美元?

（3）你们能否马上下订单?

（4）你们能否考虑包销我们的产品?

（5）如果我们要求贵方的付款方式一定是即期信用证呢?

（6）你们能否同时购买我们另外一种产品?

以上任何一块石头都能使己方了解到对方的有关商业习惯和内心动机意愿等进一步的情况。

3. 提高要求

在国际贸易实践中,买方为了使卖主降低其售价,往往对卖主提出许多问题和要求。这一般是指买主会在商品的质量、性能等使用价值方面和成本价格方面寻找“疵点”从而使卖主认识到自己的产品质次价高而不得不降低价格。卖主对此要耐心地听并寻求对方提问的漏洞和不实之词,实事求是地加以解释。如果对方故意节外生枝或无理挑剔时,要及时予以指出并针对对方的具体问题提出一个彻底的解决办法。

四、适度的妥协和让步

买主对于“价格太高”的抱怨是国际贸易价格谈判中经常发生的现象。卖主应认真地分析买主的意见并用适当的方法加以解决。经过一番讨价还价之后,双方的实力已经相差无几时,为了使谈判得以进一步的发展,双方都应考虑如何做适当的让步。

1. 步步为营,不轻易让步

在任何一场国际贸易谈判中,双方相互做出让步似乎已成为谈判双方为达成协议而必须承担的义务。因此,你在价格谈判中的让步也应该是步步为营,循序渐进,不轻易做无谓的让步。你应该努力使你每一次的让步都能取得实际性的效果并设法使对方让步。使对方向你让步的最好方法是蚕食策略。意欲取其尺力,则每次谋其毫厘。这样每次要求的让步幅度很小,对方在心理上容易接受。经过多次努力之后,你会从中得到很大的实惠,甚至能超出自己的预想。

2. 互惠互利的双向让步

在国际贸易谈判中,只要求对方向己方做出让步是不太可能的。即使对方向你做出了让步,他们也 希望对此能有所补偿。谈判者向对方做出让步承诺的同时,你应该力争使对方在另一个问题上也向自己做出让步。这种互惠互利双向式的让步在国际贸易实践中最为理想的,也最容易促使双方达成协议。高明的谈判者具有纵观全局的眼光,不计较一点一滴之得失,退一步的目的是为了进两步。让步是一种策略,目的是促成双方之间的交易并从对方那儿获得实惠。

3. 让步模式

国际贸易中流行的价格让步模式可归纳为以下六个类型。假定卖主的减价额度为100美元,共做四次让步

让步模式	第一次让步	第二次让步	第三次让步	第四次让步
A	0	0	0	100
B	25	25	25	25
C	45	30	20	5
D	5	20	30	45
E	80	15	0	5
F	100	0	0	0

A. 坚定而冒险型的让步模式。这种模式会使买方一直以为妥协无望,很可能放弃与卖主的讨价还价,从而使卖方失去一次贸易机会。

B. 等额、刺激型的让步模式。这种模式很容易 刺激买方继续期待卖方更进一步的让步。在卖主做出第四次让步后,他可能还这么想,若卖主坚持不再让步,买主就会失望,有可能达不到交易的目的。

C. 递减式希望型的让步模式。这种模式显示卖主的立场越来越坚定,既表示出妥协的愿望,同时也告诉买主所做出的让步是有限的,更进一步的让步是不可能的了。

D. 递减式诱发型的让步模式。这种模式会使买主的胃口越吊越高,期望值也会随着时间的推移而越来越大,对卖主极为不利。

E. 巧妙而危险型的让步模式。这种模式的弊端在于一开始大幅度的让步是不妥的,卖主永远无法知道买主是否愿意付出更高的价格。

F. 一步到位式低劣型的让步模式。这种模式使买主顿时充满信心和希望,但接着便是失望。有谈判破裂的危险。

从实际的价格谈判情况来看,采用较多的较为理想是C种模式。这种模式对卖方来说是步步为营,使买方的期望值逐步降低,较适宜一般买主的心理。

五、以攻制攻

在对方提出某个问题要求我们让步时,我们可以将该问题与另一个问题联系起来,同时也要求对方在另一个问题上让步。例如,对方在价格上要挟你,你就可以和他们谈质量,或者要求双方改变订购的数量等;如果对方在质量上苛求你,你就可以和他们谈服务;如果对方在服务上挑剔你,你就可以和他们谈条件,像付款方式等。这样双方都让步或都不让步,,从而阻止了对方的攻势。如果对方的要求会从根本上损害你方的利益,或者对方的要求是无理的,你也可以提出一个对方根本无法回答也根本做不到的要求来回敬他们。这样,对方很快就会偃旗息鼓,放弃他们的要求。

综上所述,要达到国际贸易价格谈判的预期目的,就必须熟识国际贸易价格谈判的特点,然后有针对性地制定报价策略,即找出最合理的价位并力争使对方接受;其次就是巧妙地与地方讨价还价,即在做好市场调查的前提下进行投石问路并对对方严格要求;最后就是适度的妥协与让步,即为了交易的成功,为了双方长久的利益步步为营地做出互惠互利的让步。当然,这些只是国际贸易价格谈判中最基本的技巧和策略。更为重要的是谈判者应根据不同的实际情况,不同的谈判对象临场发挥,决不能把这些技巧生搬硬套。谈判人员应多注重实践锻炼,克服由于文化背景不同而可能出现的心理障碍,运用恰当的语言,灵活地使用价格谈判技巧,更好地发挥谈判人员的作用。

第五章　商品包装

根据国标《包装通用术语》定义,商品包装是指在流通过程中保护商品,方便运输,促进销售,按一定的技术方法而采用的容器、材料及辅助等的总体名称。也是指为了上述目的而在采用容器材料和辅助物的过程中施加一定技术方法的操作活动。

在国际贸易中,大多数商品都要有一定的包装,以保护商品在流通过程中的品质安全和数量完整。因此,凡买卖需要包装的商品时,交易双方必须在合同中对包装条件作出明确规定。包装条款,是买卖合同中的重要条款之一。

商品包装的重要意义有以下几点。

一、保护功能

保护功能,也是包装最基本的功能,即使商品不受各种外力的损坏。一件商品,要经多次流通,才能走进商场或其他场所,最终到消费者手中,这期间,需要经过装卸、运输、库存、陈列、销售等环节。在储运过程中,很多外因,如撞击、潮湿、光线、气体、细菌等因素,都会威胁到商品的安全。因此,作为一个设计师,在开始设计之前,首先要想到包装的结构与材料,保证商品在流在流通过程中的安全。

二、便利功能

所谓便利功能,也就是商品的包装是否便于使用、携带、存放等。一个好的包装作品,应该以“人”为本,站在消费者的角度考虑,这样会拉近商品与消费者之间的关系,增加消费者的购买欲,对商品的信任度,也促进消费者与企业之间的沟通。我想,很多人购买易拉罐装的饮料时,都喜欢开盖时的那一声“啪”带来的快感。

三、销售功能

以前,人们常说“酒香不怕巷子深”、“一等产品、二等包装、三等价格”,只要产品质量好,就不愁卖不出去。在市场竞争日益强烈的今天,包装的作用与重要性也为厂商深谙。人们已感觉到“酒香也怕巷子深”。如何让自己的产品得以畅销,如何让自己的产品从琳琅满目的货架中跳出,只靠产品自身的质量与媒体的轰炸,是远远不够的。 因为,在各种超市与自选卖场如雨生春笋般而起的今天,直接面向消费者是产品自身的包装。好的包装,能直接吸引消费者的视线,让消费者产生强烈的购买欲,从而达到促畅的目的。设想一下,某一产品,在媒体里,把它描绘得无比神奇,不管是功能作用,还是外观质量,让人听了都蠢蠢欲动,恨不得马上一亲芳泽,可谓一旦拥有,别无所求。可当你一拿到东西时,跳出你视野的是一个包装粗陋,溢着浓浓的“土”味与“腻”味,色彩让人看一眼就目眩的东西,你会对其产品产生信任感吗?恐怕你第一想到的就是,是不是媒体搞错了,广告宣传的那么好。还没打开,就开始失望了呢。如今,很多聪明的厂商与策划公司,都把包装列为企业的4P策略之一(position市场、product产品、package包装,Place 分销)。把包装容入CI之中,在推销产品的同时,也提升了自身的企业形象。

第一节　商品包装的基本要求及种类

商品总是和一定的包装联系在一起的。有些包装已成为商品的一个组成部分。在国际贸易中,包装更有其特殊的意义,是主要贸易条件之一。

商品包装种类繁多,常见的商品包装的分类和包装种类如下。

一、包装的分类

(1)按商业经营习惯分类

①内销包装:为适应在国内销售的商品所采用的包装,具有简单、经济、实用的特点。

②出口包装:为适应商品在国外的销售,针对商品的国际长途运输所采用的包装。在保护性、装饰性、竞争性、适应性上要求更高。

③特殊包装:为工艺品、美术品、文物、精密贵重仪器、军需品等所采用的包装,一般成本较高。

(2)按流通领域中的环节分类

①小包装:直接接触商品,与商品同时装配出厂,构成商品组成部分的包装。商品的小包装上多有图案或文字标识,具有保护商品、方便销售、指导消费的作用。

②中包装:商品的内层包装,通称为商品销售包装。多为具有一定形状的容器等。它具有防止商品受外力挤压、撞击而发生损坏或受外界环境影响而发生受潮、发霉、腐蚀等变质变化的作用。

③外包装:商品最外部的包装,又称运输包装。多是若干个商品集中的包装。商品的外包装上都有明显的标记。外包装具有保护商品在流通中安全的作用。

(3)按包装材料和分类

以包装材料为分类标志,商品包装可分为纸类、塑料类、玻璃类、金属类、木材类、复合材料类、陶瓷类、纺织品类、其他材料类等包装。

(4)按防护技术方法分类

以包装技法为分类标志,商品包装可分为贴体、透明、托盘、开窗、收缩、提袋、易开、喷雾、蒸煮、真空、充气、防潮、防锈、防霉、防虫、无菌、防震、遮光、礼品、集合等包装。

二、包装的要求

(1)适应各种流通条件的需要

要确保商品在流通过程中的安全,商品包装应具有一定的强度,坚实、牢固、耐用。对于不同运输方式和运输工具,还应有选择地利用相应的包装容器和技术处理。总之,整个包装应适应流通领域中的储存运输条件和强度要求。

(2)适应商品特性

商品包装必须根据商品的特性，分别采用相应的材料与技术,使包装完全符合商品理化性质的要求。

(3)适应标准化的要求

商品包装必须推行标准化,即对商品包装的包装容(重)量、包装材料、结构造型、规格尺寸、印刷标志、名词术语、封装方法等加以统一规定,逐步形成系列化和通用化,以便有利于包装容器的生产,提高包装生产效率,简化包装容器的规格,节约原材料,降低成本,易于识别和计量,有利于保证包装质量和商品安全。

(4)包装要“适量、适度”

对销售包装而言,包装容器大小与内装商品相宜,包装费用,应与内装商品相吻合。预留空间过大、包装费用占商品总价值比例过高,都有损消费者利益,误导消费者的“过分包装”。

(5)商品包装要做到绿色、环保

商品包装的绿色、环保要求要从两个方面认识:首先,材料、容器、技术本身应是对商品、对消费者而言,是安全的和卫生的。其次,包装的技法、材料容器等对环境而言,是安全的和绿色的,在选材料和制作上,遵循可持续发展原则,节能、低耗、高功能、防污染,可以持续性回收利用,或废弃之后能安全降解。

第二节 包装的标志

一、运输包装的标志

运输包装的标志,其主要作用是在储运过程中识别货物,合理操作、按其用途可分成运输标志（Shipping Mark）、指示性标志（Indicative Mark）、警告性标志（Warning Mark）、重量体积标志和产地标志。

运输标志，又称唛头,是一种识别标志。按国际标准化组织（ISO）的建议,包括四项内容;

①收货人名称的英文缩写或简称;

②参考号,如订单、发票或运单号码;

③目的地;

④件号;

例如:

ABCCO收货人名称

SC9750合同号码

LONDON目的港

No.：4—20件号（顺序号和总件数）

运输标志在国际贸易中还有其特殊的作用。按《公约》规定,在商品特定化以前,风险不转移到买方承担。而商品特定化最常见的有效方式,是在商品外包装上,标明运输标志。此外,国际贸易主要采用的是凭单付款的方式,而主要的出口单据如发票、提单、保险单上,都必须显示出运输标志。商品以集装箱方式运输时,运输标志可被集装箱号码和封口号码取代。

指示性标志。是一种操作注意标志,以图形和文字表达。如小心轻放、由此起吊、禁止翻滚等。

警告性标志。又称危险品标志,用以说明商品系易燃、易爆、有毒、腐蚀性或放射性等危险性货物。以图形及文字表达。对危险性货物的包装储运,各国政府制定有专门的法规,应严格遵照执行。

重量体积标志。运输包装外通常都标明包装的体积和毛重,以方便储运过程中安排装卸作业和舱位。

产地标志。商品产地是海关统计和征税的重要依据,由产地证说明。但一般在内外包装上均注明产地,作为商品说明的一个重要内容。

（1）运输标志

运输标志在国际贸易中还有其特殊的作用。按《公约》规定,在商品特定化以前,风险不转移到买方承担。而商品特定化最常见的有效方式,是在商品外包装上,标明运输标志。此外,国际贸易主要采用的是凭单付款的方式,而主要的出口单据如发票、提单、保险单上,都必须显示出运输标志。商品以集装箱方式运输时,运输标志可被集装箱号码和封口号码取代。

运输标志的作用是使货物在运输过程中的每个环节便于识别,以免发生错装、错运、错转、错交和无法交付等情况:当由于某种原因发生票货分离时,也便于港航工作人员能很快地确认货物所有人。

运输标志的主要内容包括:

①收货人代号;

②发货人代号;

③目的港（地）名称;

④件数、批号。

此外,有的运输标志还包括原产地、合同号、许可证号和体积与重量等内容。运输标志的内容繁简不一,由买卖双方根据商品特点和具体要求商定。

鉴于运输标志的内容差异较大,有的过于繁杂,不适应货运量增加、运输方式变革和电子计算机在运输与单据流转方面应用的需要,因此,联合国欧洲经济委员会简化国际贸易程序工作组,在国际标准化组织和国际货物装卸协调协会的支持下,制定了一项运输标志向各国推荐使用。该标准化运输标志包括:

①收货人或买方名称的英文缩写字母或简称;

②参考号,如运单号、订单号或发票号;

③目的地;

④件号;

至于根据某种需要而须在运输包装上刷写的其他内容,如许可证号等,则不作为运输标志必要的组成部分。

国内贸易根据交通部的有关规定,普通货物运输车辆不需悬挂、装置运输标志。《道路运输行政处罚规定》规定“营业性客、货运输车辆,不按规定悬挂、装置运输标志的,处以200

元以上500元以下的罚款”,这是指交通部、交通部与其他部（委）颁布的规章中明确规定必须悬挂、装置的运输标志,目前主要包括客运线路标志牌、包车客运标志牌、旅游客运标志牌、出租汽车顶灯、零担线路标志牌、危险货物运输标志灯（牌）、大型物件运输标志旗（灯）。除此之外,各级道路运政管理机构不得以未悬挂、装置运输标志为由,对道路运输经营者实施行政处罚。地方性法规另有规定的,只能适用于本辖区范围内,不得对外籍车辆实施处罚。

国际贸易中,运输标志一般由卖方设计时,并无必要在合同中做具体规定,但如果买方指定运输标志时,买卖双方须在包装条款中对买方提供运输标志的时间做出规定。若买方逾期尚未指定,则卖方可以自行决定。

（2）指示性标志

指示性标志是根据商品的特性,对易损、易碎、易变质的商品,在搬运装卸操作和存放保管条件方面所做出的要求和注意事项,用图形或文字表示的标志。例如,“小心轻放”(配图:玻璃杯)、“此端向上”(配图:箭头朝上)、“保持干燥”或“谨防潮湿”(配图:挡住雨水的雨伞)、“禁止用钩”(配图:起重钩上打叉)、“请勿践踏”(配图:大头皮鞋上打叉)等。

（3）警告性标志

警告性标志:又称危险品标志,是指在易燃品、爆炸品、有毒品、腐蚀性物品、放射性物品的运输包装上表明其危险性质的文字或图形说明。

（4）制作运输包装标志事项

①必须按照有关规定办理

我国对运输包装标志的要求,以及使用的文字、符号和图形,已在我国颁布的《包装储运指示标志》和《危险货物包装标志》中作了具体规定,应当按照国家标准执行。此外,联合国海事协商组织规定,在出口危险品的外包装上要刷写《国际海运危险品标记》,目前已有许多国家照此执行。为了防止我国出口货物到国外港口产生不准靠卸和增加移泊或改港绕航等问题,出口危险品时,应同时在外包装上分别刷写我国和国际海运危险品规章规定的两套危险品标志。

②包装标志要简明清晰

包装标志选用文字要少,图案要清楚,标志的文字、字母及数字号码的大小要适当,使人看了一目了然。除了必要的标志之外,不要加上任何广告性质的宣传文字或图案,以免同标志混杂起来,难以辨认。

③涂刷标志的部位要适当

所有包装标志都应涂刷在装卸搬运时容易看得见的部位。如箱形包装,应将标志刷在箱的四周,不宜刷在底、盖部位;桶形包装,标志应刷在桶盖或桶身上;袋、捆包装,其标志应位于明显的一面,或拴以吊牌。凡制作标志的颜料,都应具有耐温、耐晒、耐摩擦的性能,以免标志发生褪色和脱落等现象。

(五)包装标志图例

1.指示性包装标志

1、易碎物品 运输包装件内装易碎品，因此搬运时应小心轻放。		**2、禁用手钩** 搬运运输包装时禁用手钩。	
3、向上 表明运输包装件的正确位置是竖直向上。		**4、怕晒** 表明运输包装件不能直接照射。	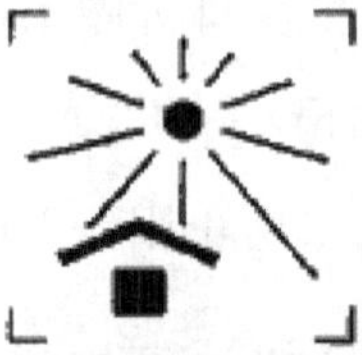
5、怕辐射 包装物品一旦受辐射便会完全变质或损坏。		**6、怕雨** 包装件怕雨淋。	
7、重心 表明一个单元货物的重心	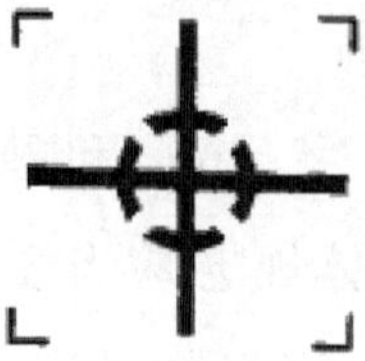	**8、禁止翻滚** 不能翻滚运输包装。	
9、此面禁用手推车 搬运货物时此面禁放手推车。		**10、堆码层数极限** 相同包装的最大堆码层数， n 表示层数极限。	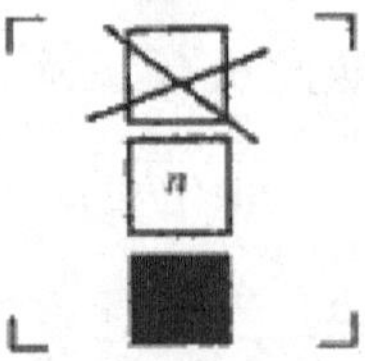
11、堆码重量极限 表明该运输包装件所能承受的最大重量极限。		**12、禁止堆码** 该包装件不能堆码并且其上也不能放置其他负载。	

2.联合国危险货物运输标志

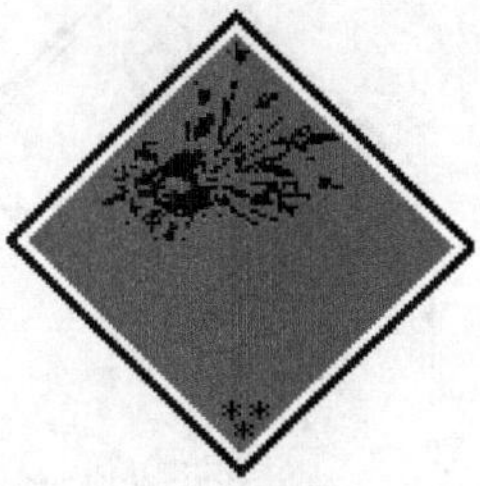 爆炸品 UN Transport symbol for explosives	 不产生重大危害的爆炸品 UN Transport symbol for Class 1.4 Explosive substances which present no significant hazard	 具有大规模爆炸性，但极不敏感的物品 UN Transport symbol for Class 1.5 Very insensitive substances which have a mass explosion hazard
 不燃气体 UN Transport symbol for non-inflammable gases	 易燃气体 UN Transport symbol for inflammable gases	 有毒物品（第 2 类和第 6.1 类） UN Transport symbol for poisonous substances (gases Class 2., other poisonous substances Class 6.1)
 易燃气体（第 2 类）或者易燃液体（第 3 类） UN Transport symbol for inflammable gases (Class 2) or liquids (Class 3)	 易燃固体（第 4 类） UN Transport symbol for inflammable solids (Class 4)	 易自燃物品 UN Transport symbol for substances liable to spontaneous combustion

 遇水释放出易燃气体的物品 UN Transport symbol for substances which, in contact with water, emit inflammable gases	 氧化剂和有机过氧化物 UN Transport symbol for oxidizing substances and for organic peroxides	 感染性物品 UN Transport symbol for infectious substances
 放射性物品（第 I 级） UN Transport symbol for radioactive substances, Category I	 放射性物品（第 II 级） UN Transport symbol for radioactive substances, Category II	 放射性物品（第 III 级） UN Transport symbol for radioactive substances, Category III
 放射性物品 UN Transport symbol for radioactive substances	 腐蚀性物品 UN Transport symbol for corrosive substances	 危险性类别编号的位置：** Location of serial number: **

二、包装的文字

(1)文字和图案

商品销售包装上的装潢和文字说明,是美化商品、宣传商品、吸引消费者,使消费者了解商品特性和妥善使用商品的必要手段。装潢、图案和文字说明通常直接印在商品的包装上,也有采 用在商品上粘贴、加标签、挂吊牌等方式。

销售包装的装潢,通常包括图案和色彩,它主要是指按商品的不同属性、形态、数量和销售意图而设计出来的合理的销售包装的造型、画面和文字说明。销售包装的造型要想达到美观大方、新颖多样、科学合理的要求、这就需要包装装潢具有一定的艺术吸引力,并突出商品特点,图案和色彩应适应有关国家的民族习惯和爱好。在设计装潢画面时,应投其所好,以利扩大出口。另 外要注意,包装外的吊牌、丝带、花结和装饰衬托也会提高商品装潢水平。

另外,在销售包装上应有必要的文字说明,如商标、品牌、品名、产地、数量、规格、成分、用途和使用方法等。对销售包装来说,文字说明的要求较高,既要求内容上符合规定,也要求语种不能用错。例如,在文字内容上,日本政府规定,凡销往日本的药品,必须说明成分、服用方法以及功能,否则海关就有权扣留,不能进口。在语种的要求上,很多国家也有特别的规定。例如,加拿大政府规定,进口商品说明必须英法文对照;运往法国的产品的装箱单及商业发票必须用法文表示。另外,文字说明要求同装潢画面紧密结合,互相衬托,彼此补充,以达到宣传和促销的目的,使用的文字必须简明扼要,并让销售市场的顾客能看懂,必要时也可以中外文同时并用,还应注意有关国家的标签管理条件的规定。

(2)条形码

物品条形码标志(product code)是一种产品代码,它是由一组带有数字的黑白及粗细间隔不等的平行条纹所组成,这是利用光电扫描阅读设备为计算机输入数据的特殊代码语言和标记。目前,世界许多国家都在商品包装上使用条形码。只要将条形码对准光电扫描器,计算机就能自动地识别条形码,确定品名、品种、数量、生产日期、制造厂商、产地等,并据此在数据库中查询其单价,进行货款结算,打出购货清单,这就有效地提高了结算的效益和准确性。

目前,国际广泛使用的条形码种类有EAN、UPC码(商品条码,用于在世界范围内唯一标识一种商品。我们在超市中也最常见的就是这两种条形码)。其中,EAN码是当今世界上广为使用的商品条形码,已成为电子数据交换的基础;UPC码是美国统一代码委员会制定的一种商品用条形码,主要用于美国和加拿大地区。

EAN码是国际物品编码协会制定的一种商品用条形码,在全世界通用。EAN码有两种版本:标准版和缩短版。标准版表示13位数字,又称为EAN13码,缩短版表示8位数字,又称为EAN8。两种条码的最后一位为校验码,由前面的12位或7位数字计算得出。EAN码由前缀码、厂商识别码、商品项目代码和校验码组成。前缀码是国际EAN组织标识各会员组织的代码,我国为690、691和692;厂商代码是EAN编码组织在EAN分配的前缀码的基础上分配给厂商的代码;商品项目 代码由厂商自行编码;校验码是为了校验代码的正确性。在编制商品项目代码时,厂商必须遵守商品编码的基本原则:对同一商品项目的商品必须编制相同的商品项目代码;对不同的商品项目必须编制不同的商品项目代码。保证商品项目与其标识代码一一对应,即一个商品项目只有一个 代码,一个代码只标识一个商品项目。如听装健力宝饮料的条码为6901010101098,其中690代表我国EAN组织,1010代表广东健力宝公司,10109是听装饮料的商品代码。这样的编码方式保证了无论在何时何地,6901010101098就是唯一对应该种商品条形码。

商品条形码的诞生极大地方便了商品流通,现代社会已离不开商品条形码。目前,许多国家的 超级市场都使用条形码技术进行自动扫描结算。如果商品包装上没有条形码,即使是名优商品,也不能进入超级市场而只能当作低档商品进入廉价商店。而且,有些国家对某些商品包装上无条形码 标志的,即不予进口。为此,在我国商品包装上推广使用条形码标志,确系当务之急。为了适应国际市场的需要和扩大出口,1988年12月我国建立了“中国物品编码中心”负责推广条形码技术,并对其进行统一管理,1994年4月我国正式加入国际物品编码协会。据统计,目前我国已有50万种 产品使用了国际通用的商品条形码。我国加入世界贸易组织后,企业在国际舞台上会赢得更多的活动空间。要与国际惯例接轨,适应国际经济贸易的需要,企业就更要重视商品条形码的作用和运用。

第三节　中性包装和定牌

一、中性包装

中性包装指商品和内外包装上均无生产国别和生产厂商名称。这种中性包装的做法是国际贸易中常见的方式,在买方的要求下,可酌情采用。对于我国和其他国家订有出口配额协定的商品,则应从严掌握,因为万一发生进口商将商品转口至有关配额国,将对我国产生不利影响。出口商千万不能因图一己之利而损害国家的声誉和利益。

中性包装包括无牌中性包装和定牌中性包装。前者是指包装上既无生产地名和厂商名称,又无商标、牌号;后者是指包装上仅有买方指定的商标或牌号,但无生产地名和出口厂商的名称。在国际贸易中,使用中性包装的目的主要是打破某些进口国家和地区实行的关税壁垒、配额限制和其他一些限制进口的歧视性措施。所以它是推销出口商品的一个手段。目前,其些出口商品使用中性包装已成为国际贸易中的一种习惯做法。

二、定牌

卖方按买方的要求在其出售的商品或包装上标明买方指定的商标和牌号,称之为定牌生产。在国际或国内贸易中，有许多大百货商店、超级市场和专业商店,在其经营的商品中,有一部分商品使用该店专有的商标和牌名,这部分商品即是由商店要求有关厂商定牌生产的。

一般对于国外大量的长期的稳定的订货,可以接受买方指定的商标。在我国出口业务中,我方同意使用定牌,是为了利用 买主的经营能力和他们的企业信誉或品牌声誉,以提高商品售价和扩大销售数量。具体有以下几种做法:

（1）在定牌生产的商品和/或包装上,只用外商所指定的商标或品牌,而不标明生产国别和出口厂商名称,这属于采用定牌中性包装的做法。

（2）在定牌生产的商品和/或包装上,标明我国的商标或品牌,同时也加注国外商号名称或表示其商号的标记。

（3）在定牌生产的商品和/或包装上,采用买方所指定的商标或品牌的同时,在其商标或品牌的指示下标示“中国制造”字样。

复习思考题

一、商品包装的意义和作用是什么?

二、出口商品的包装基本要求是什么?

三、什么叫运输包装?对运输包装的具体要求是什么?

四、什么叫销售包装?对销售包装的具体要求是什么?

五、为什么要在出口商品外包装上刷制运输标志?运输标志一般由哪些内容组成?试按一般要求设计一个运输标志。

第六章 国际贸易术语

国际贸易中,买卖双方所承担的义务,会影响到商品的价格。在长期的国际贸易实践中,逐渐形成了把某些和价格密切相关的贸易条件与价格直接联系在一起,形成了若干种报价的模式。每一模式都规定了买卖双方在某些贸易条件中所承担的义务。用来表明这种义务的术语,称为贸易术语。

贸易术语所表示的贸易条件,主要分两个方面:

其一,说明商品的价格构成,是否包括成本以外的主要从属费用,即运费和保险;

其二,确定交货条件,即说明买卖双方在交接货物方面彼此所承担的责任、费用和风险的划分。

贸易术语是国际贸易中表示价格的必不可少的内容。开报价中使用贸易术语,明确了双方在货物交接方面各自应承担的责任、费用和风险,说明了商品的价格构成。从而简化了交易磋商的手续,缩短了成交时间。由于规定贸易术语的国际惯例对买卖双方应该承担的义务,作了完整而确切的解释,因而避免了由于对合同条款的理解不一致,在履约中可能产生的某些争议。

第一节 国际贸易术语概述

一、国际贸易术语的惯例

国际贸易术语就是用一简短的概念或英文缩写字母来表示商品的价格构成、说明交易地点、确定买卖双方的责任、费用、风险划分等问题的专门用语。

国际货物买卖中,交易双方分处两国,相距遥远,所交易的商品在流转过程中往往需要经过储存、装卸、长途运输,可能遭受自然灾害、意外事故和其他各种外来风险,需要办理进出口清关手续。因此,交易双方除了在成交时卖方要交货,买方要付款,并各自承担自己控制货物时的风险外,还有许多应该分别承担的责任、费用和风险。

承担的责任主要有办理出口、进口许可证手续,办理出口、进口报关手续,装卸运输出口、进口货物,办理货物运输保险手续等。承担的费用主要有:办理进出口许可证须支付手续费,办理进出口报关须缴纳关税,装卸运输货物须支付装卸费和运输费,办理保险须支付保险费等。承担的风险主要有:进出口贸易货物在装、运、卸、贮的整个流转过程中都存在着风险,在一般情况下卖方或买方都已向保险公司办理了投保手续,但是有些风险任何保险公司都不予承保,即使投了保,也存在着保险责任范围外的风险;即使在保险责任范围以内也仍然存在着来不及投保或保险公司破产倒闭不能赔偿的风险。

有关上述手续由谁办理,费用由谁负责,风险如何划分就成为国际贸易实际业务中交易双方在洽谈交易、订立合同时必须加以明确的问题。

《国际贸易术语解释通则》(International Rules for the Interpretation of Trade Terms,以下简称INCOTERMS),是由国际商会制定的界定贸易术语最准确、最权威并被广泛使用的国际贸易惯例、国际商会自1936年制定该通则以来为适应国际贸易的不断发展,国际商会先后于1953年、1967年、1976年、1980年、1990年和2000年进行过7次修订和补充、2007年11月,国际商会再次发起对《INCOTERMS2000》进行修订的动议,历经三年时间的四度易稿,2010年9月27日,国际商会在巴黎召开全球发布会,正式推出《INCOTERMS2010》。

《2010年国际贸易术语解释通则》将于2011年1月1日生效

2010年9月27日,国际商会正式推出《2010国际贸易术语解释通则》(NCOTERMS 2010),以取代已经在国际货物贸易领域使用了近十年的NCOTERMS2000,新版本将于2011年1月1日正式生效。

国际商会自1936年起草第一部国际贸易术语解释通则以来,就不断定期对其进行修改以适应国际贸易的发展趋势,NCOTERMS2010的修改考虑了目前世界上免税区的增加,电子通讯的普遍使用以及货物运输安全性的提高,删去了NCOTERMS2000D组术语中的DDU、DAF、DES、 DEQ、只保留了DDP,同时新增加了两种D组贸易术语,即 DAT (Delivered At Terminal)与DAP(Delivered At Place),以取代被删去的术语。

Incoterms2010中将贸易术语划分为适用于各种运输CIP、CPT、DAP、DAT、DDP、EXW、FCA和只适用于海运和内水运输的CFR、CIF、FAS、FOB,并将术语的适用范围扩大到国内贸易中,赋予电子单据与书面单据同样的效力,增加对出口国安检的义务分配,要求双方明确交货位置,将承运人定义为缔约承运人,这些都在很大程度上反映了国际货物贸易的实践要求,并进一步与《联合国国际货物销售合同公约》及《鹿特丹规则》衔接。新的国际贸易术语解释通则必将进一步促进国际货物贸易的发展,并有助于解决国际货物贸易中的纠纷。

《2010通则》对于《2000通则》主要修改

《2010通则》对于2000年《国际贸易术语解释通则》(以下简称《2000通则》)的主

要修改

《2010通则》与《2000通则》的关系:

虽然《2010通则》于2011年1月1日生效,但是《2010通则》实施之后并非《2000通则》就自动作废。当事人在订立贸易合同时仍然可以选择适用《2010通则》或《2000通则》,甚至《1990通则》。

《2010通则》主要变化:

①术语分类由原来的EFCD四组分为适用于两类:适用于各种运输方式和水运。

②贸易术语的数量由原来的13种变为11种。

③删除《2000通则》中四个D组贸易术语,即DDU、DAF、DES、DEQ,只保留了《2000通则》D组中的DDP。

新增加两种D组贸易术语,即DAT与DAP。

E组、F组、C组的贸易术语基本没有变化。

二、贸易术语的分类

国际商会《1980通则》曾对14种贸易术语分别作了解释,其排列顺序是:从卖方承担责任、费用、风险最小的工厂交货开始,一直排到卖方承担责任、费用、风险最大的目的地完税后交货。新修订的《1990通则》删去并合并了原来的一些贸易术语,并增加了新的贸易术语,共计13种。为了便于人们理解和记忆,按不同类型将13种贸易术语划分为下列4个组别:

(1)E组

指卖方在自己的地点将货物交给买方。

EXW(Ex Works)工厂交货。

E组为启运(Departure)组术语。按这组贸易术语成交,卖方应在自己的处所将货物提供给买方指定的承运人。

(2)F组

指卖方必须将货物交至买方指定的承运人。

①FCA(Free Carrier)货交承运人。

②FAS(Free Alongside Ship)船边交货。

③FOB(Free on Board)船上交货。

F组为主运费未付(Main Carriage Unpaid)组术语。按这组贸易术语成交,卖方必须将货物交至买方所指定的承运人。

（3）C组

指卖方必须签定运输契约,但货物中途灭失或损坏的风险和发运后产生的额外费用,卖方不承担责任。

①CFR（Cost and Freighi）成本加运费。

②CIF（Cost,Insurance and Freight）成本加保险费,加运费。

③CPT（Carriage Paid to）运费付至（指定目的地）。

④CIP（Carriage and lnsurance Paid to）运费、保险费付至（指定目的地）。

C组为主运费已付（Main Carriage Paid）组术语。按这组贸易术语成交,卖方必须订立将货物运往指定目的港或目的地的运输契约,并把货物装上运输工具或交给承运人。但货物中途灭失或损坏的,风险和发运后产生的额外费用,卖方不承担责任。

（4）D组

指卖方须承担货物交至目的地国家所需的一切费用和风险。

①DAF（Delivered At Frontier）边境交货。

②DES（Delivered Ex Ship）目的港船上交货。

③DEQ（Delivered Ex Quay）目的港码头交货。

④DDU（Delivered Duiy Unpaid）未完税交货。

⑤DDP（Delivered Dutv Paid）完税后交货。

D组为到达（Arrival）组术语。按这组贸易术语成交,卖方必须承担货物交至目的地国家指定地点所需的一切费用和风险。

在INCOTERMS2010中,贸易术语的数量由原来的13种变为11种、原来的E组、F组和C组术语未做变动,但D组术语进行了较大的变动，原来INCOTERMS2000中的四个术语:DAF（边境交货）、DES（目的港船上交货）、DEQ（目的港码头交货）、DDU（未完税交货）被删除,只有DDP（完税后交货）被保留,同时又新增了DAT和DAP两个全新的术语、

DAT（Delivered at terminal）是指在指定目的地或目的港的运输终端交货,其中“terminal”可以是目的地任何运输终端,如码头、仓库、集装箱堆场或者铁路、公路或航空货运站等。在该术语下,卖方自担风险和费用订立运输合同方在指定港口或目的地的指定运输终端将货物从抵达的载货运输工具上卸下,交由买方处置时,即为交货、此贸易术语旨在取代先前的DEQ,且扩展至适用于一切运输方式。

DAP（Delivered at place）是指在指定目的地交货,其中“place”可以是港口,也可以是陆地的地名。在该术语下,卖方自担风险和费用订立运输合同,在指定的目的地交货,只需做好卸货准备无须卸货,即完成了交货义务。此贸易术语旨在取代先前的DAF、DES和DDU三个术语。

第二节 几种主要的贸易术语

INCOTERMS2010将FOB、CFR、CIF这三个传统的、仅适用于水上运输的贸易术语的风险划分界限规定为“将货物装上船”,取消了先前版本所规定的“越过船舷”的风险划分点,强调卖方承担在装运港将货物装上船以前的一切风险、费用,买方承担货物自装运港装上船开始以后的一切风险、费用。在当地的港口作业中,装卸货物自动化程度日益提高,以“越过船舷”来确定风险转移的原则也就失去了实际意义,国际商会充分考虑到了这些年来国际贸易的实践情况,将这三种术语中所涉及的风险、费用与“On board”相对称,也是与时俱进的一种体现。

一、FOB——装运港船上交货（指定装运港）

FREE ON BOARD（named port of shipment）,即装运港船上交货（指定装运港）。卖方必须在合同规定的装运期内,在指定的装运港将货物装上买方指定的船上,并及时通知买方。货物在装运港越过船舷,风险即由卖方转移至买方。此术语是指卖方在约定的装运港将货物交到买方指定的船上。按照2010年《国际贸易术语2010年解释通则》规定,此术语只能适用于海运和内河航运。

义务划分

按照国际商会对术语FOB的解释,买卖双方各自承担的基本义务。概括起来,可作如下划分:

卖方义务

（1）在合同规定的时间或期限内,在装运港,按照习惯方式将货物交到买方指派的船上,并及时通知买方。

（2）自负风险和费用,取得出口许可证或其他官方批准证件。在需要办理海关手续时,办理货物出口所需的一切海关手续。

（3）负担货物在装运港在装上船为止的一切费用和风险。

（4）自付费用提供证明货物已交至船上的通常单据。如果买卖双方约定采用电子通讯,则所有单据均可被具有同等效力的电子数据交换（EDI）信息所代替。

买方义务

（1）自负风险和费用取得进口许可证或其他官方批准的证件。在需要办理海关手续时，办理货物进口以及经由他国过境的一切海关手续,并支付有关费用及过境费。

（2）负责租船或订舱,支付运费,并给予卖方关于船名、装船地点和要求交货时间的充分的通知。

（3）负担货物在装运港装上船后的一切费用和风险。

（4）接受卖方提供的有关单据,受领货物,并按合同规定支付货款。

注意事项

（1）买方必须自该交货点起负担一切费用和货物灭失或者损坏的风险,这也就是说如果货物在海上遇险或者遭遇海盗,将与卖方无关,买方不应以此理由拒绝支付货款,所以卖方可以建议买方为货物投保。

（2）FOB价格包含了国内的所有费用。如果是货物比较多或者利润比较高的话,国内的费用是可以不用考虑的。而如果货物比较少,就需要相应提高价格,因为单位成本增加了很多,单位成本主要包括:内陆运费（工厂到港口或者集装箱仓库）、装卸费（特别是一些不能机械装卸的货物）、拼箱杂费、码头费、报送费、报检费等。

（3）使用FOB术语时,卖方在装运港将货物装上船时完成交货,而载货船舶由买方负责租船订舱,所以买卖双方必须注意船货衔接问题。为了避免发生买方船到而卖方未备妥或卖方备妥货物而不见买方载货船舶的情况,买卖双方必须相互给予充分的通知。如卖方及时将备货进度告知买方,以便买方适时租船订舱。买方租船订舱后也应及时将船名、航次、预计到达装运港的时间通知卖方,以便卖方做好交货准备。

（4）当使用集装箱运输货物时,卖方通常将货物在集装箱码头移交给承运人,而不是交到船上,这时不宜使用FOB术语,而应使用FCA术语。

（5）卖方装船后,必须及时向买方发出装船通知,以便买方及时办理投保手续。

（6）根据INCOTERMS 2010、FOB、CFR和CIF术语的风险划分界限由“船舷”改为“船上”,这种修改更符合业务实际操作情况。

案例

我国某进出口公司向新加坡某贸易公司出口香料15吨,对外报价为每公吨2500美元FOB湛江,装运期为10月份,集装箱装运。我方10月16日收到买方的装运通知。为及时装船,公司业务员于10月17日将货物存于湛江码头仓库,不料货物因当夜仓库发生火灾而全部灭失,以致货物损失由我方承担。问:该笔业务中我方的做法有何不当之处?

分析:

不妥之处在于贸易术语选择不当,其实FOB术语采用的是“船到仓”保险的起讫期限,货物越过船舷之前的风险由卖方承担,而出口货物国内段的风险没有得到落实,除非卖方单独对国内段的运输投保。另外也可选用FCA或CPT、CIP贸易术语,这样以来风险可以提前转移给买方。

案例

我国某公司以FOB条件出口一批冻鸡。合同签订后接到买方来电,称租船较为困难委托我方代为租船,有关费用由买方负担。为了方便合同履行,我方接受了对方的要求。但时至装运期我方在规定装运港无法租到合适的船,且买方又不同意改变装运港。因此,到装运期满时货仍未装船,买方因销售季节即将结束便来函以我方未按期租船履行交货义务为由撤销合同。试问:我方应如何处理。

分析:

(1) 我方应拒绝买方撤销合同的无理要求。

(2) 按FOB条件成交的合同,按常规由买方负责租船定舱。卖方可以接受买方的委托代为租船定舱,但卖方不承担租不到船的责任。

就本案例来讲,因卖方代为租船没有租到,买方又不同意改变装运港,因此,卖方不承担因自己未租到船而延期的责任。

案例

我国某公司与外商签订一批小麦出口合同,合同约定:一级小麦100公吨,按FOB条件成交,装船时货物经检验符合合同规定的品质条件,卖方在装船后及时向买方发出装运通知。但在船舶的航行途中,由于遇到触礁事件,小麦被海水浸泡,品质受到严重影响。当货物到达目的港后,只能降价出售,因此,买方要求卖方赔偿其差价损失。问:卖方是否该赔偿?

分析:

卖方不须对货物的损失承担赔偿责任,在本案例中,买卖双方按照FOB条件成交,风险划分是以装运港的船舷为界限,运输途中的风险由买方承担。因此,卖方不须对损失赔偿,而是由买方自己承担。

案例

买卖双方签订了一份FOB合同,买方向保险公司投保“仓至仓条款的一切险”。当货物在从卖方仓库运往装运码头途中,出现意外事故并造成10%货物受损(属于承保范围内的风险损失),事后卖方以保险单含“仓至仓条款”,要求保险公司赔偿,但遭到保险公司的拒绝。卖方于是请买方出面以买方名义向保险公司索赔,同样又遭拒绝。

分析:

“仓至仓条款”,是保险公司对海洋运输货物保险基本险(平安险、水渍险、一切险)的承保责任起讫的规定,即保险公司所承担的保险责任,是从被保险货物运离保险单所载明的起运地发货人的仓库或储运所时开始,至货物运抵保险单所载明的目的地收货人的最后仓库或储运处所或保险人用作分配、分派或非正常运输的其他储存处所为止。被保险的货物在最后到达卸货港卸离海轮后,保险责任以60天为限。

本例中货物是在卖方仓库运往装运码头途中发生的承包范围内的损失,投保一切险又含条款“仓至仓”,按理应得到赔偿,之所以遭到拒绝是由于FOB合同的特殊性决定的。

在FOB合同下买卖双方的责任划分十分明确——以货物越过船舷为权责划分点,卖方只要在装运港规定的时间、地点将规定的货物装在买方指派的船上,并提交符合规定的运输单据,就算完成交货,这之前的一切风险都由卖方来承担,当货物越过船舷,风险就转移给买方。因此买方投保的保险只保其应该负责的风险,即货物越过船舷后的风险,此案例中货物是在从卖方仓库运往装运码头期间发生了风险损失,买方不负责任,因此买方投保的“仓至仓条款的一切险”不属于保险公司的赔偿条件。

可以说,在FOB合同下买方投保的“仓至仓条款”实际上是“船至仓条款”,保险公司只承保货物在装运港越过船舷后的风险损失。本案例中所涉及的风险损失不在保险公司的承保范围内,保险公司对此不负赔偿责任。

FOB合同下买方投保的“仓至仓条款”,保险公司实际承担“船至仓”责任。买方为保障从卖方仓库至码头期间的保险利益,必须向保险公司另行投买保险,如保险公司设的“卖方利益险”。我国进口业务通常用FOB合同,对此要特别注意。另外CFR合同、FAS合同下的“仓至仓条款”也要注意。

本案例中保险公司拒赔卖方,是因为损失发生时他虽然拥有保险利益,但他不是保险单的被保险人或合法的受让人,无权向保险公司索赔。保险公司拒绝买方索赔是因为损失发生时,他对货物不具备保险利益,虽然他也是保险单的被保险人和合法的持有人,但保险公司有权拒绝其索赔。

保险公司只对其承保的责任范围内的损失,向拥有保险利益的被保险人或保险单的合法持有人赔偿损失,否则有权拒赔。

二、CFR——成本加运费(指定目的港)

CFR是named port of destination的简称,CFR与FOB不同之处在于,由卖方负责租船订舱并支付运费。按《通则》解释,卖方只需按通常条件租船订舱,经习惯航线运送货物。

CFR在货物装船、风险转移、办理进出口手续和交单、接单付款方面,买卖双方的义务和FOB是相同的。

按国际商会对CFR的解释,买卖双方各自承担的基本义务,概括起来,可作如下划分:

（1）卖方义务

①自负风险和费用,取得出口许可证或其他官方批准的证件,在需要办理海关手续时,办理货物出口所需的一切海关手续。

②签订从指定装运港承运货物运往指定目的港的运输合同;在买卖合同规定的时间和港口,将货物装上船并支付至目的港的运费;装船后及时通知买方。

③承担货物在装运港越过船舷为止的一切风险。

④向买方提供通常的运输单据,如买卖双方约定采用电子通讯,则所有单据均可被同等效力的电子数据交换(EDI)信息所代替。

（2）买方义务

①自负风险和费用,取得进口许可证或其他官方批准的证件,在需要办理海关手续时,办理货物进口以及必要时经由另一国过境的一切海关手续,并支付有关费用及过境费。

②承担货物在装运港越过船舷以后的一切风险。

③接受卖方提供的有关单据,受领货物,并按合同规定支付货款。

④支付除通常运费以外的有关货物在运输途中所产生的各项费用以及包括驳运费和码头费在内的卸货费。

注意事项

（1）卖方应及时发出装船通知

按CFR条件成交时,由卖方安排运输,由买方办理货运保险。如卖方不及时发出装船通知,则买方就无法及时办理货运保险,甚至有可能出现漏保货运险的情况。因此,卖方装船后务必及时向买方发出装船通知,否则,卖方应承担货物在运输途中的风险和损失。

（2）按CFR进口应慎重行事

在进口业务中,按CFR条件成交时,鉴于由外商安排装运,由我方负责保险,故应选择资信好的国外客户成交,并对船舶提出适当要求,以防外商与船方勾结,出具假提单,租用不适航的船舶,或伪造品质证书与产地证明。若出现这类情况,会使我方蒙受不应有的损失。

变形

卸货费究竟由何方负担,买卖双方应在合同中订明。为了明确责任,可在CFR术语后加列表明卸货费由谁负担的具体条件:

①CFR Liner Terms (CFR班轮条件)

这是指卸货费按班轮办法处理,即卖方负责卸货,买方不负担卸货费。

②CFR Landed(CFR卸到岸上)

这是指由卖方负担卸货费,其中包括驳运费在内。

③CFR EX Tackle(CFR吊钩下交货)

这是指卖方负责将货物从船舱吊起卸到船舶吊钩所及之处(码头上或驳船上)的费用。在船舶不能靠岸的情况下,租用驳船的费用和货物从驳船卸到岸上的费用,概由买方负担。

④CFR Ex Ship's Hold (CFR舱底交货)

这是指货物运到目的港后,由买方自行启舱,并负担货物从舱底卸到码头的费用。在CFR术语的附加条件,只是为了明确卸货费由何方负担,其交货地点和风险划分的界线,并无任何改变。《2000通则》对术语后加列的附加条件不提供公认的解释,建议买卖双方通过合同条款加以规定。

案例

有一份CFR合同，A公司出口卡车500辆,该批货物装于舱面。这500辆中有40辆是卖给某国的B公司的,货物运抵目的港后由承运人负责分发。航行途中遇到恶劣气候,有50辆卡车被冲入海中。事后A公司宣布出售给B公司的40辆卡车已在运输途中全部损失,并且因为货物已经越过船舷，A公司不再承担责任,而B公司认为,A公司未履行交货义务,要求赔偿损失。请判别孰是孰非?为什么？哪些属于单独海损?为什么?

分析:A公司不承担责任。

CFR贸易术语中,买卖双方的风险划分以装运港船舷为界,在之前由卖方承担,之后由买方承担。卖方的交货地点为装运港船上,卖方不保证到货。所以航行途中车辆被冲入海中的责任由B公司自己承担。

三、CIF——成本加保险费加运费（指定目的港）

CIF是named port of destination的简称,CIF术语的中译名为成本加保险费加运费,【指定目的港,其原文为Cost Insurance and Freight(insert named port of destination)】。按此术语成交,货价的构成因素中包括从装运港至约定目的地港的通常运费和约定的保险费,故卖方除具有与CFR术语的相同的义务外,还要为买方办理货运保险,支付保险费,按一般国际贸易惯例,卖方投保的保险金额应按CIF价加成10%。如买卖双方未约定具体险别,则卖方只需取得最低限底的保险险别,如买方要求加保战争保险,在保险费由买方负担的前提下,卖方应予加保,卖方投保时,如能办到,必须以合同货币投保。

CIF与CFR相比,买卖双方所承担的义务相同。但以CIF方式成交,卖方还承担为货物办理运输保险并支付保险费的义务。在FOB和CFR中,由于买方是为自己所承担的运输风险而办理保险,因而不构成一种义务。按《通则》解释,卖方应在不迟于货物越过船舷时,办理货运保险。在合同无明示时,卖方可按保险条款中低责任的险别投保,投保金额最低为CIF价格的110%。

案例

我国某公司与外商签订了一份CIF出口合同,我国公司在中国人民保险公司办理了保险。货物发出后,银行议付了货款,但货到目的港后发现严重破损,而保险中没有投保破损险（因为买方没有指明）,买方要求我国公司到保险公司办理索赔事宜。问:我方应否办理?

买方要求不合理。此案涉及CIF合同的性质。

①根据《2000年通则》,CIF属于象征性交货术语,即卖方只要交出符合合同或信用证规定的正确完整的单据,就算完成了交货义务,而无须保证到货,所以不是到岸价。

②CIF虽然由卖方办理保险,但投保金额和险别必须事先约定,如果没有约定,只能按照国际惯例办理,即按FOB货价×（1+10%）投保平安险。

③在CIF术语下,卖方办理保险仅为代理性质,应由买方处理索赔事宜。如果买方要求卖方代替办理索赔事宜,但责任和费用由买方承担。

本案例,买方显然是在推卸责任。因此我方不能答应对方要求。

案例

某年11月,我国某外贸公司与一外商签订了出口5000公吨钢材的合同,价格条款为CIF温哥华。支付方式为即期不可撤销信用证。我方按合同规定办理了租船定舱和保险并支付了相关费用,取得了全套合格单据并到议付行付货款,不料货物在航行途中遭遇海啸,全部灭失。外商以货物灭失为由拒绝付款赎单。问我方如何处理?

这是一起并不复杂案例。在CIF术语中,买卖双方风险划分地点是装运港船舷,越过船舷后的风险由买方承担,卖方办理保险仅仅是代理性质,出险后应由买方办理索赔事宜。另外CIF属于象征性交货,即凭全套合格单据,买方就不得拒付货款。还有,信用证业务属于银行信用,应由议付银行承担第一付款责任。

处理措施:我方首先应向议付行议付货款,再由议付行向付款行申请付款,只要全套单据合格,付款行不得拒付。其次我方应向买方讲明道理,提出严重交涉,只要对方不无理取闹,就会按照国际惯例迅速支付货款。最后我方可以协助买方办理向保险公司索赔事宜,但费用要由买方承担。

第三节　其他注意贸易术语

一、工厂交货——EXW

EXW（Ex Works）是国际贸易术语之一,是指当卖方在其所在地或其他指定的地点（如工场、工厂或仓库）将货物交给买方处置时,即完成交货,卖方不办理出口清关手续或将货物装上任何运输工具。 该术语是卖方承担责任最小的术语。买方必须承担在卖方所在地受领货物的全部费用和风险。 但是,若双方希望在起运时卖方负责装载货物并承担装载货物的全部费用和风险时,则须在销售合同中明确写明。在买方不能直接或间接的办理出口手续时,不应使用该术语,而应使用FCA,如果卖方同意装载货物并承担费用和风险的话。

（1）相关义务

A 卖方义务

B买方义务

A1 提供符合合同规定的货物,卖方必须提供符合销售合同规定的货物和商业发票或有同等作用的电子讯息,以及合同可能要求的、证明货物符合合同规定的其他任何凭证。

B1 支付价款

买方必须按照销售合同规定支付价款。

A2许可证、其他许可和手续

应买方要求并由其承当风险和费用,在需要办理海关手续时,卖方必须给予买方一切协助,以帮助买方取得为货物出口所需的出口许可证或其他官方许可。

B2许可证、其他许可和手续

买方必须自担风险和费用,取得任何出口和进口许可证或其他官方许可,在需要办理海关手续时,并办理货物出口的一切海关手续。

A3 运输合同与保险合同

a）运输合同,无义务。

b）保险合同,无义务。

B3 运输合同与保险合同

a）运输合同,无义务。

b）保险合同，无义务。

二、船边交货——FAS

根据《2010通则》的解释,按FAS术语成交,卖方要在约定的时间内将合同规定的货物交到指定的装运港买方指定的船边,在船边完成交货义务。买卖双方负担的风险和费用均以船边为界。如果买方所派的船只不能靠岸,卖方则要负责用驳船把货物运至船边,仍在船边交货。装船的责任和费用由买方承担。

（1）卖方义务

①负责将货物按规定的期限交到指定的装运港买方所指派的船边。

②负责办理货物的出口手续,承担出口清关的费用。

③承担自货物在指定地点交由买方船边为止的风险和费用。

（2）买方义务

接收卖方提供的有关单据,收领货物,并按合同规定支付货款,承担货物在指定地点交由船边为止的风险和费用。

自负风险和费用,取得进口许可证或其他官方批准的证件,并且办理货物进口所需海关手续,支付关税及其他有关费用。

①提供货物

卖方必须提供符合销售合同规定的货物和商业发票或有同等作用的电子讯息,以及合同可能要求的、证明货物符合合同规定的其他任何凭证。

B1 支付价款

买方必须按照销售合同规定支付价款。

卖方必须自担风险和费用,取得任何出口许可证或其他官方许可,并在需要办理海关手续时,办理货物出口所需的一切海关手续。

B2 许可证、其他许可和手续

买方必须自担风险和费用,取得任何进口许可证或其他官方许可,并在需要办理海关手续时,办理货物进口和从他国过境所需的一切海关手续。

A3 运输合同和保险合同

a）运输合同,无义务。

b）保险合同,无义务。

B3 运输合同和保险合同

a）运输合同,买方必须自付费用订立自指定的装运港运输货物的合同。

b）保险合同。

②交货

卖方必须在买方指定的装运港,在买方指定的装货地点,在约定的日期或期限内,按照该港习惯方式将货物交至买方指定的船边。

B4 受领货物

买方必须在卖方按照A4规定交货时受领货物。

风险转移

除B5规定的外,卖方必须承担货物灭失或损坏的一切风险,直至已按照A4规定交货为止。

B5 风险转移,买方必须按照下述规定承担货物灭失或损坏的一切风险:自按照A4规定交货时起;及由于买方未按照B7规定通知卖方,或其指定的船只未按时到达,或未接收货物,或较按照B7通知的时间提早停止装货,则自约定的交货日期或期限届满时起,但以该项货物已划拨到合同项下,即明确保留或以其他方式确定为合同项下之货物为限。

费用划分,除B6规定者外,卖方必须支付。

与货物有关的一切费用,直至已按照A4规定交货为止;及在需要办理海关手续时,货物出口应办理的海关手续费用及应缴纳的关税、税款和其他费用。

B6 费用划分,买方必须支付

按照A4规定交货时与货物有关的一切费用;及由于买方指定的船只未按时到达,或未装载上述货物或较按照B7通知的时间提早停止装货,或由于买方未按照B7规定给予卖方相应的通知而发生的任何额外费用,但以该项货物已正式划归合同项下,即清楚地划出或以其他方式确定为合同项下之货物为限;及在需要办理海关手续时,货物进口应交纳的一切关税、税款和其他费用,及办理海关手续的费用,以及从他国过境的费用。

通知买方,卖方必须给予买方说明货物已交至指定的船边的充分通知。

B7 通知卖方

买方必须给予卖方有关船名、装船点和要求交货时间的充分通知。

A8 交货凭证、运输单据或有同等作用的电子讯息

卖方必须自付费用向买方提供证明按照A4规定交货的通常单据。除非前项所述单据是运输单据,否则,应买方要求并由其承担风险和费用,卖方必须给予买方一切协助,以取得运输单据（如可转让提单、不可转让海运单、内河运输单据）。如买卖双方约定使用电子方式通讯,则前项所述单据可以使用有同等作用的电子数据交换（EDI）讯息代替。

B8 交货凭证、运输单据或有同等作用的电子讯息

买方必须接受按照A8规定提供的交货凭证。

③查包

卖方必须支付为按照A4交货所需进行的查对费用（如核对货物品质、丈量、过磅、点数的费用）。卖方必须自付费用,提供按照卖方订立销售合同前已知的有关该货物运输（如运输方式、目的港）所要求的包装（除非按照相关行业惯例,合同所述货物无须包装发运）。包装应作适当标记。

B9货物检验

买方必须支付任何装运前检验的费用,但出口国有关当局强制进行的检验除外。

其他义务

应买方要求并由其承当风险和费用,卖方必须给予买方一切协助,以帮助买方取得由装运地国和/或原产地国所签发或传送的、为买方进口货物可能要求的或从他国过境所需的任何单据或有同等作用的电子讯息（A8所列的除外）。应买方要求,卖方必须向买方提供投保所需的信息。

B10 其他义务

买方必须支付因获取A10所述单据或有同等作用的电子讯息所发生的一切费用,并偿付卖方因给予协助而发生的费用。

注意的问题

（1）在实际业务中,当买方指定的载货船舶能够直接靠岸时,“船边”是指码头上装卸工具所及的范围,如果买方所派的船只不能靠岸,卖方则要负责用驳船把货物运至船边,完成船边交货。

（2）当使用集装箱运输货物时,卖方通常将货物在集装箱码头移交给承运人,而非交到船边,这时不宜使用FAS术语,而应使用FCA术语。

（3）由于卖方承担在特定地点交货前的风险和费用,而且这些费用和相关作业费可能因各港口惯例不同而变化,所以买卖双方应尽可能清楚地订明指定装运港内的交货点。如果没有约定特定的交货点或该交货点不能确定,卖方可以在指定装运港选择最适合其目的的交货点。

案例

甲公司以FAS条件向某国出口卡车500辆。这500辆中有40辆是卖给某国乙公司,货物运抵目的港后由承运人负责分发。在航行途中遇到恶劣气候,有50辆卡车被冲入大海,事后,甲公司

宣布出售给乙公司的40辆卡车已在运输中全部损失,并且因为这批损失是发生在运输途中,甲公司不承担责任,而乙公司认为甲公司未履行交货义务,要求其赔偿损失。问:是否应由甲公司来承担损失?

评析:不应该由甲公司来承担损失。

理由:在FAS贸易条件下,风险的划分是以装运港船边为界限的,这就是说卖方负担货物在装运港交至买方指定船边之前的费用与风险,而此后的风险由买方承担。卖方在交货时货物是可以区分开来的,而且承运人是由买方指派,装船时货物是可以特定化,因此,货物损失应由乙方或乙方和另一买方共同承担。

三、边境交货——DAF

DAF是国际贸易术语之一,全文为:Delivered At Frontier,边境交货(指定地点)2000年《国际贸易术语解释通则》(INCOTERMS 2000)对其规定如下:

当卖方在边境的指定的地点和具体交货点,在毗邻国家海关边界前,将仍处于交货的运输工具上尚未卸下的货物交给买方处置,办妥货物出口清关手续但尚未办理进口清关手续时,即完成交货。“边境”一词可用于任何边境,包括出口国边境。因而,用指定地点和具体交货点准确界定所指边境,这是极为重要的。但是,如当事各方面希望卖方负责从交货运输工具上卸货并承担卸货的风险和费用,则应在销售合同中明确写明。

该术语可用于陆地边界交货的各种运输方式,当在目的港船上或码头交货时,应用DES或DEQ术语。

(1)基本义务

A 卖方义务

B 买方义务

A1 提供符合合同规定的货物

卖方必须提供符合销售合同规定的货物和商业发票或有同等作用的电子信息,以及合同可能要求的、证明货物符合合同规定的其他任何凭证。

B1 支付价款

买方必须按照销售合同规定支付价款。

A2 许可证、其他许可和手续

卖方必须自担风险和费用,取得任何出口许可证或其他官方许可或其他必要文件,以便将货物交经买方处置,并在需要办理海关手续时办理货物出口并运至指定的边境交货地点以及从他国过境所需的一切海关手续。

B2 许可证、其他许可和手续

买方必须自担风险和费用,取得任何进口许可证或其他官方许可或其他必要文件,并在需要办理海关手续时办理货物进口所需的一切海关手续,及后继运输所需的一切海关手续。

A3 运输合同与保险合同

（2）运输合同

卖方必须自付费用订立运输合同,将货物运至边境指定的交货地点和具体交货点。如未约定或按照惯例也无法确定边境指定的交货地点的具体交货点,则卖方可在指定的交货地点选择最适合其目的的交货点。然而,若买方要求,卖方要以同意按照通常条件订立合同,由买方负担风险和费用,将货物从边境指定的地点继续运至由买方指定的进口国的最终目的地。卖方可以拒绝订立此合同,如果这样,应迅速通知买方。

保险合同

无义务。

B3 运输合同和保险合同

运输合同

无义务。

保险合同

无义务。

A4 交货

卖方必须在约定日期或期限内,在边境的指定的交货地点,将仍处于交货运输工具上尚未卸下的货物交给买方处置。

B4 受领货物

买方必须在卖方按照A4规定交货时受领货物。

A5 风险转移

除B5规定者外,卖方必须承担货物灭失或损坏的一切风险,直至已经按照A4规定交货为止。

B5 风险转移

买方必须承担按照A4规定交货之时起货物灭失或损坏的一切风险。

如买方未按照B7规定通知卖方,则必须从约定的交货日期或交货期限届满之日起,承担货物灭失或损坏的一切风险,但以该项货物已正式划归合同项下,即清楚地划出或以其他方式确定为合同项下之货物为限。

A6 费用划分

除B6规定者外,卖方必须支付

按照A3a)规定发生的费用,及除此之外与货物有关的一切费用,直至已经按照A4规定交货为止;及

在需要办理海关手续时,货物出口需要办理的海关手续费用,及货物出口时应交纳的一切关税、税款和其他费用,以及按照A4规定交货之前从他国过境的费用。

B6 费用划分

买方必须支付。自按照A4规定交货时起与货物有关的一切费用,包括在边境的指定的交货地点将货物从交货运输工具上卸下以受领货物的卸货费;如按照A4规定交货而买方未受领货物或未按照B7规定给予卖方通知,因此发生的一切额外费用,但以该项货物已正式划归合同项下,即清楚地划出或以其他方式确定为合同项下之货物为限;需要办理海关手续时,办理海关手续的费用及货物进口时应交纳的一切关税、税款和其他费用,以及办理后继运输的费用。

A7 通知买方

卖方必须给予买方有关货物发往边境指定的交货地点的充分通知,以及要求的任何其他通知,以便买方能够为受领货物而采取通常必要的措施。

B7 通知卖方

一旦买方有权决定在约定期限内的时间和/或在指定的地点受领货物的点,买方必须就此给予卖方充分通知。

A8 交货凭证、运输单据或有同等作用的电子讯息。

卖方必须自付费用向买方提供说明货物已按照A3a)i)规定交付至边境指定的地点的通常单据或其他凭证。

如当事各方面同意按照A3a)ii)规定越过边境后继续运输,卖方必须根据买方要求,并由买方负担风险和费用,向其提供通常在发运国取得的联运单据,订明按照惯常条件从该国的发运地将货物运输至买方指定的进口国最终目的地。

如买卖双方约定以电子方式通讯,则前项所述单据可以由具有同等作用的电子数据交换(EDI)讯息代替。

B8 交货凭证、运输单据或有同等作用的电子讯息

买方必须接受按照A8规定提供的运输单据和/或其他交货凭证。

A9 查对、包装、标记

卖方必须支付为按照A4规定交货所需进行的查对费用(如核对货物品质、丈量、过磅、点数的费用)。

卖方必须自付费用提供包装（除非约定或按照相关行业惯例,合同所指货物通常无须包装即可交货）,此项包装应按照卖方订立销售合同前已知的有关运输（如运输方式、目的地）所要求,适合在边境交货及接运运输。包装应作适当标记。

B9 货物检验

卖方必须自付费用订立运输合同,将货物运至边境指定的交货地点和具体交货点。如未约定或按照惯例也无法确定边境指定的交货地点的具体交货点,则卖方可在指定的交货地点选择最适合其目的的交货点。

然而,若买方要求,卖方要以同意按照通常条件订立合同,由买方负担风险和费用,将货物从边境指定的地点继续运至由买方指定的进口国的最终目的地。卖方可以拒绝订立此合同,如果这样,应迅速通知买方。

A10 其他义务

应买方要求并由其承担风险和费用,卖方必须给予买方一切协助,以帮助买方取得由装运地国和/或原产地国所签发或传送的、为买方进口货物可能要求的和必要时从他国过境所需的任何单据或有同等作用的电子讯息（A8所列的除外）。

应买方要求,卖方必须向买方提供投保所需的信息。

B10 其他义务

买方必须支付因获取A10所述单据或有同等作用的电子讯息所发生的一切费用,并偿付卖方因给予协助而发生的费用。

必要时,按照A3a)ii)规定,应卖方要求,买方必须负担风险和费用,向卖方提供外汇管制许可、许可证件、其他单据或经认证的副本,或提供取得联运单所需的进口国最终目的地地址或A8b)中所指的任何其他单据。

四、目的港船上交货——DES

目的港船上交货(DES, Delivered Ex Ship---named port of destination):指卖方负责租订运输工具,在规定的时间内将已清关货物运抵指定的目的港,在目的港船上交货并承担交货前的费用、风险的贸易术语。DES不同于象征性交货的CIF,它是实际交货,因此,卖方是为自己的利益办理运输和保险事宜。DES和CIF在主要价格构成上有相同之处,即货价中都包含运费和保险费。但买卖双方在货物交接手续、费用和风险责任划分上不同。主要表现在以下四个方面:

CIF是象征性交货,买方应凭单付款;DES是实际交货，卖方必须把货物置于买方实际控制之下,买方才有责任付款。

费用和风险的责任划分不同。CIF以装运港船舷为界;而DES以在目的港实际交货后为责任转移的界限。

保险性质不同。CIF中卖方办理保险是一种义务,应按台同或惯例规定履行;而DES卖方是为自己买保险,不构成一种义务。

CIF合同为装运合同,只规定装运时间;DES合同为交货合同。必须规定到货时间。

采用DES术语成交时,要注意以下两个问题:

(1)共同做好货物的交接工作(与FOB相似)。由于DES条件下,卖方要在目的港船上将货物实际交给买方才算完成交货,所以,对于卖方来讲,要及时将船舶预计到港时间通知买方,使买方做好接货的准备工作。另外,卖方还要及时将提单或其他运输单据提交给买方,使其得以受领货物。对于买方来讲,要及时在船上受领货物,当买方有权(合同规定)决定交货时间和具体地点时,他要及时通知卖方。否则,他要承担由此而产生的额外费用与风险。

(2)DES称为"到岸价"要比CIF更恰当一些,亦可以说,DES是名副其实的到岸价。按DES成交的合同是到货合同,而按CIF成交的合同为装运合同。

案例

我国某内陆出口公司于2000年2月向日本出口30吨干草膏,每吨40箱共1200箱,每吨1800美元,FOB新港,共54000美元,即期信用证,装运为2月25日之前,货物必须装集装箱。该出口公司在天津设有办事处,于是在2月上旬便将货物运到天津,由天津办事处负责订箱装船,不料货物在天津存仓后的第二天,仓库午夜着火,抢救不及,1200箱干草膏全部被焚。办事处立即通知内地公司总部并要求尽快补发30吨。否则无法按期装船。结果该出口公司货源不济,只好要求日商将信用证的有效期和装运期各延长15天。

评析

我国一些进出口企业长期以来不管采用何种运输方式,对外洽谈业务或报盘仍习惯用FOB、CFR和CIF三种贸易术语。该出口公司所在地正处在铁路交通的干线上,外运公司和中远公司在该市都有集装箱中转站,既可接受拼箱托运也可接受整箱托运。假如当初采用FCA对外成交,出口公司在当地将1200箱交中转站或自装自集后将整箱(集装箱)交中转站,不仅风险转移给买方,而且当地承运人(即中转站)签发的货运单据即可在当地银行办理议付结汇。该公司自担风险将货物运往天津,再集装箱出口,不仅加大了自身风险,而且推迟结汇。

随着国内外集装箱运输越来越发达、货运量越来越大,内地省市的出口单位应尽量利用设在当地的一些集装箱网点提供的周到货运服务,以改过去传统的做法,即在沿海港口办事处,然后再通过办事处办理货物出口,这种做法不仅增加自身风险,而且耗费巨大,增加出口成本,减少公司的效益。而充分利用货运代理人是出口公司走向集约化经营的捷径。

通过本案例不难看到,如果外销员知识不更新,死抱着过去常用的三种贸易术语不放是会造成损失的,足见学习和掌握《INCOTERMS2000》,特点是学会运用适用于任何运输方式的FCA、CPT、CIP等贸易术语的必要性和重要性。

复习思考题

一、什么叫“贸易术语”?为什么在国际贸易中要使用贸易术语?

二、国际贸易价格术语,按交货地点的不同,可分为哪几类?试举例说明。

三、国际贸易中最常用的贸易术语是哪三种?买卖双方的责任各如何?简要说明这三种常用贸易术语的异同点。

四、什么是实际交货?什么是象征文货?试举例说明。

课外拓展

外贸出口商品的价格核算及实例。

计算公式:

FOB=实际购货成本+单位产品国内费用+预期利润

CFR=FOB+F

CIF=CFR ÷ (1−投保加成 × 保险费率)

佣金:CFRC5=CIF ÷ (1−5%)

出口总成本=实际购货成本+单位产品国内费用=含税价−出口退税收入+单位产品国内费用

出口退税收入=含税价 ÷ (1+增值税率)X退税率

出口盈亏率=(出口销售人民币净收入−出口总成本)÷ 出口总成本

出口换汇成本=出口总成本(人民币)÷ 出口销售外汇净收入(美元)

核算实例:

1.我某出口商品原报价为每箱150美元CFR孟加拉。现外商要求改报CFRC5%孟加拉,在FOB净收入不减少的条件下,我方最低应报多少美元?若按110%投保,保险费率为1%,则我方最低CIFC5%应报多少美元?

解:CFRC5%=150/(1−5%)=157.89美元/箱 CIF=150/(1−1% × 110%)=151.67美元/箱 CIFC5%=151.67/(1−5%)=159.65美元/箱

2.我某出口公司按每箱200美元FOB新港报出某商品,国外客户要求改报CFRC5报价。经查装运港至目的港的运费为每箱22美元。请计算在我方利益不受损的情况下,我方应报价多少?

解:CFR=200+22=222美元/箱, CFRC5%=222/（1–5%）=233.68美元/箱

3.我出口某商品一批,原报价每公吨250美元CIFC2%鹿特丹,国外客户要求增加佣金三个百分点,我改报价应为多少?

解:CIF=250×（1–2%）=245美元/箱 CIFC5%=245/（1–5%）=257.89美元/箱

4.我某出口公司按每公吨500美元 CIF ROTTERDAM对外报价。设海运费每公吨45美元,投保加一成,保险费率为0.8%。请计算在我方利益不受损的情况下,我方应报FOB价多少?

解:CFR=CIF–CIF×（1+投保加成）×保险费用率=500–500×（1+10%）×0.8%=495.6美元/公吨 FOB=CFR–国外运费=495.6–45=450.6美元/公吨。

第七章　国际货物运输

国际货物运输,就是在国家与国家、国家与地区之间的运输。国际货物运输又可分为国际贸易物资运输和非贸易物资（如展览品、个人行李、办公用品、援外物资等）运输两种。由于国际货物运输中的非贸易物资的运输往往只是贸易物资运输部门的附带业务,所以,国际货物运输通常被称为国际贸易运输,从一国来说,就是对外贸易运输,简称外贸运输。

第一节　运输方式

一、海洋运输

海洋运输是国际贸易中最主要的运输方式,占国际贸易总运量中的2/3以上。我国绝大部分进出口货物,都是通过海洋运输方式运输的。海洋运输的运量大,运费低,航道四通八达,是其优势所在。但速度慢,航行风险大,航行日期不易准确,是其不足之处。按照船舶的经营方式,海洋运输可分为班轮运输和租船运输。

（1）班轮运输

a、班轮运输的特点:

①班轮运输有固定的船期、航线、停靠港口和相对固定的运费率;

②班轮运费中包括装卸费,故班轮的港口装卸由船方负责;

③班轮承运货物的数量比较灵活,货主按需订舱,特别适合于一般件杂货和集装箱货物的运输。

b、班轮运费。

班轮运费由班轮运价表规定,包括基本运费和各种附加费。基本运费分成两大类:一类是传统的件杂货运费;一类是集装箱包箱费率。

①杂货运费基本上按每个运费吨作计费单位。按毛重计费时,运费吨为公吨,在运价表内以“W”表示。按体积计费时,运费吨为立方米,在运价表内以“M”表示。运价以“W/M”表示时,即按货物毛重(公吨数)或体积(立方米数),从高计费。按运费吨计价的货物一般分为20个等级,第1级货物运费率最低,第20级货物运费率最高。件杂货也有按商品价格或件数计收运费的。大宗低值货物,可由船、货双方议定运价。

②集装箱包箱费率有三种方式:a.FAK包箱费率(Freight for All Kinds),即不分货物种类,按每个集装箱收取的费率。b:FCS包箱费率(Freight for Class),即按货物等级制定的包箱费率(见表 21-2)、③FCB包箱费率(Frelsht for Class & Basis),即按货物等级及不同类型的计价标准制定的费率。

装港 Port of Loading	货物 Commodity	CFS/CFS W/M	CFS/CY 20'/40'	CY/CY 20'/40'
黄埔 Huangpu		47.50	830/1510	750/1350
	semi-hazardous cargo(半危货)	62.50	1130/2050	1050/1890
	hazardous cargo(全危货)	77.50	1430/2590	1350/2430
	refrigerated cargo(冷冻货)		2080/3460	2000/3300

等级 Class	CFS/CFS		CFS/CY 20'/40'	CY/CY 20'/40'
	W	M		
1-7	81	57	1370/2490	1250/2250
8-10	86	61	1470/2670	1350/2430
11-15	92	64	1570/2850	1450/2610
16-20	104	74	1770/3210	1650/2970
chemical non-hazardous(化学非危品)	92	65	1570/2850	1450/2610
semi-hazardous cargo(半危品)	98	70	1670/3030	1550/2790
hazardous cargo(全危品)				
refrigerated cargo(冷冻货)				

以上集装箱包箱费率计算表中,分别订有20英尺和40英尺包箱费率,如果货物拼箱装运,即未装满一个集装箱的货物,FAK和FCS方式按W/M方式列出基本运费,FCB则按不同类别的计价标准,列出基本运费。

班轮运费中的附加费名目繁多,其中包括：超长附加费、超重附加费、选择卸货港附加费、变更卸货港附加费、燃油附加费、港口拥挤附加费、绕航附加费、转船附加费和直航附加费等。

集装箱运输费用中,除上述海运运费外,还需包括有关的服务费和设备使用费。

此外,班轮公司对不同商品混装在同一包装内,按其中收费较高者计收运费。同一票商品,如包装不同,其计费等级和标准也不同,如托运人未按不同包装分别列明毛重和体积,则全票货物按收费较高者计收运费。同一提单内有两种以上不同货名,如托运人未分别列明毛重和体积,亦从高计费。

（2）租船运输

租船是指包租整船。租船费用较班轮费用低廉,且可选择直达航线,故大宗货物一般采用租船运输。租船方式主要有定程租船和定期租船两种。

①定程租船。定程租船（Voyage Charter）是以航程为基础的租船方式,又称程租船。船方必须按租船合同规定的航程完成货物运输任务,并负责船舶的运营管理及其在航行中的各项费用开支。程租船的运费一般按货物装运数量计算,也有按航次包租金额计算。

租船双方的权利和义务,由租船合同（Charter Party）规定。程租船方式中,合同应明确船方是否负担货物在港口的装卸费用。如果船方不负担装卸,则应在合同中规定装卸期限或装卸率,以及与之相应的滞期费和速遣费。如租方未能在限期内完成装卸作业，为了补偿船方由此而造成延迟开航的损失,应向船方支付一定的罚金,即滞期费。如租方提前完成装卸作业则由船方向租方支付一定的奖金,称为速遣费。通常速遣费为滞期费的一半。

②定期租船。定期租船（Time Charter）是按一定时间租用船舶进行运输的方式,又称期租船。船方应在合同规定的租赁期内提供适航的船舶,并负担为保持适航的有关费用。租船人在此期尚可在规定航区内自行调度支配船舶,但应负责燃料费、港口费和装卸费等运营过程中的各项开支。

二、铁路运输

铁路运输是仅次于海运的一种主要运输方式。运量较大,速度较快,运输风险明显小于海洋运输,能常年保持准点运营。

（1）国际铁路联运

国际铁路联运,发货人由始发站托运,使用一份铁路运单,铁路方面便根据运单将货物运往终点站交给收货人。在由一国铁路向另一国铁路移交货物时,不需收、发货人参加,亚欧各国按国际条约承担国际铁路联运的义务。

我国通往欧洲的国际铁路联运线有两条:一条是利用俄罗斯的西伯利亚大陆桥贯通中东、欧洲各国;另一条是由江苏连云港经新疆与哈萨克斯坦铁路连接,贯通俄罗斯、波兰、德国至荷兰的鹿特丹。后者称为新亚欧大陆桥,运程比海运缩短9000公里,比经由西伯利亚大陆桥缩短3000公里,进一步推动了我国与欧亚各国的经贸往来,也促进了我国沿线地区的经济发展。

（2）对港澳地区的铁路运输

对港澳地区的铁路运输按国内运输办理,但又不同于一般的国内运输。货物由内地装车至深圳中转和香港卸车交货,为两票联运,由外运公司签发“货物承运收据”。京九铁路和沪港直达通车后,内地至香港的运输更为快捷,由于香港特别行政区系自由港。放货物在内地和香港间进出,需办理进出口报关手续。

对澳门地区的铁路运输,是先将货物运抵广州南站再转船运至澳门。

三、航空运输

航空运输有其他运输无法比拟的优越性。运送速度快,运输安全准确,可简化包装节省包装费用。航空运费按 W/M方式计算,但其重量体积比为6000立方厘米比1千克（相当于6立方米/公吨）,故而实际运费计算以千克为单位。

尽管航空运费一般较高,但对体积大,重量轻的货物,采用空运反而有利。且空运计算运费的起点比海运低,运送快捷准点。所以小件货物、鲜活商品、季节性商品和贵重商品适宜采用航空运输。

航空运输方式主要有班机运输、包机运输、集中托运和航空快递业务。

（1）班机运输

班机运输（Scheduled Airline）是指具有固定开航时间、航线和停靠航站的飞机。通常为客货混合型飞机,货舱容量较小,运价较贵,但由于航期固定,有利于客户安排鲜活商品或急需商品的运送。

（2）包机运输

包机运输（Chartered Carrier）是指航空公司按照约定的条件和费率,将整架飞机租给一个或若干个包机人（包机人是指发货人或航空货运代理公司）,从一个或几个航空站装运货物至指定目的地。包机运输适合于大宗货物运输,费率低于班机,但运送时间则比班机要长些。

（3）集中托运

集中托运（Consolidation）可以采用班机或包机运输方式,是指航空货运代理公司将若干批单独发运的货物集中成一批向航空公司办理托运,填写一份总运单送至同一目的地,然后由其委托当地的代理人负责分发给各个实际收货人。这种托运方式,可降低运费,是航空货运代理的主要业务之一。

（4）航空快递业务

航空快递业务（Air Express Service）是由快递公司与航空公司合作,向货主提供的快递服务,其业务包括：由快速公司派专人从发货人处提取货物后以最快航班将货物出运,飞抵目的地后,由专人接机提货,办妥进关手续后直接送达收货人,称为“桌到桌运输”（Desk to Desk Service）。这是一种最为快捷的运输方式,特别适合于各种急需物品和文件资料。

外贸企业办理航空运输,需要委托航空运输公司作为代理人,负责办理出口货物的提货、制单、报关和托运工作。委托人应填妥国际货物托运单,并将有关报关文件交付航空货运代理、空运代理向航空公司办理托运后,取得航空公司签发的航空运单,即为承运开始。航空公司需对货物在运输途中的完好负责。

货到目的地后,收货人凭航空公司发出的到货通知书提货。

四、集装箱运输和国际多式联运

集装箱运输是指将货物装载于标准规格的集装箱内进行运输,适合于海洋运输、铁路运输和航空运输等各种运输方式。集装箱运输以其高效优质低成本的特点,成为当今最重要的一种货物装载形式。在集装箱运输的基础上,发展了把多种运输方式有机地结合起来的国际间连贯运输,即国际多式联运。

（1）集装箱运输

集装箱运输实际上是指货物运输过程中的一种装载形式。集装箱是一种能反复使用的便于快速装卸的标准化货柜。国际标准化组织推荐了三个系列十三种规格的集装箱,在国际运输中常用的集装箱规格为20英尺和40英尺两种。即IA型8’×8’×40’,IAA型8、6’×8’×40’,IC型8’×8’×20’。

集装箱按其装载货物所属货主可分为整箱货和拼箱货。整箱货（FCL）可由货方自行装箱后直接送至集装箱堆场（CY）,整箱货到达目的地后,送至堆场由收货人提取。堆场通常设在集装箱码头附近,是集装箱的中转站。

如果一家货主的货物不足一整箱,需送至集装箱货运站（CFS）由承运人把不同货主的货物按性质、流向进行拼装,称为拼箱货（LCL）。货到目的地,拼箱货（LCL）应送至货运站由承运人拆箱后分别由收货人提取。

集装箱这种交接方式应在运输单据上予以说明。国际上通用的表示方式为:

FCL/FCL或CY/CY（整装整拆）

FCL/LCL或 CY/CFS（整装拼拆）

LCL/FCL或CFS/CY（拼装整拆）

LCL/LCL或CFS/CFS（拼装拼拆）

每个集装箱有固定的编号,装箱后封闭箱门的钢绳铅封上印有号码。集装箱号码和封印号码可取代运输标志,显示在主要出口单据上,成为运输中的识别标志和货物特定化的记号。

（2）国际多式联运

“国际多式联运”是以集装箱装载形式把各种运输方式连贯起来进行国际运输的一种新型运输方式。按照《联合国国际多式联运公约》的解释,“国际多式联运”必须具备以下五个条件:

a.至少是两种不同运输方式的国际间连贯运输。

b.有一份多式联运合同。

C.使用一份包括全程的多式联运单据。

d.由一个多式联运经营人对全程运输负责。

e.是全程单一的运费费率。

国际多式联运过程中,涉及货物装卸、交接和管理等许多复杂问题,因而承办多式联运的承运人都只能在有限的几条路线上协调好多种运输方式的连贯性。我国自20世纪80年代初开展多式联运业务,已建立了数十条联运路线,但完整的管理体系和货运代理网络尚待形成。

第二节 装运条款

在对外磋商交易和签订买卖合同时,必然涉及装运条件。装运条件规定得合理和明确,是保证装运工作顺利进行和及时完成进出口任务的一个很重要的环节。如果在磋商交易和签订买卖合同时,忽略了运输问题,或对某些装运条件考虑欠周,使有关装运条款订得不适当或责任不明确,就会影响合同的履行,甚至引起各种争端。由于国际贸易货物绝大部分通过海洋运输,而且进出口合同中的海运装运条款比较复杂,因此,以下仅就海上装运条款加以说明。在买卖合同中,涉及装运方面的条款,主要有装运期、装运港和目的港、装卸时间、装卸率、装运通知、分批装运和转船等项内容。

国际货物买卖合同中的装运条款通常包括装运时间、装运港 (地)和目的港(地)、分批装运和转运、装运通知、滞期和速遣条款等内容。

一、装运时间

装运时间是买卖合同的主要交易条件,卖方必须严格按照规定时间装运货物,如果提前或延迟,均构成违约,买方有权拒收货物、解除合同,同时提出损害赔偿要求。目前常用的有以下几种规定方法。

(1)明确规定具体装运时间

明确规定具体的期限,如“Shipment during March 2003”,或规定跨月、跨季度装运。这种规定,卖方可有一定时间进行备货和安排运输,因此,在国际贸易中应用较广。

(2)规定在收到信用证后一定时间内装运

如规定“Shipment within 30 days after receipt of L/C”。对某些外汇管制较严的国家和地区,或专为买方制造的特定商品,为了防止买方不按时履行合同而造成损失,可采用这种规定方法。

(3)笼统规定近期装运

这种规定方法不规定具体期限,只是用“立即装运”、“尽速装运”等词语表示。由于这类词语在国际上无统一解释,为了避免不必要的纠纷,应尽量避免使用。

装运时间的规定应明确具体,应注意船货衔接的问题,以免造成有货无船或有船无货的局面。

二、装运港(地)和目的港(地)

装运港(Port of Shipping)是指货物起始装运的港口。装运港一般由出口方提出,经进口方同意后确定。目的港(Port of Destination)是货物最后卸货的港口。目的港则由进口方提出,经出口方同意后确定。装运港和目的港可分别规定一个,也可分别规定两个或两个以上,还可以规定选择港。

在规定装运港和目的港时应注意:装运港或目的港的规定,应力求明确具体;不接受内陆城市为装运港或目的港;应注意装卸港的具体条件;应注意国外港口有无重名问题;选择港口不宜过多,并在一条航线上等。

三、分批装运和转运

买卖合同中的分批装运和转运条款有三种:允许分批,不允许转船;允许分批及转船;允许转船,不允许分批。

(1)分批装运(PARTIAL SHIPMENT)

分批装运又称分期装运(Shipment by Installment),是指一个合同项下的货物分若干期或若干次装运。凡数量较大,或受运输、市场销售、资金等条件的限制,都可在买卖合同中规定分批装运条款。

(2)转运(TRANSHIPMENT)

转运又称转船,是指货物从装运港或发货地到目的港或目的地的运输过程中,从一运输工具卸下,再装上同一运输方式的另一运输工具;或在不同运输方式的情况下,从一种方式的运输工具卸下,再装上另一种方式的运输工具的行为。

(3)装运通知

装运通知(shipping advice)是为了促进买卖双方做好船货的衔接工作或投保工作,特别是在采用程租船运输大宗进出口货物的情况下,需要在合同装运条款中加订关于装船通知的条款。

装卸时间、装卸率和滞期、速遣条款

这三项内容通常是在采用租船运输大宗进出口货物的情况下,在合同中加以约定的条款。

①装卸时间（lay time）

装卸时间是指对大宗交易的货物在使用定程租船运输时,对完成装货和卸货任务所需要的时间和定额的规定。它一般以天数或小时数来表示。

②装卸率

装卸率指每日装卸货物的数量。装卸率的具体确定,一般应按照习惯的正常装卸速度,掌握实事求是的原则。装卸率的高低,关系到完成装卸任务的时间和运费水平,装卸率规定过高或过低都不合适。规定过高,完不成装卸任务,要承担滞期费（demurrage）的损失;反之，规定过低,虽能提前完成装卸任务,可得到船方的速遣费（despatch money）,但船方会因装卸率低,船舶在地间长而增加运费,致使租船人得不偿失。因此,装卸率的规定应适当。

③滞期费和速遣费

如果在约定的允许装卸时间内未能将货物装卸完,致使船舶在港内停泊时间延长,给船方造成经济损失,则延迟期间的损失,应按约定每天若干金额补偿给船方,这项补偿金叫滞期费。反之,如按约定的装卸时间和装卸率,提前完装卸任务。使船方节省了船舶在港的费用开支,船方将其获取的利益的一部分给租船人作为奖励,叫速遣费。按惯例,速遣费一般为滞期费的一半。滞期费和速遣费通常约定为每天若干金额,不足一天,按比例计算。

④装运条款常见示例

装运条款内容较多,常见装运条款示例如下:

a.“收到信用证后45天内装运,买方必须最迟于××天将L/C开抵卖方。”

SHIPMENT WITHIN 45 DAYS AFTER RECEIPT OF L/C、 THE BUYERS MUST OPEN THE L/C TO REACH THE SELLERS BEFORE XX (DATE)。

b.“2009年5月前装运,由上海经香港至伦敦,5000公吨分三批等量装运,每批相隔20天。”

SHIPMENT BEFORE MAY 2009 FROM SHANGHAI VIA HONG KONG TO LONDON BY CONTAINER VESSEL、 5,000M/T SHIPMENT TO BE EFFECTED IN THREE EQUAL CONSIGNMENT AT AN INTERVAL OF ABOUT 20 DAYS.

c.“2009年1/2月每月平均装运”

装运港:上海/天津

目的港:鹿特丹/安特卫普,选港附加费由买方负担。

SHIPMENT DURING JAN、/FEB、2009 IN TWO EQUAL MONTHLY LOTS、

PORT OF LOADING: SHANGHAI/TIANJIN.

PORT OF DESTINATION: ROTTERDAM/ANTWERP OPTIONAL, ADDITIONAL FEE FOR BUYER'S ACCOUNT.

案例

欧洲某公司向我国某公司购买商品3000公吨,合同规定分三批装运。我方对最后装运的1000公吨,未能在合同期限内装运,而是在期限过后3天才发传真通知买方并要求延长信用证有效期限,以便继续交货。由于国际市场行情发生了变化,买方不同意延期并向中国对外经济贸易委员会申请仲裁。问:应如何判决?

分析:此案涉及分批装运和信用证业务问题。根据《跟单信用证统一惯例》的规定,在国际贸易中,如合同中明确规定了分批数量则卖方应严格履行约定的分批装运条款,只要其中任何一批没有按时按量装运,就可以作为违反合同论处,本批和以后各批均告失败。

本案例中,由于违反最后一批货物没有按时装运,已经构成违约,而且违约后没有及时通知对方,因此根据国际商会500号出版物的规定,本批已失败,应判对方胜诉。

第三节 装运单据

在国际贸易中,货物装运后,卖方必须向买方提供有关的装运单据(Shipping Documents),作为履行合同的依据。装运单据的种类很多,其中最主要的有海运提单、铁路运单和航空运单等。这些主要的装运单据,不仅反映了买卖双方的责任与权益,而且也体现了货主与承运人之间的关系,凡交接货物和收付货物,都离不开这些单据。因此,在签订买卖合同时,必须对装运单据的种类和份数作出具体规定。

一、装运单据的种类

运输单据的种类很多,包括海运提单(Ocean Bill of Lading)、海运单(Sea Waybill)、航空运单(Air Waybill)、铁路运单(Rail Waybill)、货物承运收据(Cargo Receipt)和多式联运单据(MTD)等。装运单据是在租船装运过程之中,所用到的各种单据,一般有托运单、装货单和收货单三种:

(1)托运单

托运单是指托运人(发货人)根据买卖合同和信用证内容填写的向承运人或其代理人办理货物托运的单证。

(2)装货单

装货单(俗称下货纸)是接受人托运人提出装运申请的船公司或外轮代表公司签发给托运人,凭以命令船长将承运货物装船的单据。

(3)收货单

收货单是船公司签发给托运人的表明货物已装妥的临时收据。托运人凭收货单向外轮代理公司交付运费并换取正式提单。

(4)海运提单

海运提单的性质和作用

海运提单是承运人收到货物后出具的货物收据,也是承运人所签署的运输契约的证明,提单还代表所载货物的所有权,是一种物权凭证。

海运提单的种类

海运提单可以从不同角度,予以分类:

根据货物是否装船,可分为“已装船提单”(Shipped B/L)和“备运提单”(Received for shipment B/L)。“备运提单”上加注 “已装船注记”后,即成为“已装船提单”。

根据报单上对货物外表状况有无不良批注,可分为“清洁提单”和“不清洁提单”。国际贸易结算中,银行只接受“清洁提单”,即承运人未在提单上批注货物外表状况有任何不良情况。

根据提单“收货人”栏内的书写内容,可分为“记名提单”和“指示提单”。“提单收货人”栏,又称提单抬头,表明货物所有权的归属。记名提单,该栏记载特定收货人名称,只能由该收货人提货,不能转让。指示提单,又分不记名指示和记名指示:不记名指示提单仅填写“To order”(凭指定),必须由托运人背书后才能转让,又称“空白抬头”。记名指示提单填写“To the order of … ”(凭某某指定),该某某即为具体的指示人,提单由其背书后可以转让,通常为受托银行。背书又分两种形式:一种由有权背书人单纯签署,称为空白背书;另一种除背书人签署外,还写明被背书人(受让人)的名称,称为记名背书。在国际贸易中,通常采用“凭指示空白背书提单”,习惯上称“空白抬头、空白背书”。

船舶运营方式的不同,可分为班轮提单和租船提单。班轮握本上载明运输合同的条款,船货双方受其约束。而租船提单则受另行制定的租船合同约束,故在使用该提单时,往往要提供租船合同副本。

(5)铁路运单

铁路运输分为国际铁路联运和通往港澳的国内铁路运输,分别使用国际铁路货物联运单和承运货物收据。

国际铁路货物联运单

该运单为发送国铁路和发货人之间缔结的运输合同,运单签发,即表示承运人已收到货物并受理托运、装车后加盖承运日戳即为承运。运单正本随同货物送至终点站交收货人,是铁路同收货人交接货物,核收运杂费用的依据。运用副本加盖日戳后是卖方办理银行结算的凭证之一。

承运货物收锯

内地通过国内铁路运往港澳地区出口货物,一般都委托中国对外贸易运输公司承办、货物装车发运后,由外运公司签发一份承运货物收据给托运人,托运人以此作为结汇凭证。承运货物收据既是承运人出具的货物收据,也是承运人与托运人签署的运输契约。

（6）航空运单

航空运单是承运人与托运人之间签订的运输契约,也是承运人或其代理人签发的货物收据。航空运单不仅应有承运人或其代理人签字,还必须有托运人签字。航空运单与铁路运单一样,不是物权凭证,不能凭以提取货物,必须作成记名抬头,不能背书转让。

收货人凭航空公司的到货通知单和有关证明提货。

航空运单正本一式三份,分别交托运人航空公司和随机带交收货人,副本若干份由航空公司按规定分发。

（7）多式联运单据

多式联运单据是由承运人或其代理人签发,其作用与海运提单相似,既是货物收据也是运输契约的证明。在单据作成指示抬头或不记名抬头时,可作为物权凭证,经背书可以转让。

多式联运单据表面上和联运提单相仿,但联运提单承运人只对自己执行的一段负责,而多式联运承运人对全程负责;联运提单由船公司签发,包括海洋运输在内的全程运输,多式联运单据由多式联运承运人签发,也包括全程运输但多种运输方式中,可以不包含海洋运输。

复习思考题

一、出口合同中的交货时间一般有哪几种订法?各种订法的含义如何?在订定交货时间时应注意哪些问题?

二、国际贸易货物运输的方式有哪几种?如何选择使用?

三、什么叫班轮和租船?它们各有何特点?

四、怎样选择目的港和选择港?

五、如何计算延期费和速遣费?

六、什么是提单?提单的特点和作用是什么?

第八章　国际货运保险

国际货物运输保险,是以对外贸易货物运输过程中的各种货物作为保险标的的保险。外贸货物的运送有海运、陆运、空运以及通过邮政送递等多种途径。国际货物运输保险的种类以其保险标的的运输工具种类相应分为四类:海洋运输货物保险、陆上运输货物保险、航空运输货物保险、邮包保险。

国际贸易运输保险程序有时一批货物的运输全过程使用两种或两种以上的运输工具,这时,往往以货运全过程中主要的运输工具来确定投保何种国际贸易运输保险种类。一般遵循以下原则:

一、保险利益原则

保险利益是指被保险人对保险标的所具有的合法的利害关系。依我国保险法第12条的规定,投保人对保险标的应当具有保险利益,投保人对保险标的不具有保险利益的,保险合同无效。此原则可以使被保险人无法通过不具有保险利益的保险合同获得额外利益,以避免将保险合同变为赌博合同。保险利益可以表现为现有利益、期待利益或责任利益。

二、诚实信用原则

诚实信用原则指国际货物运输保险合同的当事人应以诚实信用为基础订立和履行保险合同,主要体现在订立合同时的告知义务和在履行合同时的保证义务上。诚实信用原则规定在我国民法通则的第4条。我国有关诚实信用原则的规定具体体现在告知义务上。在被保险人的告知义务上,我国保险法第17条与海商法第222条的规定不同,保险法采用的是有限告知主义,而海商法则采用了无限告知主义与有限告知的结合。海商法第222条第1款涉及的是无限告知,要求合同订立前,被保险人应当将其知道的或者在通常业务中应当知道的有关影响保险人据以确定保险费率或确定是否同意承保的重要情况,如实告知保险人。第2款涉及的是有限告知的情况,规定保险人知道或者在通常业务中应当知道的情况,保险人没有询问的,被保险人无需告知。依海商法第223条的规定,被保险人故意未将重要情况如实告知保险人的,保险人有权解除合同,并不退还保险费。合同解除前发生保险事故造成损失的,保险人不负赔偿责任。

三、损失补偿原则

损失补偿原则指在保险事故发生而使被保险人遭受损失时,保险人必须在责任范围内对被保险人所受的实际损失进行补偿。国际货物运输保险合同属于补偿性的财产保险合同,因此,在发生超额保险和重复保险的情况下,保险人只赔偿实际损失,因为保险的目的是补偿,而不能通过保险得利。

四、近因原则

虽然我国保险法及海商法均没有对近因原则进行明文规定,但在国际货物运输保险实践中,近因原则是常用的确定保险人对保险标的的损失是否负保险责任以及负何种保险责任的一条重要原则。

第一节　海运保险

一、海运的风险

国际贸易货物在海上运输,装卸和储存过程中,可能会遭到各种不同风险,而海上货物运输保险人主要承保的风险有海上风险和外来风险。

(1)海上风险

海上风险在保险界又称为海难,包括海上发生的自然灾害和意外事故。自然灾害是指由于自然界的变异引起破坏力量所造成的灾害。海运保险中,自然灾害仅是指恶劣气候、雷电、海啸、地震、洪水、火山爆发等人力不可抗拒的灾害。意外事故是指由于意料不到的原因所造成的事故。海运保险中,意外事故仅是指搁浅、触礁、沉没、碰撞、火灾、爆炸和失踪等。

① 搁浅是指船舶与海底,浅滩,堤岸在事先无法预料到的意外情况下发生触礁,并搁置一段时间,使船舶无法继续行进以完成运输任务。但规律性的潮涨落所造成的搁浅则不属于保险搁浅的范畴。

② 触礁是指载货船舶触及水中岩礁或其他阻碍物(包括沉船)。

③ 沉没是指船体全部或大部分已经没入水面以下,并已失去继续航行能力。若船体部分入水,但仍具航行能力,则不视作沉没。

④碰撞是指船舶与船或其他固定的、流动的固定物猛力接触。如船舶与冰山、桥梁、码头、灯标等相撞。

⑤火灾是指船舶本身,船上设备以及载运的货物失火燃烧。

⑥爆炸是指船上锅炉或其他机器设备发生的爆炸和船上货物因气候条件（如温度）影响产生化学反应引起的爆炸。

⑦失踪是指船舶在航行中失去联络,音讯全无,并且超过了一定期限后,仍无下落和消息,即被认为是失踪。

（2）外来风险

外来风险一般是指由于外来原因引起的风险。它可分为一般外来风险和特殊外来风险。

① 一般外来风险。是指货物在运输途中由于偷窃、下雨、短量、渗漏、破碎、受潮、受热、霉变、串味、沾污、钩损、生锈、碰损等原因所导致的风险。

② 特殊外来风险。指由于战争、罢工、拒绝交付货物等政治、军事、国家禁令及管制措施所造成的风险与损失。如因政治或战争因素,运送货物的船只被敌对国家扣留而造成交货不到;某些国家颁布的新政策或新的管制措施以及国际组织的某些禁令,都可能造成货物无法出口或进口而造成损失。

凡以上所指的各类风险,均属海洋运输保险所承保的范围,买方或卖方可根据需要向保险公司投保。

二、海运的损失

（1）全部损失

全部损失也被称为全损,是指全部货物都遭遇到了损失,在实际的操作过程中,还能够具体分为实际全损和推定全损。实际全损是指货物全部灭失或者变质而不再具有任何商业价值,而推定全损则是指货物遭受风险之后受损,尽管还没确认全损,但是实际全损已经不可避免,或者为了避免全损所支付的费用和继续将货物运抵目的地的费用之和超过了保险价值而确认的。

（2）部分损失

不属于全损的损失,就是部分全损了,按照造成损失的原因,部分损失还能够分为共同海损和单独海损。

共同海损是指在海洋运输过程中为了解除共同危险,有意采取合理的救难措施所直接造成的特殊牺牲和支付的费用。在船舶发生共同海损之后,凡是属于共同海损范围内的费用按照比例分摊费用,然后再向各自的保险人索赔。而不属于共同海损的损失,就是单独海损了,这些损失仅仅涉及船舶或者货物所有人的单方面利益损失。

以上就是海上货物运输损失的定义和分类介绍,想要顺利完成货物运输,一方面要在出运前根据自己的货物信息购买好完善的保险,另一方面还是应该选择一家合格的货代公司和船运公司,这样才能有效保证自己货物运输的顺利完成,避免运输过程中出现不必要的损失。

案例

某一货轮,在航行中有一船舱发生火灾,危及船、货的共同安全。经船长下令灌水灭火后,原装在该船舱内的500包棉花,除烧毁部分外,剩下部分有严重水渍,只能作为纸浆出售给造纸厂,获得的价值为原货价值的30%;原装在该舱内的500包大米,经检查后发现只有水渍损失,而无烧毁或热薰的损失,经晒干后,作为次米出售,可得价值为原价的50%。按照上述情况,棉花的损失价值占原价的70%,大米的损失价值占原价的50%。试分析:在保险业务中,这两种损失属于何种损失?

分析:

（1）棉花的损失属于实际全损。

棉花原来可以作为纺织品的原料,现在不行,只能作为纸浆造纸,完全失去使用价值,属于实际全损情况中的一种。

（2）大米的损失属于共同海损。

大米虽遭水渍,处理之后仍作次米出售,原来的用途未改变,损失的价值也只为原价值的50%,因此,只能作为部分损失。

而且大米是因救火遭受的水渍损失,而不是被火烧毁的,故属于共同海损。

案例

某货轮从天津新港驶往新加坡,在航行途中船舶货舱起火,大火蔓延到机舱,船长为了船货的共同安全,决定采取紧急措施,往舱中灌水灭火。火虽被扑灭,但由于主机受损,无法继续航行。于是船长决定雇佣拖轮将货船拖回新港修理。检修后重新驶往新加坡。事后调查,这次事件造成的损失有:①1500箱货物被火烧毁;②800箱货物由于灌水灭火受损;③主机和部分甲板被烧坏;④拖船费用;⑤额外增加的燃料和船长、船员工资。试分析:以上损失中哪些属于共同海损? 哪些属于单独海损?为什么?

（1）题中②、④、⑤属共同海损,①、③属单独海损。

（2）共同海损是指载货的船舶在海上遇到灾害或者意外事故,威胁到船、货等各方的共同安全,为了解除这种威胁,维护船货安全,或者使航程得以继续完成,由船方有意识地、合理地采取措施,所做出的某些特殊牺牲或支出的某些额外费用。而单独海损是指除共同海损以外的意外损失,即由承保范围内的风险所直接导致的船舶或货物的部分损失,仅由受损者单独承担。

三、货物保险条款与保险险别

保险险别是保险人对风险和损失的承保责任范围,它是保险人和被保险人履行权利和义务的基础,也是确认保险人承保责任大小和被保险人缴付保险费多少的依据。按《中国人民保险公司海洋运输货物保险条款》的规定,我国海运货物保险的险别包括下列几种类型:

（1）基本险别

在基本险别中,包括平安险(free from particular average,FPA)、水渍险(with particular average,WPA/WA)和一切险(all risks)三种。

①平安险

平安险是三个基本险别中承保责任范围最小的一个,承保的具体责任范围如下: 平安险(free from particular average)其英文原意是单独海损不负责赔偿,根据国际保险界的单独海损的解释,它是指部分损失,故FPA的原来保障范围只赔全部损失。但在长期实践中,对FPA的责任范围进行了补充和修订,当前FPA的责任范围已超出只赔全损的限制。

②水渍险

水渍险的责任范围,除包括上列平安险的各项责任外,还负责被保险货物由于恶劣气候、雷电、海啸、地震、洪水等自然灾害所造成的部分损失。

由此可见,水渍险承保的责任范围较大,它并不只是承保由于水渍引起的损失,同时,它也不是承保所有水渍引起的损失,例如,淡水所导致的损失不赔偿。

③一切险

一切险的责任范围,除包括平安险和水渍险的所有责任外,还包括货物在运输过程中的一般外来原因所造成的被保险货物的全损或部分损失。投保了一切险,并不是指保险公司承保了一切的风险,海运中的特殊外来原因引起的损失并不含在内。此外,投保了一切险后不必再投保一般附加险,因为已包含在内,以免增加支付不必要的保险费。由于一切险承保责任范围大,其保险费在三种基本险中也最高。《中国人民保险公司海洋运输货物保险条款》还对以上三种基本险的责任起讫作了具体规定。采用了国际保险业中惯用的“仓至仓条款”(warehouse to warehouse,W/W),即保险公司所承担的保险责任,是从被保险货物运离保险单所载明的起运港(地)发货人仓库开始,一直到货物到达保险单所载明的目的港(地)收货人的仓库时为止。当货物一进入收货人仓库,保险责任即行终止。但是,当货物从目的港卸离海轮时起算满60天,不论保险货物有没有进入收货人的仓库,保险责任均告终止。如本章引例所述,货物意外损失发生在从卖方仓库运往装运港码头途中,而不是在保险单载明的起运港(地)仓库,不符合“仓至仓条款”规定的起讫范围,故保险公司拒赔。

我方向澳大利亚出口瓷器一批,投保平安险,在装船时有10箱因吊钩脱扣而落海。问这一损失是否可以向保险公司索赔?在装卸转船过程中,被保险货物一件或数件落海而造成的全部损失或部分损失也在平安险责任范围之内。据此,可以向保险公司进行索赔。

此外,在上述三种基本险别中都明确规定了除外责任。所谓除外责任,是指保险公司明确规定不予承保的损失或费用。《中国人民保险公司海洋运输货物保险条款》规定,对于下列损失,保险人不负赔偿责任。

四、附加险别

在 海运 保险业务中,进出口商除了投保货物的上述基本险别外,还可根据货物的特点和实际需要,酌情再选择若干适当的附加险别。附加险别包括一般附加险和特别附加险。

（1）一般附加险

一般附加险承保由一般外来风险造成的损失,主要有:偷窃提货不着险、淡水雨淋险、短量险、混杂玷污险、渗漏险、碰损破碎险、串味险、受热受潮险、钩损险、包装破裂险、锈损险共11种。

一般附加险不能单独投保,只能在投保基本险别平安险和水渍险的基础上加投。

（2）特殊附加险

特别附加险是指承保由于军事、政治、国家政策法令以及行政措施等特殊外来原因所引起的风险与损失的险别。中国人民保险公司承保的特别附加险,除包括战争险和罢工险,还有交货不到险、进口关税险、舱面险、拒收险、黄曲霉素险和出口货物到香港或澳门存储仓火险责任扩展条款。

上海某单位以CIF条件从国外进口某货物一批,卖方已代办了一切险。该批货物在上海卸货后,当晚在码头被偷窃。买方能否向保险公司要求赔偿?答:可以向保险公司索赔。因为一切险中包含有偷窃提货不着险。而且一切险采用“仓至仓”条款,当晚在码头被偷窃产生的损失,应该在保险公司赔偿责任范围之内。

案例

2003年,美国某出口商与韩国某进出口商签订了一份CFR合同,规定由卖方出售小麦2000

公吨给买方。小麦在装运港装船时是混装的,共装运了5000公吨。卖方准备在船抵港后由船公司负责分拨2000公吨给买方。但载货船只在途中遇高温天气而使小麦变质,共损失2500公吨,其余2500公吨安全抵港。卖方在船抵达目的港后称出售给买方的2000公吨小麦在运输途中已全部损失,并认为根据合同CFR合同,货物风险在装运港越过船舷时已转移给买方,因此卖方不需负担2000公吨小麦的损失。买方则要求卖方执行合同,交付2000公吨的小麦。双方争执不下,于是根据合同中的仲裁条款请求仲裁解决。

仲裁机构经过取证,最后裁决:卖方不应推卸自己的责任,货物在途中的损失不能转嫁到买方。

分析:本案例是涉及国际货物买卖风险转移的典型案例。双方签订的是CFR合同。按照《国际贸易术语解释通则》的规定,CFR合同下当事人的风险转移界线是装运港船舷。本案中的货物是在运输途中遭受的风险,表面上似乎应由买方承担。但本案的特殊性在于,卖方在装船时是将5000公吨小麦混装的,在货物海运途中,买方的2000公吨货物并未从买方的其他货物中划拨出来(即货物未特定化),因此不具备风险转移的前提条件,即使货物已在装运港越过了船舷,但风险仍不发生转移,在运输途中的风险损失仍由卖方承担。

由本案可以看出,国际货物买卖中因货物风险转移发生争议时,当事人一定要综合考虑多方面的因素,具体问题具体分析,不能生搬硬套相关条文规定。本案例中因卖方并没有对合同项下的货物进行特定化(划拨),所以没有形成一般CFR合同风险转移的前提,在这种情况下,卖方引用CFR合同中关于风险转移的规定进行抗辩是没有合法的理论依据的。

第二节 陆运保险、空运保险和邮运保险

一、陆运保险

货物在陆运过程中,可能遭受各种自然灾害和意外事故。常见的风险有:车辆碰撞、倾覆和出轨、路基坍塌、桥梁折断和道路损坏,以及火灾和爆炸等意外事故; 雷电、洪水、地震、火山爆发、暴风雨以及霜雪冰雹等自然灾害;战争、罢工、偷窃、货物残损、短少、渗漏等外来原因所造成的风险。这些风险会使运输途中的货物造成损失。货主为了转嫁风险损失,就需要办理陆运货物保险。

根据中国人民保险公司制定的《陆上运输货物保险条款》的规定,陆运货物保险的基本险别有陆运险(Overland Transportation Risks)和陆运一切险(Overland Transportation All Risks)两种。此外,还有陆上运输冷藏货物险,它也具有基本险性质。

陆运险的承保责任范围同海运水渍险相似,陆运一切险的承保责任范围同海运一切险相似。上述责任范围,均适用于火车和汽车运输,并以此为限。陆运险与陆运一切险的责任起讫,也采用"仓至仓"责任条款。

陆运货物在投保上述基本险之一的基础上,可以加作附加险,如投保陆运险,则可酌情加保一般附加险和战争险等特殊附加险;如投保陆运一切险,就只需加保战争险,而不需再加保一般附加险,陆运货物在加保战争险的前提下,再加保罢工险,不另收保险费。陆运货物战争险的责任起讫,是以货物置于运输工具时为限。

陆运出口货物如由我方保险时,应按照有关规定及时向人保公司办理投保手续。陆运进口货物,则按同人保公司签订的陆运进口货物预约保险合同的规定办理投保手续。陆运货物如发生承保范围内的损失,应向保险公司提出索赔,其索赔时效,从被保险货物在最后目的地车站全部卸离车辆后起算,最多不得超过两年。

二、空运保险

货物在空运过程中,有可能因自然灾害、意外事故和各种外来风险而导致货物全部或部

分损失。常见的风险有:雷电、火灾、爆炸、飞机遭受碰撞倾覆、坠落、失踪、战争破坏以及被保险货物由于飞机遇到恶劣气候或其他危难事故而被抛弃等。为了转嫁上述风险,故空运货物一般都需要办理保险,以便当货物遭到承保范围内的风险损失时,可以从保险公司挽回损失。

本保险负责赔偿:

被保险货物在运输途中遭受雷电、火灾、爆炸或由于飞机遭受恶劣气候或其他危难事故而被抛弃,或由于飞机遭受碰撞、倾复、坠落或失踪意外事故所造成的全部或部分损失。

被保险人对遭受承保责任内危险的货物采取抢救,防止或减少货损的措施而支付的合理费用,但以不超过该批被救货物的保险金额为限。

空运保险有两个基本险别:航空运输险和航空运输一切险。

这两种保险能够对空运的货物因遭受保险责任范围内的自然灾害或意外事故所造成的损失,进行经济补偿,减少损失。

(1)航空运输险

1)负责赔偿由于下列保险事故造成保险货物的损失:

①火灾、爆炸、雷电、冰雹、暴风、暴雨、洪水、海啸、地陷、崖崩;

②因飞机遭受碰撞、倾覆、坠落、失踪(在三个月以上),在危难中发生卸载以及遭受恶劣气候或其他危难事故发生抛弃行为所造成的损失;

③因受震动、碰撞或压力而造成破碎、弯曲、凹瘪、折断、开裂的损失;

④因包装破裂致使货物散失的损失;

⑤凡属液体、半流体或者需要用液体保藏的保险货物,在运输途中因受震动、碰撞或压力致使所装容器(包括封口)损坏发生渗漏而造成的损失,或用液体保藏的货物因液体渗漏而致保藏货物腐烂的损失。

⑥遭受盗窃或者提货不着的损失;

⑦在装货、卸货时和港内地面运输过程中,因遭受不可抗力的意外事故及雨淋所造成的损失。

在发生责任范围内的灾害事故时,因施救或保护保险货物而支付的直接合理费用,但最高以不超过保险货物的保险金额为限。

航空一切险,除包括上述航空运输险的责任外,还负责由于外来原因所致的全部或部分损失。

2)除外责任

空运中被保险人需要确切了解自己的保险责任,但同时也更需要清楚空运保险中的除外

责任。由于下列原因造成保险货物的损失,保险人不负责赔偿:

①战争、军事行动、扣押、罢工、哄抢和暴动;

②反应、核子辐射和放射性污染;

③保险货物自然损耗,本质缺陷、特性所引起的污染、变质、损坏,以及货物包装不善;

④在保险责任开始前,被保险货物已存在的品质不良或数量短差所造成的损失;

⑤市价跌落、运输延迟所引起的损失;

⑥属于发货人责任引起的损失;

⑦被保险人或投保人的故意行为或违法犯罪行为;

⑧由于行政行为或执法行为所致的损失;

⑨其他不属于保险责任范围内的损失;

3）责任范围

航空运输险负责赔偿:

被保险货物在运输途中遭受雷电、火灾、爆炸或由于飞机遭受恶劣气候或其它危难事故而被抛弃,或由于飞机遭碰撞、倾覆、坠落或失踪意外事故所造成全部或部分损失。

被保险人对遭受承保责任内危险的货物采取抢救,防止或减少货损的措施而支付合理费用,但以不超过该批被救货物的保险金额为限。

（2）航空运输一切险

除包括上列空运保险责任外,本保险还负责被保险货物由于外来原因所致的全部或部分损失。

1）责任起讫

空运保险负“仓至仓”责任,自被保险货物运离保险单所载明的起运地仓库或储存处所开始运输时生效,包括正常运输过程中的运输工具在内,直至该项货物运达保险单所载明目的地收货人的最后仓库或储存处所或被保险人用作分配、分派或非正常运输的其他储存处所为止。如未运抵上述仓库或储存处所,则以被保险货物在最后卸载地卸离飞机后满三十天为止。如在上述三十天内被保险的货物需转送到非保险单所载明的目的地时,则以该项货物开始转运时终止。

由于被保险人无法控制的运输延迟、绕道、被迫卸货、重行装载、转载或承运人运用运输契约赋予的权限所作的任何航行上的变更或终止运输契约，致使被保险货物运到非保险单所载目的地时,在被保险人及时将获知的情况通知保险人,并在必要时加缴保险费的情况下,空运保险保险仍继续有效,保险责任按下述规定终止:

①被保险货物如在非保险单所载目的地出售,保险责任至交货时为止。但不论任何情况,

均以被保险的货物在卸载地卸离飞机后 满三十天为止。

②被保险货物在上述三十天期限内继续运往保险单所载原目的地或其它目的地时,保险责任仍按上述第（1）款的规定终止。

“仓至仓”条款用一个将变化的时间概念转化为比较固定的空间概念来简化了合同中关于保险期间的规定,更好的保护了保险公司和被保险人的利益。

投保

2）填写投保单

投保单是企业向保险公司申请订立保险合同的文字依据,也是保险公司签发保险单接受投保的重要依据。投保人应翔实、清楚地填写投保单的各项。

3）有关人称谓的全称填写

因为保险是否有效,同被保险人保险利益直接有关。买方为被保险人则保险责任从货物装上船才开始;反之,卖方为被保险人则保险自保单载明从启起运地运出时开始。

4）货物名称填写具体名称,不要笼统填写

标记,应与提单上所载的标记一致,特别要同刷在货物外包装上的实际标记符号相同。包装数量,要将包装的性质如箱、包、件、捆及数量都写清楚。

5）保险金额

一般按照发票金额10%加成计算,加成比例不得超过30%;国内水路、陆路货物运输可按发票金额或发票金额加运费投保。

6）运输工具

航空运输,仅写空运（或航班号）即可。

7）开航日期

有确切日期,要填写具体日期;无确切日期则填上约于X月X日。

8）提单或运单号码

航程或路程应按实际填写。

9）承保险别

要将需要投保的险别明确填写清楚,如有附加险别或与保险人有其他特别约定的也要在此栏注明。

10）货运险投保日期

应在船舶开航或运输工具开行之前。

在填写货运险投保单时还应注意,投保的险别、币值与其他条件必须与销售合同、信用证上所列保险条件一致;投保后发现投保项目有错漏,要及时向保险人申请批改,否则在发生损失后发现与货运险投保单所填情况不符,将影响保险人及时、准确的理赔。对于特殊的货物,投保人要根据保险人的要求,提供货物的有关单证(如发票、提单复印件)及必须的检验证书。

11)费用

(3)国内航空货物运输保险业务

按启运地成本价或者协商价确定。其中启运地成本价是指按货物在启运地购进时的成本价(以发票为准)或调拨价或购进价加运费、包装费、搬运费等来确定;协商价不得超过保险价值。一张投保单不同单价、不同品名的货物,保险金额应分别列明,同时须填写总保险金额。另外,也可按照增值税发票价计算保险金额,即保险金额=货价X(1+增值税)。

(4)出口航空货物运输保险业务

在国际贸易中广泛采用的装运港交货一般有三种价格:到岸价(船上交货价,即FOB价);成本加运费价(即CFR价);到岸价(包括成本加运费加保险费,即CIF价)。

一般来说,各国保险法及国际贸易惯例一般规定出口货物运输保险的保险金额在CIF货价基础上适当加成,加成率一般是10%,也可以与被保险人约定不同的加成率,但一般不超过30%。保险金额=CIF货价X(1+加成率)。

如果是CFR报价,则应折算成CIF价,CIF=CFR/[1-(1+加成率)X保险费率];如果是FOB报价,则需先在FOB价中加入运费,变成CFR后,再折算成CIF价。

保险金额以进口货物的CIF价格为准,若要加成投保,可以加成10%为宜。若按CFR或FOB条件进口,则按特约保险费率和平均运费率直接计算保险金额。

按CFR进口时:保险金额=CFR价格X(1+特约保险费率);按FOB进口时:保险金额=FOB价格X(1+平均运费率+特约保险费率)。

(5)理赔

货物一旦出险,请提供以下文件:

运单原件(正本运单)

保险单(正本)

航空公司出示的破损及丢货证明,保险单上所注明当地保险公司所出示的丢货或货的破损证明及照片,正本箱单及发票、

A.被保险人:请详细填写被保险人公司全称

B.标记: 如有唛头请详细填写

C.包装及数量: 在此栏中请详细填写包装种类及数量,如属玻璃易碎品请事先通知,按保险公司要求进行包装

D.保险货物项目:请详细将中英文品名填写入此栏,如有其它特殊或附加名称也请详细填写

E.保险金额（%）:以人民币填写

F.运输工具:请以by air、by sea、by car字样填写（如是海运,请用英文写明船名及船期）

G.以出港日期为准

H.提单号:真实的运单号

I.赔付地点:详细地址

J.FROM:详细地址

K.TO:详细地址

L.承保险别:需要保何种保险,请在此注明

M.投保人签章:填单人

三、邮运保险

邮运包裹保险是承保邮包在运输途中因自然灾害、意外事故和外来原因所造成的损失。

根据中国人民保险公司《邮包保险条款》的规定,邮包保险的基本险别有邮包险和邮包一切险。由于邮包运输可能通过海、陆、空3种运输方式,因此保险责任也兼顾了海、陆、空3种运输工具的情况。

（1）邮运包裹保险的险别

①邮包险(parcel post risks)的承包责任范围是被保险邮包在运输途中,由于遭受恶劣气候、雷电、流冰、海啸、地震、洪水等自然灾害,或由于运输工具搁浅、触礁、沉没、碰撞、出轨、坠落、失踪,或由于失火和爆炸等意外事故所造成的全部或部分损失。还负责被保险人对遭受承保责任内危险的邮包采取抢救、防止或减少货损的措施而支付的合理费用,但以不超过该批被救邮包的保险金额为限。

②邮包一切险(parcel post all risks)包括邮包限的责任外,还负责被保险邮包在运输途中由于外来原因所致的全部或部分损失。

（2）邮运包裹保险的责任范围

邮包险的承保责任范围是保险公司负责赔偿被保险邮包在运输途中,由于恶劣气候、雷电、海啸、地震、洪水等自然灾害,或由于运输工具搁浅、触礁、沉没、碰撞、倾覆、坠落、失踪、失火和爆炸等意外事故所造成的全部或部分损失。此外,还包括海运途中共同海

损的牺牲、分摊和救助费用。

邮包一切险的承保责任范围是保险公司除承担上述邮包险的全部责任外,还对由于一般外来原因所造成的包括被偷窃、短少等全部或部分损失负责赔偿。

邮包险和邮包一切险的除外责任与海洋运输货物险的除外责任基本相同。

（3）邮运包裹保险的责任起讫

邮包险和邮包一切险的承保责任期限是自被保险邮包离开保险单所载起运地点寄件人的处所运往邮局时开始生效,直至被保险邮包运达保险单所载明的目的地邮局,自邮局签发“到货通知书”当日午夜起算满15天为止,但在此期限内邮包一经递交至收件人的处所时,保险责任即告终止。

陆上、航空、邮包运输货物,除上述种种基本险别外,还可加保战争险和罢工险等特殊附加险。

（4）我国邮包运输保险的基本做法

在办理国际邮包运输时,应当正确选用邮包的保价与保险。凡经过保价的邮包,一旦在途中遗失或损坏,即可向邮政机构按保价金额取得补偿。因此,对寄往办理保价业务的国家,可予保价。鉴于有些国家和地区不办保价业务,或有关邮政机构对保价邮包损失赔偿限制过严,或保价限额低于邮包实际价值,则可采取保险,也可采取既保险又保价的做法。根据中国人民保险公司规定,凡进行保价的邮包,可享受保险费减半收费的优待。我国通过邮包运输进口的货物,按邮包运输进口货物预约保险合同的规定办理投保手续。

案例

某货轮船舱起火,并蔓延到机舱。船长为了船货的共同安全,下令往舱内灌水。大火被扑灭。由于主机受损,无法继续航行。船长雇用拖轮把船舶拖往就近港口修理,修好后继续驶往目的港。这次损失共有:（1）1000箱货物被烧毁;（2）600箱货物被浇湿;（3）主机和部分甲板被烧坏;（4）拖轮费用;（5）额外增加的燃料及船员工资。试分析:哪些是共同海损?哪些是单独海损?投保何种险别,保险公司应付全部责任?

分析共同海损:（2）（4）（5）

单独海损:（1）（3）

投保水渍险或一切险即可获得全部赔偿

案例

货轮不慎搁浅,事后船长下令开倒车,强行起浮。货船轮机受损并划破船底,海水渗入船舱,船货部分受损。在就近港口修理时卸下大部分货物,共占用一周时间,增加了包括船员工资在内的各项费用开支。船舶修复后装上暂时卸载的货物重新启航。启航后不久，A舱起火,船长下令灌水灭火。灭火后发现一部分儿童玩具被烧毁,另一部分儿童玩具和全部茶叶被浸湿。试分析:哪些是共同海损?哪些是单独海损?应投保何种险别可以获得保险公司的全部赔偿?

分析属于共同海损的是:修理费用、装卸费用、船员工资等开支;被浸湿的部分儿童玩具及全部茶叶。

属于单独海损的是:被烧毁的儿童玩具。

只要投保水渍险或一切险即可获得保险公司的全部赔偿。

第三节 国际货运代理

根据《中华人民共和国国际货物运输代理行业管理规定》,国际货运代理（International freight forwarding agent）是指国际货运代理组织接受进出口货物收货人、发货人的委托,以委托人或自己的名义,为委托人办理国际货物运输及相关业务,并收取劳务报酬的经济活动。另有,同名图书《国际货运代理》。

国际货运代理协会联合会（ FIATA）的定义:国际货运代理是根据客户的指示,并为客户的利益而揽取货物运输的人,其本身并不是承运人。国际货运代理也可以依这些条件,从事与运输合同相关的活动,如储货（也含寄存）、报关、验收和收款等。中国最早对货运代理给予明确定义的是商务部1992年7月13日颁布的《关于国际货物运输代理行业管理的若干规定》，所下的定义是:国际货物运输代理是介于货主与承运人之间的中间人,是接受货主或承运人的委托,在授权范围内办理国际货物运输业务的企业。1995年6月29日国务院批准颁布的《中华人民共和国国际货物运输代理行业管理规定》给予了明确定义:国际货运代理是指接受进出口收货人、发货人的委托,以委托人的名义或以自己的名义,为委托人办理货物运输及相关业务并收取服务报酬的行业。

一、为发货人服务

货代代替发货人承担在不同货物运输中的任何一项手续:

（1）以最快最省的运输方式,安排合适的货物包装,选择货物的运输路线。

（2）向客户建议仓储与分拨。

（3）选可靠、效率高的承运人,并负责缔结运输合同。

（4）安排货物的计重和计量。

（5）办理货物保险。

（6）货物的拼装。

（7）装运前或在目的地分拨货物之前把货物存仓。

（8）安排货物到港口的运输,办理海关和有关单证的手续,并把货物交给承运人。

（9）代表托运人/进口商承付运费、关税税收。

（10）办理有关货物运输的任何外汇交易。

（11）从承运那里取得各种签署的提单,并把他们交给发货人。

（12）通过与承运人于货运代理在国外的代理联系,监督货物运输进程,并使托运人知道货物去向。

二、为海关服务

当货运代理作为海关代理办理有关进出口商品的海关手续时,它不仅代表他的客户,而且代表海关当局。事实上,在许多国家,他得到了这些当局的许可,办理海关手续,并对海关负责,负责早发定的单证中,申报货物确切的金额、数量、品名,以使政府在这些方面不受损失。

三、为承运人服务

货运代理向承运人及时定舱,议定对发货人、承运人都公平合理的费用,安排适当时间交货,以及以发货人的名义解决和承运人的运费账目等问题。

四、为航空公司服务

货运代理在空运业上,充当航空公司的代理。在国际航空运输协会议空运货物为目的,而制定的规则上,他被指定为国际航空协会的代理。在这种关系上,他利用航空公司的货运手段为货主服务,并由航空公司付给佣金。同时,作为一个货运代理,他通过提供适于空运程度的服务方式,继续为发货人或收货人服务。

五、为班轮公司服务

货运代理与班轮公司的关系,随业务的不同而不同,近几年来由货代提供的拼箱服务,即拼箱货的集运服务已建立了他们与班轮公司及其他承运人（如铁路）之间的较为密切的联系,然而一些国家却拒绝给货运代理支付佣金,所以他们世界范围内争取对佣金的要求。

随着国际贸易中级装运输的增长,引进集运和拼箱的服务,在提供这种服务中,货代担负起委托人的作用。集运和拼箱的基本含义是:把一个出运地若干发货人发往另一个目的地的若干收货人的小件货物集中起来,作为一个整件运输的货物发往目的地的货代,并通过它把单票货物交各个给收货人。货代签发提单,即分提单或其他类似收据交给每票货的发货人;货代目的港的代理,凭初始的提单交给收货人。拼箱的收、发货人不直接与承运人联系,对承运人来说,货代是发货人,而货代在目的港的代理是收货人。因此,承运人给货代签发的是全程提单或货运单。如果发货人或收货人有特殊要求的话,货代也可以在出运地和目的地从事提货和交付的服务,提供门到门的服务。

六、多式联运服务

在货代作用上,集装箱化的一个更深远的影响是他介入了多式联运，这是他充当了主要承运人并承担了组织一个单一合同下,通过多种运输方式进行门到门的货物运输。它可以以当事人的身份,与其他承运人或其他服务提供者分别谈判并签约。但是,这些分拨合同不会影响多时联运合同的执行,也就是说,不会影响发货人的义务和在多式联运过程中,他对货损及灭失所承担的责任。

七、责任分类

（1）以纯粹代理人的身份出现时的责任划分

货代公司作为代理人,在货主和承运人之间做牵线搭桥的作用,由货主和承运人直接签运输合同。货代公司收取的是佣金,责任小。当货物发生灭失或损坏的时候,货主可以直接向承运人索赔。

（2）以当事人的身份出现时的责任划分

①货代公司以自己的名义与第三人(承运人)签订合同。

②在安排储运时使用自己的仓库或者运输工具。

③安排运输、拼箱集运时收取差价。

以上这三种情况,对于托运人来说,货运代理则是作为承运人,应当承运人的责任。

（3）以无船承运人的身份出现时的责任划分

当货运代理从事无船承运业务并签发自己的无船承运人提单时,便成了无船承运经营人,被看做是法律上的承运人,他一身兼有承运人和托运人的性质。

（4）以多式联运经营人的身份出现时的责任划分

当货运代理负责多式联运并签发提单时便成了多式联运经营人(MTO),被看作是法律上的承运人。

八、飞机运输方式

（1）联合国《多式联运公约》规定MTO对货物灭失或延迟交付的赔偿责任

①对于货物灭失或损坏的赔偿限额最多不超过每件或每运输单位920SDR,或每公斤不得超过275SDR,以较高者为准。但是国际多式联运如果根据合同不包括海上或内河运输,则MTO的赔偿责任按灭失或损坏货物毛重每公斤不得超过833SDR计算单位。

②对于货物的迟延交付,规定了90天的交货期限,MTO对迟延交货的赔偿限额为迟延交付货物运费的2.5倍,并不能超过合同的全程运费。

（2）我国《海商法》规定MTO对货物灭失或延迟交付的赔偿责任

①对于货物灭失或损坏:每件或者每个其他运输单位666.67SDR,或按照灭失或损坏的货物毛重,每公斤2SDR,以两者中较高的为准;

②对于迟延交付,我国的《海商法》规定货物交付期限为60天,MTO迟延交付的赔偿限额为迟延交付货物的运费数额,但承运人的故意或者不作为而造成的迟延交付则不享受此限制。

第四节 国际货运保险合同流程

一、国际货物运输保险合同的订立

国际货物运输保险合同的订立是由被保险人以填制投保单的形式向保险人提出保险要求,即要约,经保险人同意承保,并就货物运输保险合同的条款达成协议后(即承诺后),保险合同即成立。投保单中须列明货物名称、保险金额、运输路线、运输工具及投保险别等事项。保险人应当及时向被保险人签发保险单或者其他保险单证,并在保险单或其他保险单证中载明当事人双方约定的合同内容。

二、国际货物运输保险合同的内容

国际货物运输保险合同的内容主要包括下列几项:保险人名称;被保险人名称;保险标的;保险价值;保险金额;保险责任和除外责任;保险期间;保险费。

（1）国际货物运输保险合同的当事人。国际货物运输保险合同的当事人为保险人和被保险人。保险人是保险合同中收取保险费,并在合同约定的保险事故发生时,对被保险人因此而遭受的约定范围内的损失进行补偿的一方当事人。被保险人是指在保险范围内的保险事故发生时受到损失的一方当事人。国际货物运输保险合同中的投保人一般也是被保险人。

（2）国际货物运输保险合同的保险标的。国际货物运输保险合同的保险标的主要是货物,包括贸易货物和非贸易货物。

（3）保险价值。保险价值是被保险人投保的财产的实际价值。投保人在投保时需说明所要投保的标的的价值,而准确地确定标的的实际价值是很困难的,因此,保险价值通常是由被保险人与保险人协商确定的。这个价值是估算形成的,因此它可以是标的的实际价值,也可能与实际价值有一定的距离。

（4）保险金额。保险金额是指保险合同约定的保险人的最高赔偿数额。当保险金额等于保险价值时为足额保险;当保险金额小于保险价值时为不足额保险;当保险金额大于保险价值时为超额保险。财产保险中的保险金额通常以投保财产可能遭遇损失的金额为限,即不允许超额保险,因为保险是以损失补偿为原则的,如果允许超额保险就等于被保险人可以通过保险赚钱。正因为如此,法律规定保险金额不得超过保险价值,超过保险价值的,超过部分无效。

（5）保险责任。保险责任是保险人对约定的危险事故造成的损失所承担的赔偿责任。“约定的危险事故”就是保险人承保的风险。保险人承保的风险可以分为保险单上所列举的风险和附加条款加保的风险两大类,前者为主要险别承保的风险,后者为附加险别承保的风险。

（6）除外责任。除外责任就是保险人不承保的风险。保险所承保的是一种风险,所谓风险就是可能发生,也可能不发生。如果该风险必然发生则保险人是不承保的,因此,自然损耗这种必然发生的风险保险人通常会约定不予承保。市价跌落引起的损失属于间接损失,保险人也往往将其列入除外责任的范围。此外,被保险人的故意行为或过失造成的损失,属于发货人责任引起的损失等不是由于自然灾害、意外事故或约定的人为风险引起的损失,保险人也不予承保。

（7）保险期间。保险期间也就是保险责任的期间。保险责任的期间有三种确定方法:

①以时间来确定,例如规定保险期间为1年,自某年、某月、某日起至某年、某月、某日止。

②以空间的方法来确定,例如规定保险责任自货物离开起运地仓库起至抵达目的地仓库止。

③以空间和时间两方面来对保险期间进行限定的方法,例如:规定自货物离开起运地仓库起至货物抵达目的地仓库止,但如在全部货物卸离海轮后60日内未抵达上述地点,则以60日期满为止。

（8）保险费和保险费率。保险费率是计算保险费的百分率。保险费率有逐个计算法和同类计算法之分。船舶保险的保险费率通常采用逐个计算法来确定,每条船舶的保险费率由保险公司依该船舶的危险性大小,损失率高低及经营费用的多少来确定。同类计算法是指对于某类标的,保险人均采用统一的保险费率的方法。保险费是投保人向保险人支付的费用。保险费等于保险金额乘保险费率。

三、国际货物运输保险合同的变更和终止

国际货物运输保险合同的变更,是指在运输货物保险合同主体不变的情况下,对合同中原约定的某些内容进行的改变。国际货物运输保险合同的内容需要修改时,被保险人可以向保险人提出申请,由保险人出具保险批单,保险批单的效力大于保险单正文的效力。

保险合同的终止可以由于各种原因。引起国际货物运输保险合同终止的情况主要有以

下几种:

（1）自然终止,是指保险单的有效期限已届满。

（2）义务已履行而终止,依保险单的规定,保险人已履行了赔偿责任,保险单的责任即告终止。

（3）违约终止,是指保险人因被保险人的违约行为而终止保险合同。

（4）因危险发生变动而终止。

（5）保险标的因保险事故之外的原因而灭失,从而使保险合同终止。

四、委付与代位求偿

（1）委付。委付发生在保险标的出现推定全损的情况下。当保险标的出现推定全损时,被保险人可以选择按部分损失向保险人求偿或按全部损失求偿。当被保险人选择后者时,则由被保险人将保险标的权利转让给保险人,而由保险人赔付全部的保险金额。这种转让保险标的权利的做法被称为委付。对于保险人来说,可以接受委付,也可以不接受委付。

（2）代位求偿权。如果保险标的的损失是由于第三者的疏忽或过失造成的,保险人依保险合同向被保险人支付了约定的赔偿后,即取得了由被保险人转让的对第三者的损害赔偿请求权,也就是代位求偿权。我国保险法和海商法均规定了被保险人在保险人行使代位求偿权时应履行的义务,如提供必要的文件,协助保险人向第三者追偿,不得因放弃或过失而侵害保险人行使代位求偿权等。在代位求偿的名义上,依海事诉讼特别程序法第94条的规定,保险人应以自己的名义向第三人提起诉讼。

五、保险程序和保费

在国际货物买卖过程中,由哪一方负责办理投保国际贸易运输保险,应根据买卖双方商订的价格条件来确定。例如按FOB条件和CFR条件成交,保险即应由买方办理国际运输保险;如按CIF条件成交,保险就应由卖方办理国际运输保险。办理国际贸易运输保险的一般程序是:

（1）确定投保国际运输保险的金额

投保金额是诸保险费的依据,又是货物发生损失后计算赔偿的依据。按照国际惯例,投保金额应按发票上的CIF的预期利润计算。但是,各国市场情况不尽相同,对进出口贸易的管理办法也各有异。向中国人民保险公司办理进出口货物运输保险,有按两种办法:一种是逐笔投保;另一种是按签订预约保险总合同办理。

（2）填写国际运输保险投保单

保险单是投保人向保险人提出投保的书面申请,其主要内容包括被保险人的姓名、被保险货物的品名、标记、数量及包装、保险金额、运输工具名称、开航日期及起讫地点、投保险别、投保日期及签章等。

（3）支付保险费,取得保险单

保险费按投保险别的保险费率计算。保险费率是根据不同的险别、不同的商品、不同的运输方式、不同的目的地,并参照国际上的费率水平而制订的。它分为"一般货物费率"和"指明货物加费费率"两种。前者是一般商品的费率,后者是指特别列明的货物(如某些易碎、易损商品)在一般费率的基础上另行加收的费率。

交付保险费后,投保人即可取得保险单(insurance policy)。保险单实际上已构成投保人与保险人之间的保险契约,是投保人对保险人的承保证明。在发生保险范围内的损失或灭失时,投保人可凭保险单要求赔偿。

（4）提出索赔手续

当被保险的货物发生属于保险责任范围内的损失时,投保人可以向保险人提出赔偿要求。按INCOTERMS1990 E组、F组、C组包含的8种价格条件成交的合同,一般应由买方办理索赔。按INCOTERMS1990 D组包含的5种价格条件成交的合同,则视情况由买方或卖方办理索赔。

被保险货物运抵目的地后,收货人如发现整件短少或有明显残损,应立即向承运人或有关方面索取货损或货差证明,并联系保险公司指定的检验理赔代理人申请检验,提出检验报告,确定损失程度;同时向承运人或有关责任方提出索赔。属于保险责任的,可填写索赔清单,连同提单副本、装箱单、保险单正本、磅码单、修理配置费凭证、第三者责任方的签证或商务记录以及向第三者责任方索赔的来往函件等向保险公司索赔。索赔应当在保险有效期内提出并办理,否则保险公司可以不予办理。

（5）保费计算

①出口

在国际贸易中广泛采用的装运港交货一般有三种价格:离岸价（船上交货价,即FOB价）;成本加运费价（即CFR价）;到岸价（包括成本加运费加保险费,即CIF价）。

一般来说,各国保险法及国际贸易惯例一般规定出口货物运输保险的保险金额在CIF货价基础上适当加成,加成率一般是10%,也可以与被保险人约定不同的加成率,但一般不超过30%。保险金额=CIF货价X（1+加成率）。

如果是CFR报价,则应折算成CIF价,CIF=CFR/[1-（1+加成率）X保险费率];如果是FOB报价,则需先在FOB价中加入运费,变成CFR后,再折算成CIF价。

②进口

保险金额以进口货物的CIF价格为准,若要加成投保,可以加成10%为宜。若按CFR或FOB条件进口,则按特约保险费率和平均运费率直接计算保险金额。

按CFR进口时:保险金额=CFR价格X（1+特约保险费率）;按FOB进口时:保险金额=FOB价格X（1+平均运费率+特约保险费率）。

六、保障责任

国际货物运输保险的保障责任,也是以海洋运输货物保险为基础,其险别种类主要分为:①平安险(FPA),主要承保自然灾害和意外事故导致货物的全部损失以及运输工具遭受搁浅、触礁、沉没、互撞、与流水或其他物体碰撞、失火以及爆炸等意外事故造成的货物全部或部分损失。此外,对装卸转运时货物落海的损失,施救费用,特别费用以及共同海损的牺牲、分摊和救助费用,也予负责。②水渍险（WA或WPA）,除包括平安险的各项责任外,还负责自然灾害造成货物的部分损失。③一切险(All Risks),除包括平安险和水渍险的各项责任外,还负责外来原因造成货物的部分和全部损失。陆运险、空运险和邮包险只分基本险和一切险两种险别,没有平安险一栏,它们的保障范围分别与海运险中的水渍险和一切险基本相同。但考虑到不同运输方式可能遭受的不同风险,增加了车辆的倾覆、出轨、飞机的坠落等责任。联运险分别按货物装载的不同运输工具,依照相应的货物运输保险负责。战争险和罢工险可以作为附加险加保,战争险分海洋、陆上、航空、邮包4种,主要负责由于战争、类似战争行为和敌对行为、武装冲突或海盗行为（见公海）以及捕获（见捕获法）、拘留、扣留、禁制、扣押所造成的损失。此外,对常规武器包括水雷、鱼雷、炸弹造成的损失也予负责。罢工险主要对罢工直接造成的货物损失负责。

属于一切险范畴内的附加险有:偷窃提货不着险,淡水雨淋险,短量险,沾污险,渗漏险,碰损破碎险,串味险,受潮受热险,钩损险,包装破裂险和锈损险。如果不保一切险,这11种附加险的每一种都可以在平安险或水渍险的基础上单独加保。不属一切险范畴内的特别附加险有:交货不到险、进口关税险、舱面险、拒收险等,即使保了一切险仍需另行申请,逐一加保。各种货物运输保险都有除外责任,它规定对保险人的故意行为,发货人的责任,保险责任开始前就已存在的损失,货物本质问题和市价跌落,运输延迟引起的损失或费用均不负赔偿责任。保险期限都采取“仓至”仓起讫责任,即从保险单载明起运地的发货人仓库开始运输时生效,直到货物运抵保险单载明目的地收货人的最后仓库为止,但最多不能超过货物卸离海轮60天的期限。同时对被保险人无法控制的非正常运输如运输延迟、绕道、被迫卸货、重新装载以及航程变更等可以扩展负责,在需要的情况下,保险公司可以另行加费。作为被保险人不能因为保了货物运输险就放松对被保险货物应尽的责任。被保险人的义务是,及时提货、履行向第三者的追偿责任、对受损货物进行施救保护,保险情况有了变化要及时向保险公司申报以及索赔时要提供必要的单证。

中国的国际货物运输保险使用的都是中国保险条款(CIC)。在国际保险市场上比较通用的保险条款是伦敦保险协会条款（ICC）。这一条款在1981年1月1日生效的新条款中作了比较重大的改革,将原来的平安险、水渍险和一切险的传统险别,分别改为(A)、(B)、(C)3种险别。“(A)险”负责一切外来风险造成的损失,“(B)险”负责条款列举的自然灾害和意外事故、水损、抛弃、冲击落海以及装卸事故造成的损失,“(C)险”比“(B)险”少了地震、火山爆发、电击、水损和装卸事故造成的损失。这种划分责任的方法,责任比较明确。随同条款的改革,对200多年来被国际保险市场广泛采用的英国船货保险单也作了根本性的修改,取代的是货物和船舶单独使用的简明保险单,便于各方理解,有利于业务的开展。

保险同运输一样,已经成为国际贸易的必要组成部分。货物从卖方送到买方手中,要通过运输来完成,在这一过程中如遭遇意外损失,则由保险人进行经济补偿,以保证贸易的正常进行。各种对外贸易价格条件,都需明确保险和运输由谁办理。例如国际上通用的离岸价格(FOB)和成本加运费价(C&F)中不包括保险费,保险由买方自理;而到岸价格(CIF)中包括保险费,由卖方办理(见对外贸易价格条件)。保险之所以成为国际贸易所必需,是因为它将运输过程中不可预料的意外损失,以保险费的形式固定下来,计入货物成本,可以保证企业的经济核算和经营的稳定,避免由于意外损失引起买卖双方和有关利益方面之间的经济纠纷;可以使保险公司从自己经营成果考虑,注意对承保货物的防损工作,有利于减少社会财富损失;进出口贸易的货物在本国保险,还可以增加国家无形贸易的外汇收入。

案例

我国某公司以CIF条件出口一批丝绸,合同签订后,买方发来电传,称合同规定的目的港最近经常发生暴乱,要求我方办理保险时加保战争险。问:我方应如何处理?

评析:

我方可以在买方负担费用的情况下代办战争险。如果买方不负担费用,那卖方应予拒绝。而且,在无相互明确协议时,卖方只需按《协会货物保险条款》或其他类似的保险条款中最低的险别投保。本案例中,在合同签订后,买方发来电传要求我方办理保险时加保战争险,这说明合同中没有规定要卖方投保战争险。所以卖方可在买方负担费用的情况下代办战争险。

如果买方不负担费用。那卖方应予以拒绝。

复习思考题

一、在国际贸易中为什么要办理货运保险?

二、我国海洋运输保险有哪三种基本险?试写出中文名称和英文简称。上述三种基本险别的责任范围有什么不同?

三、附加险有哪些险别?试举例说明在投保海运一切险时,是否包括上述所举的附加险?

四、什么叫全损?全损有哪几种?有什么规定?

五、国际货运代理有什么优势?

课外拓展

国际货物运输投保单

投保人 Insurance applicant：		
*被保险人 Insured：		
*发票号/提单号 Invoice No./B/L.No.：		
*标记 Marks & Nos.：	*包装与数量 Packing&Quantity：	*货物名称 Description of Goods：
*币种与保险金额 currency & Amount Insured：	加成率 Addition rate：	总保险金额 Total Amount Insured：
*起运日期 Slg.on or abt.：	*装载运输工具 Per conveyance S.S.：	
*运输路线： 自 From：	中转地 via：	至 To：
是否有信用证要求：		
是否有赔款偿付地点要求：		
其它要求：		
投保申明： 1、 本投保人兹声明上述各项内容真实有效。 2、 保单生效具体日期以已生效的保单所显示的具体日期为准。 3、 确认投保货物运输保险后不得申请退保或以任何理由注销。 4、 本投保人已详细阅读《保险条款》，并特别就条款中有关【责任免除】及【特别约定】、投保人、被保险人义务的内容进行阅读并了解，本投保人特此同意接受条款全部内容。		
日期：	*投保人签章：	
注：带*号为必填项		

中国人民保险公司杭州市分公司

The People's Insurance Company of Chin

Hangzhou Branch

PICC

总公司设于北京　　一九四九年创立

Head Office Beijing　　Established in 1949

货物运输保险单

CARGO TRANSPORTATION INSURANCE POLICY

发票号(INVOICE NO.)		保单号次 POLICY NO.
合同号(CONTRACT NO.)		
信用证号(L/C NO.)		

被保险人：Insured:

中国人民保险公司(以下简称本公司)根据被保险人的要求，由被保险人向本公司缴付约定的保险费，按照本保险单承保和背面所载条款与下列特款承保下述货物运输保险，特立本保险单。

THIS POLICY OF INSURANCE WITNESSES THAT THE PEOPLE'S INSURANCE COMPANY OF CHINA (HEREINAF CALLED "THE COMPANY") AT THE REQUEST OF THE INSURED AND IN CONSIDERATION OF THE AGRI PREMIUM PAID TO THE COMPANY BY THE INSURED,

UNDERTAKES TO INSURE THE UNDERMENTIONED GOODS IN TRANSPORTATION SUBJECT TO THE CONDITIONS OF

THIS OF THIS POLICY AS PER THE CLAUSES PRINTED OVERLEAF AND OTHER SPECIL CLAUSES ATTACHED HERE(

标　记 MARKS&NOS	包装及数量 QUANTITY	保险货物项目 DESCRIPTION OF GOODS	保险金额 INSUR

总保险金额 TOTAL AMOUNT INSURED:					
保费：PERMIUM:	AS	启运日期		装载运输工具：	
自 FROM:		经 VIA		至 TO	
承保险别：CONDITIONS:					

所保货物,如发生保险单项下可能引起索赔的损失或损坏,应立即通知本公司下述代理人查勘。如有索赔,应向本公司提交保本(本保险单共有 份正本)及有关文件。如一份正本已用于索赔，其余正本自动失效。

IN THE EVENT OF LOSS OR DAMAGE WITCH MAY RESULT IN A CLAIM UNDER THIS POLICY, IMMEDIATE NOTICE

MUST BE GIVEN TO THE

COMPANY'S AGENT AS MENTIONED HEREUNDER. CLAIMS,IF ANY,ONE OF THE ORIGINAL POLICY WHICH HAS BEEN ORIGINAL (S) TOGETHER WITH THE RELEVENT DOCUMENTS SHALL BE SURRENDERED TO THE COMPANY . IF OF THE ORIGINAL POLICY HAS BEEN

地址(ADD)：中国杭州体育场路 27 号人保大厦 17-18 楼

ADD:17-18, FLOORSPICC BUILDING,27,TIYUCHANG ROAD,HANGZHOU, CHIAN　　电话(TEL): (0571)8528421(

邮编(POST CODE): 310004　　传真(FAX): (0571)85284217

第九章 贸易货款结算

国际贸易中,货物和金钱的相对给付是不可能由买卖双方当面完成的。卖方发货交单,买方凭单付款,以银行为中介,以票据为工具进行结算,是当代国际结算的基本特征。结算过程中买卖双方所承受的手续费用、风险和资金负担则是双方选择结算方式所考虑的主要因素。

在国际贸易中,进出口货款如何支付是一个复杂的问题,也是买卖双方密切关心的重要问题之一。

两个不同国家的当事人, 不论是个人间的、单位间的、企业间的或政府间的,因为商品买卖、服务供应、资金调拨、国际借贷而需要通过银行办理的两国间外汇收付业务,叫作国际结算。

国际贸易经常发生贷款外结算,以结清买卖双方间的债权债务关系,称为国际贸易结算。它是建立在商品交易货物与外汇两清基础上的结算,又称为有形贸易结算, 是以票据为基础,单据为条件,银行为中枢,结算与融资相结合的非现金结算体系。

第一节 支付工具和支付形式

一、结算形式

(1)汇付

①汇付定义:remittance,又称汇款,是最简单的国际贸易货款结算方式。采用汇付方式结算货款时,卖方将货物发运给对方后,有关货运单据由卖方自行寄送买方,而买方则径自通过银行将货款交给卖方。

②汇付风险表现形式:

1)赊销(O/A Open Account):是出口商将货物发送给进口商,在没有得到付款或付款承诺的情况下,就将货物运输单据交给进口商,让进口商提取货物的一种结算方式。这种先货后款的方式是一种给了进口商较大信用、较长融资时间的结算方式。在这种情况下,出口商能否得到货款,完全依赖于进口商的信誉,一旦进口商违约,就会出现钱货两空的局面。而进口商则在没有支付任何货款的情况下得到了货物,并且可以按照自己的意愿处理货物。

2)货到付款:出口商先行将货物出运,在进口商收到货物后再将货款汇付给出口商。货到付款具体又可以分为寄售和售定两种,在付款时间点上两者有细微的差别,但是都是出口商向进口商提供的单方融资渠道,并且出口商还要承担进口商拒付的风险。在国际贸易实务中,多用售定方式,即买卖双方签订合同,在进口商收到货物后立即将全部货款以电汇的形式付给出口商。

3)预付货款:进口商先将货款汇交出口商,出口商在收到货款后再发货给进口商的方式,多见方式为预付定金。

③汇付风险的防范:

1)对客户进行有效的资信调查,弄清对方的资信情况,仅和那些资信可靠、经营作风正派的贸易商采用汇付结算方式。

2)在预付货款的交易中,进口人为了减少预付风险,采用凭单付汇的做法。进口人将货款汇付给汇入行,并指示汇入行凭出口人提供的某些指定的单据和装运单据付款给出口人。因此对进口人来说,比一般的汇付方式多了一层保障,对出口人来说,只要按时交货交单就可以拿到全部货款。

对于预付定金,一般为合同总值的25%~30%,或者以起运地到目的港所需运输费用的两倍或者略高一点。这样做,首先预付金并不算多,如果是有一定信用的进口商,这种方式并不会触及其根本利益,从而体谅出口商的苦衷而给予配合;其次,进口商预付了货款,就在一定程度上受到了牵制,即使日后想毁约,也会考虑其预付金而勉强履约。退一步而言,就算进口商到时真的不提货、不付款,出口商还可以降价销售或用其他办法处理,其损失的部分可用进口商的预付金来补偿,最坏结果也可以将货物全部运回。

(2)托收

①托收定义:collection,根据《托收统一规则》,托收定义如下:托收是指由接到委托指示的银行处理金融单据和/或商业单据以便取得承兑或者付款,或者凭承兑或者付款交出商业单据,或凭其他条件交出单据。

②托收风险的表现形式:

1)进口商的信用风险和代收行银行风险。在市场行情不好的情况下,进口商会找借口拒收货物拒付货款;还有可能与代收行串通,或者伪造代收行单据骗取提货。

2)进口国的政治风险。进口商可能会因为进口国的战争骚乱、罢工、未能取得出口许可证、进口国的外汇管理等原因造成不能按时付款。这些都属于出口商需要考虑的进口商所处国家的政治风险。

3）财务风险。一旦进口商拒绝付款收汇失败,出口商即使在掌握物权的情况下,也不得不独自承担相关的财务损失。例如:货物转售的价格损失;目的港的仓储、提取和保险费等,货物存储时间过长还可能腐败变质;实在不能转售,还不得不承担往返的运费；等等。

③托收风险的防范:

1）加强对进口商和进口商银行的信用审查。详细调查客户的信用状况及代收行银行的可靠程度。

2）投保出口信用险以转嫁出口收汇风险。出口信用保险是一国政府为鼓励和扩大出口而以财政资金作后盾,由专门保险机构向出口商提供的保证其收汇安全的一种政策性风险保障制度,是一种政策性保险业务,它所保障的风险是一般商业保险公司不愿或不能承保的境外商业信用风险或政治风险等。

3）多种结算方式结合,预收部分货款以降低收汇风险。根据委托代理理论的观点,为使代理人有足够的激励去自动选择有利于委托人的行动,就必须在合同的设计中让代理人也承担一部分不确定的风险,并从这种风险承担中获得相应的补偿。所以,为了确保托收方式下的收汇安全,出口商可以预收一定的预付金,余额用D/P即期的方式收汇。预付金的比例和汇付一样,一般为合同总值的25%~30%为宜。

（3）信用证

①信用证的定义:letter of credit,即由一家银行依照客户的要求和指示或自身的名义,在符合信用证条款的条件下,凭规定单据,向第三者或其指定人付款,或承兑并付受益人出具的汇票;或授权另一家银行进行该项付款、或承兑并支付该汇票;或授权另一家银行议付。

②信用证风险的表现:

1）开证行信用风险。信用证虽然是银行信用,但是也不是绝对安全的。在一些国家银行的成立不像中国这样严格,并且需要有注册资本的限制,国外银行的所有权也大多是私有性质的,在这种情况下,银行的资信非常重要。进口商会同一小银行或者根本不存在的银行联合进行诈骗是完全可能的。

2）信用证硬条款风险。在信用证的规定格式中,有许多的硬性条款,这些构成信用证的基本要素,如受益人、有效期、装运期、交单期、议付行等,任何一个条款的细微变化都可能给出口商带来麻烦。

3）信用证软条款风险。在信用证业务中,进口商或开证行有可能利用信用证只关注单据这一特点设置“陷阱条款”,或称为信用证软条款。

4）单据风险。信用证是一种单据买卖,实行的是凭单付款的原则。首先,银行审单只要“单单一致,单证一致”就会把货款付给出口方而不管实际货物是否符合进口方的要求。其次,如果单证可能完全做到一致,就会出现单据不符。对于单据不符包括两种情况,UCP500也有明确的规定:一是无关紧要的不符;二是名副其实的不符。无关紧要的不符是指虽然单据表面与信用证不符,却可以视为相符的不符点,这种不符点单据仍可为银行所接受。名副其实的不符,即构成可以拒收拒付的单证不符。包括单据不符合信用证条款的规定;单据不符合 UCP500的规定;单据之间相互矛盾三种情况。该类型不符点单据的后果是开证行解除了单证相符条件下的付款责任,将银行信用证转为商业信用证,也就给进口商提供了拒付的理由。

（4）总述

国际贸易错综复杂,由于交易双方在不同的地域、国家,所以更加增加了贸易结算的困难。不论采用哪种国际贸易结算方式,最基本前提是对贸易方的资信状况要了解清楚,只有双方有良好的信誉,才能促使贸易的顺利完成。在贸易结算方式的选择上,尽量规避风险比较大的方式,积极采用保险或者多重结算方式抵消风险,一旦采用某种结算方式,要尽可能地考虑到风险隐患并较早采取相应措施,保护自身利益。

案例

我某公司向日本A客商出口一批货物,A商按时开来不可撤销即期议付信用证,该证由设在我国境内的外资B银行通知并加具保兑。我公司在货物装运后,将全套合格单据交B银行议付,收妥货款。但B银行向开证行索偿时,得知开证行因经营不善已宣布破产。于是,B银行要求我公司将议付款退还,并建议我方直接向买方索款。问:我方如何处理?为什么?

分析:我方不能退还已经议付的货款。

《跟单信用证统一惯例》规定,信用证支付方式是一种银行信用,开证行承担第一付款人责任。如果信用证中加列了保兑银行,保兑行与开证行对信用证承担同等付款责任。只要出口商交付了全套合格单据,保兑行必须议付货款,然后保兑行再向开证行议付。由于保兑行对开证行的资质和信用审核疏忽,造成开证行难以向保兑行议付货款,这与出口商无任何关系。

二、结算方式

信用证结算方式、汇付和托收结算方式、银行保证函、各种结算方式的结合使用。

（1）信用证结算方式

信用证（letter of credit）简称L/C）方式是银行信用介入国际货物买卖价款结算的产物。它的出现不仅在一定程度上解决了买卖双方之间互不信任的矛盾,而且还能使双方在使用信用证结算货款的过程中获得银行资金融通的便利,从而促进了国际贸易的发展。因此,被广泛应用于国际贸易之中,乃至成为当今国际贸易中的一种主要的结算方式。

信用证是银行作出的有条件的付款承诺,即银行根据开证申请人的请求和指示,向受益人开具的有一定金额并在一定期限内凭规定的单据承诺付款的书面文件;或者是银行在规定金额、日期和单据的条件下,愿代开证申请人承购受益人汇票的保证书。属于银行信用,采用的是逆汇法。

案例

我公司对外出口1000公吨大豆,国外开来信用证规定:不允许分批装运,装运港:天津/新港。我公司在规定的期限内分别在大连、新港各装500公吨于第195航次的“东风”号轮,提单也注明了不同的装运地和不同的装船日期。在向银行交单时遭拒付。问:银行是否有权拒付?

分析: 银行有权拒付。信用证是严格的单证业务,只有单证一致、单单一致,银行才付款。而我公司提交的提单中装运港的名称与信用证不符,所以有权拒付。

(2)汇付与银行保函或信用证结合

汇付与银行保函或信用证结合使用的形式常用于成套设备、大型机械和大型交通运输工具(飞机、船舶等)等货款的结算。这类产品,交易金额大,生产周期大,往往要求买方以汇付方式预付部分货款或定金,其余大部分货款则由买方按信用证规定或开加保函分期付款或迟期付款。

此外,还有汇付与托收结合、托收与备用信用证或银行保函结和等形式。我们在开展对外经济贸易业务时,究竟选择哪一种结合形式,可酌情而定。

(3)担保支付

电子商务是伴随着互联网的普及而产生的新型贸易方式,使网上交易磋商、签订合同、报关、报检、保险、运输、结汇成为可能;电子商务突破传统贸易方式以单项物流为主的运作格局,实现网上货物、信息、货币的三流一体,解除了传统贸易活动中物质、时间、空间、支付等问题对交易双方的限制,对传统的贸易方式产生了强大冲击。在国际贸易领域,电子商务作为一种新兴的贸易操作方式,拓展了国际贸易的空间和场所,缩短了国际贸易的距离和时间,简化了国际贸易的程序和过程,使国际贸易活动全球化、智能化、无纸化和简易化,实现了划时代的深刻变革。其中支付宝就是电子商务在国际贸易结算方式应用的一个重要实例。支付宝这个第三方支付平台,作为安全、快捷、方便的网上支付,打开了制约我国电子商务发展的瓶颈。作为电子商务的重要关联产业,其重要性日益凸显。目前,支付宝是我国最大的第三方支付平台。支付宝网站是国内先进的网上支付平台,由全球最佳B2B公司阿里巴巴公司创办,致力于为网络交易用户提供优质的安全支付服务。因此随着技术的不断的发展,支付宝必将成为未来国际贸易中重要的结算方式。

三、票据种类

国际贸易中使用的票据包括汇票、本票、支票,以使用汇票为主。

(1)汇票是由一人向另一人签发的书面无条件支付命令,要求对方(接受命令的人)即期或定期或在可以确定的将来时间,向某人或指定人或持票来人支付一定金额。汇票可以分为以下几种:

按出票人的不同

银行汇票(Banker's draft)是出票人和付款人均为银行的汇票。

商业汇票(Commercial draft)是出票人为企业法人、公司、商号或者个人,付款人为其他商号、个人或者银行的汇票。

按有无附属单据

光票汇票、跟单汇票。

光票(Clean bill)汇票本身不附带货运单据,银行汇票多为光票。

跟单汇票(Documentary bill)又称信用汇票、押汇汇票,是需要附带提单、仓单、保险单、装箱单、商业发票等单据,才能进行付款的汇,商业汇票多为跟单汇票,在国际贸易中经常使用。

按付款时间

即期汇票、远期汇票

即期汇票(sight bill,demand bill)是指持票人向付款人提示后对方立即付款,又称见票即付汇票。

远期汇票(time bill,usance bill)是在出票一定期限后或特定日期付款。在远期汇票中,记载一定的日期为到期日,于到期日付款的,为定期汇票,记载于出票日后一定期间付款的,为计期汇票;记载于见票后一定期间付款的,为注期汇票;将票面金额划为几份,并分别指定到期日的,为分期付款汇票。

按承兑人

商号承兑汇票、银行承兑汇票。

商号承兑汇票(commercial acceptance bill)是以银行以外的任何商号或个人为承兑人的远期汇票。

银行承兑汇票（banker’s acceptance bill）承兑人是银行的远期汇票。

按流通地域

国内汇票和国际汇票。

（2）本票

本票是一人向另一人签发的,保证即期或在可以预料的将来时间,由自己无条件支付给持票人一定金额的票据。

本票又可分为商业本票和银行本票。商业本票是由工商企业或个人签发的本票,也称为一般本票。商业本票可分为即期和远期的商业本票，一般不具备再贴现条件,特别是中小企业或个人开出的远期本票,因信用保证不高,因此很难流通。银行本票都是即期的。在国际贸易结算中使用的本票大多是银行本票。

（3）支票

支票是银行为付款人的即期汇票。具体说就是出票人（银行存款人）对银行（受票人）签发的,要求银行见票时立即付款的票据。出票人签发支票时,应在付款行存有不低于票面金额的存款。如存款不足,持票人提会遭拒付,这种支票称为空头支票。开出空头支票的出票人要负法律责任。

支票可分为:

记名支票:出票人在收款人栏中注明“付给某人”,“付给某人或其指定人”。这种支票转让流通时,须由持票人背书,取款时须由收款人在背面签字。

不记名支票:又称空白支票,抬头一栏注明“付给来人”。这种支票无须背书即可转让,取款时也无须在背面签字。

划线支票:在支票的票面上划两条平行的横向线条,此种支票的持票人不能提取现金,只能委托银行收款入账。

保付支票:为了避免出票人开空头支票,收款人或持票人可以要求付款行在支票上加盖“保付”印记,以保证到时一定能得到银行付款。

转账支票:发票人或持票人在普通支票上载明“转账支付”,以对付款银行在支付上加以限制。

第二节　结算风险

随着国际贸易业务的不断发展,当事人通常位于两个甚至两个以上不同的国家,货款的收付涉及外汇的使用,使用的票据涉及各国的票据法律和国际惯例的适用问题,交易的环节越来越多,信用证结算方式可能遇到的风险也越来越大。另外,国际上到目前为止,尚没有影响较大的国际公约,以国内法及国际惯例《UCP500》加以规范,最近又新增了《UCP600》,《UCP600》改变了《UCP500》分类不科学,次序排列不足,语言繁杂欠精练等,虽然《UCP600》(共39条)比《UCP500》减少了10条,但却比《UCP500》更加准确、清晰;更加易读易掌握,最主要的区别是取消了可撤销信用证的规定,信用证一律不可撤销,虽然是这样,现在信用证也面对着很多严峻的问题。因此,了解信用证结算的风险,并采取相应的对策防范,有效地防止信用证结算所带来的影响,已成为我国各企业亟待解决的问题。中国的贸易公司主要以信用证结算方式出口,但是信用证结算中存在多种风险,总结及规避风险对企业来说具有十分重要的意义。

一、信用证本身的风险

信用证本身的风险主要产生于信用证的严格相符原则,严格相符指的是银行只根据表面上符合信用证条款的单据承担付款责任。这种表面上符合不能有任何差异即“单证一致”。同时银行还要求单据与单据之间也应一致即“单单一致”。按照《UCP500》第13条规定:“单据之间表面互不一致,即视为表面与信用证条款不符”。如果不能满足“严格相符原则”银行就可以拒付进口方因此也无须付款赎单。以前国际上就信用证的“严格相符原则”没有统一的、权威的法律明文规定,各国之间存在着不同的理解,但是自《UCP600》出台以来我们可以从中看到关于单证相符的标准《UCP600》专门规定了何为“相符的交单”,将单据与信用证相符的要求细化为“单内相符,单单相符,单证相符”,强调要与信用证条款、适用的惯例条款以及国际银行标准实务相符合。

在信用证交易中银行办理付款、承兑等是以单据为依据,但在实际操作中因单据内容的复杂或开证银行开立的信用证条款不清以及各国法律规范、文字含义、贸易习惯等的不同,造成单证不符、单单不一的现象时有发生。从而导致信用证拒付严重影响货物买卖合同的履行,近年来的调查表明大约76%跟单信用证下的单据因与信用证不符或表面不符而被拒收。这一付款方式并非尽善尽美,由于信用证适用领域的跨国性及银行审单时强调的是信用与基础贸易分离的书面形式上的认证,银行的付款与买方的收货在信用证交易中是两个毫无瓜葛的环节,因而暴露了信用证特征下存在的明显局限性。这就给不法分子以可乘之际,据统计,世界上每年因信用证受诈骗而无法收回的货款,占总额的2%~8%,金额高达200多亿美元,在中国对外贸易中,每年因欺诈造成的经济损失数目也极其庞大,严重影响了我国的进出口贸易。

案例

我国某外贸公司与外商签订一出口合同,其中包装条款规定,以新麻袋包装。之后,买方所在地银行开来了即期不可撤销信用证,我方业务员审证时发现,信用证的包装条款规定:以麻袋包装。经综合考虑后,我方决定以信用证规定为准准备货物,在包装中使用了新、旧不同的麻袋,货物装船后,我外贸公司以全套合格单据向银行议付了货款。买方收到货物后,以包装不符合合同规定为由向我方提出索赔。问:我方应否赔偿?说明理由。

分析:

我方不能赔偿。

本题是一个较简单的案例,涉及信用证与合同的关系以及信用证性质。

(1)从信用证与合同的关系来看,信用证虽然是以合同为依据开立的,但信用证一经开出,就成为独立自主文件不受买卖合同的约束。

(2)从信用证性质来看,首先,信用证是一种银行信用开证行承担第一付款人责任。其次,信用证是一种独立自主文件,即使信用证提及该合同,银行也与该合同无关,且不受其约束,开证行和参加信用证业务的其他银行只按信用证的规定办事。最后,信用证是一种单据买卖,开证行只根据表面上符合信用证条款的单据付款,实行所谓“严格符合原则”,不仅做到“单证一致”,即受益人提交的单据在表面上与信用证规定的条款一致,还要做到“单单一致”,即受益人提交的各种单据之间表面上一致。

(3)从上述两点可以看出,我方要想从开证行(付款行)收到货款,必须严格按照信用证的规定备货和制单。从原则上看,我方的做法是对的。

(4)我方在处理上也有不妥之处,就是在发现信用证与合同不符时,应该合理应付,应该与买方合同内容再进行核对,或者要求对方改证,以避免日后出现争议。

二、可转让信用证带来无法收汇的风险

所谓的可转让信用证(transferable L/C)是指开证行授权有关银行在受益人的要求下,可

将信用证的全部或一部分金额转让给第三者（即第二受益人）使用的信用证。可转让信用证由开证行在证中注明“可转让”字样,否则不得转让,可转让信用证只限转让一次。如信用证允许分批装运,在总和不超过信用证金额的前提下,可分别转让给几个第二受益人。如信用证不准分运,则限转让给一个第二受益人。可转让贸易主要适用于中间贸易,中间商为了赚取差额利润,通常要求开立可转让信用证转让给实际受货人或者供货人。

中间贸易中有中间商可能在转让信用证中加列免责条款,将风险转嫁给出口商。例如:转让行加列了这样的条款:“假使所有提交的单据符合本证条款,在收到开证行的款项时,我行将按你行指示汇给你行。转让人或我行均不承担任何迟付和转递利息之责,若有的话,由议付行索赔。”这实际上是转让行的免责条款,名义上是信用证,实质是托收方式,若原开证行资信不好,出口商很可能要受损失。

案例

我外贸公司向美国达力公司出口冷冻牛肉60公吨,每公吨CIF价3000美元。合同规定数量可以增减10%。达力公司按时开来信用证,信用证规定:数量约60公吨,总金额180000美元。我公司发货时,按合同和信用证规定,实际装运62公吨,缮制货物发票表明:数量62公吨,总金额186000美元。当我国外贸公司持单到银行办理议付时,却遭到了银行拒付。问银行是否有权拒付?说明理由。

分析：银行有权利拒付。此案例涉及信用证与合同关系问题和数量条款以及审证责任问题。

从信用证特点上看,信用证虽然是依据货物买卖合同而开立的,但信用证一旦开出,它就成为独立于合同之外的另一种契约,不再受合同约束。信用证所涉及的银行审核的是信用证而不是合同。只要卖方所交单证符合信用证要求,议付行就不得拒付货款。而且数量条款属于合同和信用证上的主要条款,卖方所交货物数量必须符合信用证规定。因此银行拒绝付款是应该的。

卖方在审核买方开来信用证时,发现信用证上的数量条款与合同不符时应该要求对方改证,何况买方开来的信用证上只是使用一个“约”字,总金额明确为180000美元,其实就是规定为60公吨。因此,由于卖方审证疏忽或不严,责任应该由自己承担。

三、信用证结算方式下银行给出口商带来的的风险

信用证的性质属银行信用,是开证行以自己的信用作保证,以确保货款的支付。但是并非所有的开证行都资信可靠,如果开证银行一旦宣布破产对于信用证的受益人来说,将产生很大的影响。另外如果开证行的资信较差极有可能使出口商在提交了与信用证要求相一致的单据后遭到开证行的无理拒付,我们考虑开证行能不能承担第一性付款责任的时候,我们要考察:

（1）开证行的规模大小、资产组合是否合理、管理是否科学影响其信用往往开证申请人本身资信就比较差,其选择的开证银行资信也可能较弱,从而极有可能使中国的贸易公司在提交了与信用证要求相一致的单据后,遭到开证行的无理拒付。由于各国金融体制、金融机构设立条件,对不同金融机构业务范围的规定办法等情况比较复杂。例如:我们在中国粮食贸易公司遇到的例子一家开证行开出一张100多万美元的信用证,而其美元资产只占很少部分,如果遇到汇率变动,又没有其他银行支持的情况,该信用证的开证行就可能无理拒付受益人货款。

（2）开证行所在地经济、金融形势影响开证行,世界界经济形势,尤其是开证行所在国家或地区经济情况的变化,影响着该国或地区的经济、金融政策,继而对开证行的业务处理办法发生影响。例如,在经济发展比较健康时,开证行对单据中出现的一些非实质性的不符点（标点符号错误、不应有的空格等）可能不会追究,而在经济比较萧条,货币政策紧缩时则再小的不符点也可能成为开证行拒付的理由,在极端情况下,也可能出现开证行不加任何解释,拒付货款情况。

（3）开证行所在国家或地区的特殊业务做法以及司法干预影响开证行,根据信用证业务的业务程序,在即期信用证条件下,开证行应在开证申请人付款后再交单。但一些客商在信用证中要求中粮将正本提单一份用特快专递的办法寄交申请人,从而使申请人在赎单前,能够提前提货,提货后又以货物不符合合同规定为由而拒绝付款,或直接向当地法院上述,要求冻结其在银行的有关帐户,在此情况下,即使中粮提交的单据完整,开证行并未拒付,中粮也无法及时收回有关货款。

四、信用证结算方式下进口商给出口商带来的风险

进口商带来的风险我们往往看成是最重要的风险,也是最容易出现的风险,因为我们与对方公司相隔较远,不能很好地了解其他企业的情况,所以中国粮食贸易公司贸易业务中的风险损失也是更多地出现在这个环节。

复习思考题

一、什么叫汇票?汇票有哪些种类?

二、什么叫汇付?汇付有哪几种?有什么区别?

三、什么叫托收?托收有哪几种?在托收使用方面应注意什么问题?

四、什么叫信用证?信用证和托收的主要区别在哪里?

五、信用证的特点是什么?注意有哪些风险?

课外拓展

人民币结算的意义

人民币贸易结算是指将人民币直接使用于国际贸易国际贸易,进出口均以人民币计价和结算,居民可向非居民支付人民币,允许非居民持有人民币存款账户。

2009年4月8日,国务院召开常务会议,决定在上海市和广东省广州、深圳、珠海、东莞4城市开展跨境贸易人民币结算试点。专家认为,这将扩大人民币在国际贸易体系中的使用范围和地位。

人民币贸易结算两种模式

代理模式主要是指中资行委托外资行作为其海外的代理行,境外企业在中资企业的委托行开设人民币账户的模式。

清算模式主要是指在中资行境内总行和境外分支行之间进行的业务,即境外企业在中资行境外分行开设人民币账户。

人民币贸易结算的实质

人民币贸易结算本质上是本币用于国际结算。本币作为国际结算货币即本币在国际贸易中执行计价和结算的货币职能,是在居民与非居民进行国际贸易时,进出口合同以本国货币计价;居民向非居民可以用本币支付,并且允许非居民持有本国货币存款账户以便进行国际结算。

在实践中,进出口合同以特定货币计价,基本上反映了该国在国际经济交流中的重要性和该国货币在世界货币格局中的地位,同时也取决于国际市场的习惯以及融资的便利性。为此,进出口合同如果能以本国货币计价,说明该国经济在世界经济中占有重要的地位,该国货币取得了较高的国际地位。另外,由于国际贸易金额通常较大,贸易结算总是以银行账户存款的转划进行,而采用现金结算一般仅限于小额的边境贸易或者违法的黑市交易中,严格地说,它并不表明其货币真正执行了国际结算职能。

人民币贸易结算的多重价值

贸易的人民币计值与结算,涉及海外的代理行和海外的进出口商。首先,海外代理行应在国内的商业银行开立往来账户,从国内商业银行获得人民币融资。其次,海外的进出口商愿意接受人民币计值与结算,在其海外代理行开立人民币账户,但它很可能没有人民币存款,因此代理行应向它提供人民币信贷额度。当人民币的国际贸易结算推广开后,会形成人民币的初始需求,并将随着贸易量的波动而波动。

在采用人民币结算的情况下,从宏观上来看,当一国或地区对中国的贸易长期逆差时,就会表现为对中国的人民币负债增加,中国则表现为对该国或地区的人民币债权增加。该国或地区要偿还对中国的负债,或者是增加对中国的出口,或者是减少从中国的进口,或者是用中国可以接受的储备货币偿还。

同样,当一国或地区对中国长期顺差时,就拥有对中国的人民币债权,在人民币未成为主要的储备货币之前,该国应该不想拥有大量的人民币债权,可能会要求中国以其他储备货币偿还一定的债务。

国际贸易的人民币结算对中国货币政策的意义在于,当中国经济有较大的顺差、人民币看好时,这些顺差不会通过结汇,一方面转化为大量的外汇储备,另一方面增加国内的人民币流通量。当然,这一前提是两地的人民币能得到适当的分隔。同样,当中国经济有较大的逆差时,在人民币未成为主要储备货币下,债权国会要求用其他储备货币偿付,减少人民币的海外需求,减少国内的货币流通量。

因此,国际贸易的人民币结算,有助于平衡全球经济中储蓄与消费、顺差与逆差的关系,长远看将有利于全球经济与金融的稳定。

人民币贸易结算的意义

从宏观层面分析,国际贸易人民币结算一是有利于加强我国对外经济、贸易和投资往来,促进我国经济更好地融入世界经济。

二是,有利于进一步完善人民币汇率形成机制。人民币在区域范围内用于国际结算之后,币值有了更大范围和更新角度的参照标准,这有利于人民币汇率形成机制的完善。

三是有利于促进国际货币体系多极化发展。2008年百年一遇的金融危机暴露了国际货币体系的弱点。因此,促进人民币用于国际结算,提升人民币的国际地位,有利于逐步改变以美元为中心的国际货币体系,抑制其弊端和负面影响。

四是有利于促进我国金融业的发展与开放,有利于增强我国在国际市场上的金融资源配置能力。

五是有利于加快推进上海国际金融中心建设。随着人民币用于国际结算范围和规模的发展,上海将可能逐步成长为区域性人民币清算中心,这样上海的金融功能将更为完备,同时将带动其他金融功能进一步发展,从而推动上海逐步树立其国际金融中心的地位。

人民币贸易结算的实例评析

“如果一家境内企业想从境外进口价值340万元的货物,这家公司最终得为这批货物支付多少钱?340万吗?”不,这条看似简单的数学题,在实际生活中很可能并不那么简单。

因为按照中国目前的贸易结算机制,境内企业和境外企业发生贸易只能采用非人民币币种结算。这就意味着,企业在贸易过程中必须承担汇率风险。

以上述340万元的货物为例,如果两家企业签订协议时约定用美元（1美元兑6.8元人民币）计价,即支付50万美元;但实际上,等到对方货物在10天后运到,境内企业最终支付的成本很可能是342.5万元。原因是,此时从银行购买美元的汇率已经变为1美元兑6.85元人民币。

这样的情况并不少见,尤其在汇市极为动荡的2008年,不少企业更是深受其害。不过,这一现状很快就会有所改观。同样以上述交易为例。随着跨境贸易人民币结算推出,只要这家企业在上海或者广东(广州、深圳、珠海、东莞)的四个城市,今后它就可以选择使用人民币结算,无论其他币种怎么波动,它为这批货物支付的成本永远是340万元。

目前有能力让境外企业接受使用人民币结算的境内企业并不在少数。今后,这些企业完全可以让境外企业按需要承担相应的汇率风险。而受益于人民币贸易结算的企业远非进出口企业。

对于那些母公司在境内,但在海外（尤其是东南亚地区）有投资的中资企业;或是母公司在境外,但在境内有一定投资规模的企业来说,今后他们自己母公司和子公司之间也可以直接使用人民币贸易结算,再不用再平白无辜地遭受汇率风险。

第十章　商品检验

商品检验（Commodity Inspection）是指商品的产卖方、买方或者第三方在一定条件下,借助于某种手段和方法,按照合同、标准或国内外有关法律、法规、惯例,对商品的质量、规格、重量、数量、包装、安全及卫生等方面进行检查,并做出合格与否或通过验收与否的判定或为维护买卖双方合法权益,避免或解决各种风险损失和责任划分的争议,便于商品交接结算而出具各种有关证书的业务活动。

商品检验目的是运用科学的检验技术和方法,正确地评定商品质量。任务是从商品的用途和使用条件出发,分析和研究商品的成分、结构、性质及其对商品质量影响,确定商品的使用价值;拟定商品质量指标和检验方法,运用各种科学的检测手段评定商品质量,并确定是否符合规定标准的要求;研究商品检验的科学方法和条件,不断提高商品检验的科学性、精确性、可靠性,使商品检验工作更科学化、现代化;探讨提高商品质量的途径和方向,促进商品质量的提高,并为选择适宜的包装、保管和运输方法提供依据。在进出口贸易中尤为重要。

第一节　检验的作用和方法

国际贸易中,卖方所交货物的品质、数量、包装等必须符合合同规定。因而在买卖双方交接货物过程中,对商品进行检验并出具检验证书,是一个不可缺少的环节。

商品可以由买卖双方自行检验。但在国际贸易中,大多数场合下买卖双方不是当面交接货物,而且在长途运输和装卸过程中,又可能由于各种风险和承运人的责任而造成货损。为了便于分清责任,确认事实,往往需要由权威的、公正的商检机构对商品进行检验并出具检验证书以资证明。这种由商检机构出具的检验证书,已成为国际贸易中买卖双方交接货物、结算货款、索赔和理赔的主要依据。

此外,各国法律和《联合国国际货物销售合同公约》都对买方的检验权作了相似的规定:除非合同另有规定,当卖方履行交货义务以后,买方有权对货物进行检验,如果发现货物与合同规定不符,而且确属卖方的责任,买方有权向卖方表示拒收,并有权索赔。

《公约》等规定的买方检验权，是一种法定的检验权,它服从于合同的约定,买卖双方通常都在合同中对如何行使检验权的问题作出规定,即规定检验的时间和地点，主要有以下五种做法:

在出口国产地检验。发货前,由卖方检验人员会同买方检验人员对货物进行检验,卖方只对商品离开产地前的品质负责。离产地后运输途中的风险,由买方负责。

在装运港（地）检验。货物在装运前或装运时由双方约定的商检机构检验,并出具检验证明,作为确认交货品质和数量的依据,这种规定,称为以“离岸品质和离岸数量”为准。

目的港（地）检验。货物在目的港（地）卸货后,由双方约定的商检机构检验,并出具检验证明,作为确认交货品质和数量的依据,这种规定,称为以“到岸品质和到岸数量”为准。

买方营业处所或用户所在地检验。对于那些密封包装、精密复杂的商品，不宜在使用前拆包检验,或需要安装调试后才能检验的产品,可将检验推迟至用户所在地,由双方认可的检验机构检验并出具证明。

出口国检验,进口国复检。按照这种做法,装运前的检验证书作为卖方收取货款的出口单据之一,但货到目的地后,买方有复验权。如经双方认可的商检机构复验后,发现货物不符合合同规定,且系卖方责任,买方可在规定时间内向卖方提出异议和索赔,直至拒收货物。

上述各种做法,各有特点,应视具体的商品交易性质而定。但对大多数一般商品交易来说,“出口国检验,进口国复验”的做法最为方便而且合理,因为这种做法一方面肯定了卖方的检验证书是有效的交接货物和结算凭证,另一方面又确认买方在收到货物后有复权,这符合各国法律和国际公约的规定。我国对外贸易中大多采用这一做法。

国际上的检验机构,有官方的,也有民间私人或社团经营的。官方的检验机构只对特定商品（粮食、药物等）进行检验,如美国食品药物管理局（FDA）。国际贸易中的商品检验主要由民间机构承担,民间商检机构具有公证机构的法律地位。比较著名的有:瑞士日内瓦通用鉴定公司（SGS)、日本海外货物检验株式会社（OMIC）、美国保险人实验室（UL）、英国劳合氏公证行（Lloyd's Surveyor）、法国船级社（B.V）以及香港天祥公证化验行等。

我国进出口商品检验主要由官方的“中华人民共和国商品检验局”（SACI）及其分支机构承担,此外还有各种专门从事动植物、食品、药品、船舶、计量器具等官方检验机构。

1980年成立的中国进出口商品检验总公司（CCIC）及其分公司,是接受国家委托从事进出口商品检验的具有法人资格的公司。我国商检机构和一些国外检验机构建立了委托代理关系（如SGS）或合资检验机构（如OMIC）。外国检验机构经批准也可在我国设立分支机构,在指定范围内接受进出口商品检验和鉴定业务。

按我国《商品检验法》规定,我国商检机构基本任务有三项:

法定检验、商检机构依据国家的法律、行政法规的规定,对进出口商品实施强制性的检验。

按规定属于法定检验的出口商品,未经检验合格,不准进口;属于法定检验的进口商品,未经检验者,不准销售、使用。

实施法定检验的商品由《商检机构实施检验的进出口商品种类表》和其他法律法规加以规定。

公证鉴定。应国际贸易关系人的申请,商检机构以公证人的身份,办理规定范围内的进出口商品的检验鉴定业务,出具证明,作为当事人办理有关事务的有效凭证。比如品质、数量证明;残损鉴定和海损鉴定;车、船、飞机和集装箱的运载鉴定;普惠制产地证。

实施监督管理。商检机构通过行政管理手段,对进出口商品有关企业的检验部门和检验人员进行监督管理;对生产企业的质量体系进行评审;对进出口商品进行抽查检验等,是我国商检机构对进出口商品执行检验把关的重要手段。

第二节 检验条款

检验条款主要包括检验权、检验机构与检验证书、检验时间与地点以及检验的方法与标准等内容,现将有关内容分别介绍如下。

一、检验权和复验权

检验权(Right of lnspeciion)是指买卖双方对商品进行检验的权利。即究竟是由卖方还是买方来决定商品的品质、数量、包装是否符合合同规定的问题。目前,在国际贸易中有以下几种做法:

(1)离岸品质、重量(或数量,下同)(Shipping Quality,weight)

由买卖双方在合同中规定,出口货物在装船前进行品质的检验和数量的衡量,以装船口岸商检机构出具的品质证明书和重量证明书作为决定商品品质、重量和包装的最后依据。在采用这种做法时,买方在货物到达目的港后,虽然可以委托检验机构对货物进行检验,但原则上无权对品质和数量提出异议。这种做法对卖方比较有利,它可以使卖方免予负担货物在运输途中品质或重量发生变化的风险。我国各进出口公司在出口贸易中,常采用这种做法,以维护我们的正当权益。其具体做法是,在合同中明确规定,以装船口岸中国进出口商品检验局出具的商品检验证书作为品质、数量的最后依据。如规定:双方同意以装船口岸中国进出口商品检验局所签发的品质/数量证明书作为“最后依据”,这种规定虽然没有载明“离岸品质、重量”的字样,但由于使用了“最后依据”的文句,这就意味着买卖双方以离岸品质、数量为准。采用离岸品质、数量这种做法,如果买方在货物到达目的港后,对货物的品质、数量提出异议,卖方在法律上是有权予以拒绝的。

(2)到岸品质、重量(Landing,Quality Weighi)

这种条款规定,商品的品质、重量,应在目的港卸货后进行检验,以目的港的商检机构签发的品质、重量证明书为准。买方可据此向卖方提出品质或数量上的任何异议。这种做法显然是对买方有利。

(3)离岸重量,到岸品质

这种做法的特点,是把品质与数量分别处理。交货的数量,以卖方所委托的装运口岸的商检机构出具的重量检验证明书作为最后依据。货到目的港后,买方有权对商品的品质进行检验,并以目的口岸商检机构出具的品质检验证明书作为检验或索赔的依据。例如,伦敦有些协会制订的“标准合同”,就是采用这种做法。

（4）以装船口岸的商检证书作为结汇的凭证,同时,货物到达目的港后,允许买方对品质和数量进行复验如发现到货的品质或数量与合同的规定不符,买方有权向卖方提出异议索赔。

这种做法比较公平合理,照顾到买卖双方的利益,在国际贸易中使用比较普遍。目前,我国在进出口业务中,为了贯彻“平等互利”的原则,一般多采用这种办法。即在出口时允许对方有复验权（Right of Re-inspection）;在进口时也要规定我方有复验权。具体规定办法是:如果是出口合同,应当订明“以装船口岸中国进出口商品检验局签发的品质/重量证明书作为向银行议付的单据的一部分。如有品质异议及/或数量异议,买方得于货到目的口岸之日起××天内向卖方提出索赔,但须提供卖方同意的公认的公证机构出具的检验报告”。如果是进口合同,则应订明“货卸目的港后,买方有权申请中国进出口商品检验局进行检验,如发现货物品质及/或数量/重量与合同不符,买方有权在货卸目的口岸后××天内根据中国进出口商品检验局出具的证明书向卖方提出索赔”。

在采用这种规定方法时,由于货物在运输过程中品质和重量往往会有些变化,装船时检验的结果与到货后检验的结果经常有些出入,遇到这种情况,究竟应当由卖方负责还是由买方负责,这是对外贸易工作中时常碰到的一个难题。比如,当买方在目的口岸复验发现货物的品质、重量与合同不符,根据复验结果向卖方提出索赔时,卖方往往拿出装船口岸的合格检验证书为根据,认为自己已经履行了合同规定的交货义务,予以拒赔。双方各执一词,相持不下,争论不休。这是对外贸易工作中经常发生的问题。这个问题既涉及买卖双方的权利和义务,也涉及承运人对货物在装卸、保管、照料和运输过程中的责任,情况比较复杂,资本主义各国法院的判例也不一致。

有的国家的法院认为,卖方有责任在货物装运时采取必要的措施,保证货物在正常情况下运到目的港时仍处于适合销售状态,如发生变质情况,应由卖方负责。有的国家的法院则认为,在FOB合同和CIF合同的条件下,卖方只负责在合同规定的时间内,把约定的货物装上船只,装船以后,货物的风险即转移给买方,合同中不存在卖方应负责保证货物运到目的地时仍须符合销售状态。如货物在运输过程中变质、短缺,卖方不承担责任。因此,为了分清责任,避免引起纠纷,我国有的进出口公司在规定买方有复验权的同时,还规定如装船口岸检验的结果与目的口岸复验的结果不一致时应当如何处理的办法。如有的进出口公司在进口合同中规定,货到中国目的口岸后,如买方委托中国进出口商品检验局复验的结果与卖方的装船检验结果出现差异,如双方检验的差距在×%（如0.5%）的幅度之内，应以中同进出口商品检验局的检验结果为准;如超过×%（如0.5%）的幅度,则由双方协商解决,如协商不成,应提交第三国检验机构进行仲裁性的检验。或者规定,如买卖双方的检验结果发生差异,在×%（如0.3%）的幅度之内,应由买卖双方平均分担,如超过×%（如0.3%）,则由买卖双方协商解决,如经过协商不能达成协议,可提交第三国检验机构进行仲裁性的检验。

此外,为了划清买卖双方与运输、保险方面的责任界限,一般最好在合同中规定,如买卖双方的检验结果发生差异,除属于保险公司或轮船公司的责任以外,买方才能向卖方提出索赔。换言之,如系属于船方或保险公司的责任,买方应直接向有关责任方要求赔偿,不能向卖方索赔。复验权问题,对买卖双方尤其是对买方来说是一个利害攸关的问题,历来为买卖双方所重视,有些资本主义国家还在法律上对这个问题作出明文规定,如英国货物买卖法规定:“当卖方交货时,除另有协议外,买方有权要求有合理的机会检验货物,以便确定其是否与合同的规定相符。”并规定:“凡是事先未对货物进行检验的买方,都不能认为是已经接受了货物,因而并未丧失其拒收货物的权利。”按照英国法律的解释,如果合同中没有排除买方的复验权,买方就可以依法享有复验权。因此,我们在对外签订合同时,对于买方是否享有复验权,必须作出明确的规定,以免引起误解。

二、检验机构和检验证书

在国际贸易中,从事商品检验的机构大致有以下三类:

（1）由国家设立的商品检验机构。

（2）由私人或同业公会、协会开设的公证行或公证人。

（3）由生产、制造厂商或使用单位进行检验。

在我国,进出口商品检验、鉴定工作是统一由国家设立的中国进出口商品检验局办理的。在资本主义国家,除了官方设立的检验机构外,还有大量由私人或同业公会、协会开设的公证行。它们都接受买卖双方的委托,对商品的品质、数量和包装进行检验和衡量。应当指出,某些资本主义国家的检验机构,所出具的证书,并不完全是那么公平可靠,对此我们应当注意。在具体业务中,有时经买卖双方同意,也可采用由出口方的生产制造厂商,或由进口方的使用部门检验出证的办法。在订定检验条款时,对检验机构必须作出明确的规定。如在我国检验,应订明“由中国进出口商品检验局进行检验”。在出口合同中,如允许国外买方有复验权,最好争取在合同中规定,“须以买卖双方同意的检验机构出具的检验报告作为索赔的依据”。这样规定的好处是,对方在委托办理检验的机构时,必须征得我方的同意,如发现对方所委托的检验机构在政治上对我方不友好,或在业务上缺乏应有的能力,或有偏袒对方的行为时,我方有权提出异议,要求另行委托其他比较合适的检验机构进行复验,以维护我方的正当权益。

进出口商品经过商检机构检验后,都要由检验机构发给一定的证明书,以证明商品的品质和数量是否符合合同的规定,这种证件称为商检证书。目前在国际贸易中常见的检验证书主要有以下几种:

（1）检验证明书（Inspection Certificate）

（2）品质证明书（QuaIltv Certificate）

（3）重量证明书（Weight Certificate）

（4）卫生证明书（Sanitary Certificate）

（5）兽医证明书（Veterinary Certificate）

（6）植物检疫证明书（Plant Quarantine Certificate）

（7）价值证明书（Value Certificate）

（8）产地证明书（Origin Ceriificate）

商品不同,检验要求及所应提供的检验证书也有所不同。

三、复验的时间与地点

《公约》等规定的买方检验权，是一种法定的检验权,它服从于合同的约定,买卖双方通常都在合同中对如何行使检验权的问题作出规定,即规定检验的时间和地点，主要有以下五种做法:

在出口国产地检验。发货前,由卖方检验人员会同买方检验人员对货物进行检验,卖方只对商品离开产地前的品质负责。离产地后运输途中的风险,由买方负责。

在装运港（地）检验。货物在装运前或装运时由双方约定的商检机构检验,并出具检验证明,作为确认交货品质和数量的依据,这种规定,称为以“离岸品质和离岸数量”为准。

目的港（地）检验。货物在目的港（地）卸货后,由双方约定的商检机构检验,并出具检验证明,作为确认交货品质和数量的依据,这种规定,称为以“到岸品质和到岸数量”为准。

买方营业处所或用户所在地检验。对于那些密封包装、精密复杂的商品，不宜在使用前拆包检验,或需要安装调试后才能检验的产品,可将检验推迟至用户所在地,由双方认可的检验机构检验并出具证明。

出口国检验,进口国复检。按照这种做法,装运前的检验证书作为卖方收取货款的出口单据之一,但货到目的地后,买方有复验权。如经双方认可的商检机构复验后,发现货物不符合合同规定,且系卖方责任,买方可在规定时间内向卖方提出异议和索赔,直至拒收货物。

上述各种做法,各有特点,应视具体的商品交易性质而定。但对大多数一般商品交易来说,“出口国检验,进口国复验”的做法最为方便而且合理,因为这种做法一方面肯定了卖方的检验证书是有效地交接货物和结算凭证,另一方面又确认了买方在收到货物后有复权,这符合各国法律和国际公约的规定。我国对外贸易中大多采用这一做法。

复习思考题

一、为什么要进行进出口商品检验?

二、法定检验的范围和意义是什么?

三、为什么货物在装运港检验后,同时还允许买方有复验权?

四、为什么在国际贸易合同中要订立商检条款?

课外拓展

质量检验的重要性

一、产品质量检测工作

产品质量检测工作是指对实体的一个或各个特性进行的,诸如测量、检查、试验和度量,并将结果与规定的要求相比较,以及确定每项特性合格情况等所进行的活动。经过专家审查、试验、测量、对比分析,产品的功能特性、质量特性可以以数据的形式表现出来,更真实、更可靠。

1.操作流程

①明确产品质量要求

不同商品的使用要求、使用性能不同,所以其质量要求、标准也不同。在质量检测时,需首先明确检验商品的质量要求和标准,根据规范条例制定检测计划和方案。

②选择检测工具

确定方法和检测计划之后,检测人员需根据产品特性,选择试验设备、工具及试剂,按照标准方法系统分析产品的各项结构性能。也可以利用电子检测、数字计量仪器,测定产品构成元素配比率和构成特征。

③对比分析

搜集到的产品数据不宜直接引用,需要进行严格的对比,如同种类产品性能、质量对比,同检测方式的检测结果对比等。

④ 数据分析

将所有数据汇总,进行质量试验检测,并结合比较结果、检测结果、分析结果等信息,判断产品质量是否满足生产要求,是否符合标准,并提出质量改进方案。

2.产品质量检测工作发展意义

据统计,我国目前产品质量检测机构达2万多家,检测内容包括质量、性能、功能、安全、环保等多个领域,适用于工业、矿业、制造业、建筑业、农业、水电产业、化工业等多个行业。同时,政府也出台了多项政策,为稳定、保护市场产品使用性能和功能。经过多年发展,产品质量检测已经变成了产品生产过程中一个必要的环节,凡是出厂产品都需严格控制其质量,检测它们是否安全,符合产品标准。从广义角度来看,产品质量检测可以推动我国民生经济、稳定贸易经济秩序;从狭义角度来看,产品在质量检测的约束作用下,其生产技术、使用性能会不断革新、提高。

二、关于提高产品质量检测水平的新举措分析

1.加大力度督促企业,促使工厂生产技术的持续提高。实践表明,让企业、工厂自身生产技术持续提高,这是确保产品质量的基础,此外,作为生产企业,在努力促使自身生产技术提高的同时,对于自身产品所存在的不足,也能更容易发现,从而能够有效改进自身生产系统,促使产品产生质量问题的概率得到大幅度的降低;所以,作为产品质量检测部门,一定要对企业、工厂进行及时督促,以促使他们生产技术的提高;特别是对于那些与广大人民群众生命安全息息相关的产品,如药品、食品等,为有效保障这些产品的质量,更要对它们进行深入和全面的检测。

2.提高控制力度。对于产品质量的提高,不仅要靠企业与产品质量检测部分的共同努力,还需要国家予以大力支持和足够重视,例如,对于有关产品质量问题,一定要加大惩处力度,以促使相关规章制度的持续完善,这样不仅可让生产环节有法可依,而且还可让销售环节有法可依,最终把产品质量问题消灭在其萌芽状态;此外,加大和提高控制力度,也可让企业、工厂充分认识到提高产品质量的重要性和必要性,这对于促使它们全力以赴地进行产品质量提高具有极为重要的推进作用。

3.健全和完善市场运行机制。对于产品质量检测水平的提高,必须大力调整产品所在的市场运行机制;例如,通过调整产品进入市场的进度,能在生产过程或完成生产以后,让产品产生一个缓冲阶段,这可为产品质量检测提供一个较为充裕的检测时间;此外,还可起到 对生产企业的警告作用,让它们不要单纯注重加快产品进入市场的速度,而把产品质量这一最重要要求忽略掉;因此,通过督促行业对产品质量的重视,以此来督促企业立足于市场运行机制来认真整合自身产业链,从而实现企业产品质量的大幅度提高。

三、关于提高产品质量检测工作的新思路分析

1.进行思维方式的创新。实践表明,要对某项事情获得成功,其最为重要的基础就是要进行思想观念的创新;只有清醒地认识某项事业,才有可能做好做强这项事业。例如,我国某产品质量计量检测所,他们首先对产品质量检测工作的认识进行大力提高,把计划经济时代所残留下来的那些用于产品检测的落后认识,进行彻底摒弃;在此基础上进行管理经营观念的更新,在

进行产品质量检测的全过程中,以现代最为先进的管理手段来实施并加强管理,尤其重视把全新理论知识用于生产实践之中;这个产品质量计量检测所,正是这样坚持实事 。

求是原则,大胆把那些僵化思想和教条主义进行抛弃,因而成功地获得了产品质量检测工作的大力提高;此外,在具体生产实践中,此计量检测所不仅把执法思想进行大力端正,而且还大力端正执法行为,从而有效地促进他们相应服务观念的增强;正是长期通过这样的不懈努力,使得这个产品质量计量检测所所开展的产品质量检测工作,得到了我省广大事业单位、企业单位及人们的普遍认可和接受,这对于他们顺利展开产品质量检测工作,打下了良好的基础。

2.努力营造良好的工作环境。实践表明,良好的工作环境,对于产品质量检测工作的顺利开展,具有极大的推进作用,因而很多产品质量计量检测所都极为重视良好工作环境的营造。例如,我国某产品质量计量检测所在营造良好工作环境方面,下了极大功夫,其主要做法,可归纳为以下这些方面:第一,加强宣传,重视相关人员培训工作的开展。面对不断增强的世界经济全球化及世界各国对外经济交流日益频繁的发展趋势,此计量检测所在引入国外先进技术的同时,还认真学习人家那些先进的管理经验;作为产品质量计量检测所,他们深深懂得,产品质量,不仅要与行业标准、地方标准及国家标准相符合,更要与国际标准尽可能地接近,只有这样,才能真正促使产品核心竞争力的提高,让企业产品品牌真正从国门走出,迈向国际市场;因此,作为一个产品检测部门,他们努力与当今时代发展要求相适应,真正做到立足于市场经济,加大力度进行宣传产品质量管理体系标准,以此来促使企业质量管理意识的大幅度提高;此外,他们还定期对相关从业人员进行组织培训,以此来促使这些质量检测人员综合素质的提高,从而让他们产品质量检测水平得到大幅度提高。第二,强化服务意识。基于我国正积极向服务型政府进行转变这一大背景,作为产品质量检测部门他们也与时俱进,积极顺应这一历史潮流,大力促使他们服务意识的提高,从而能够为企业提供更好的服务;此外,这个产品质量计量检测所还对现代网络信息技术进行充分利用,通过网络平台的构建,把与产品质量检测有关的法规法律、政策及相应标准等有效信息,及时向企业进行提供,促使企业能够及时了解政府有关产品质量检测方面的信息,从而让企业能立足于自身生产经营实践,促使他们所创造的经济效益及社会效益能够持续地增长。第三,坚持执法公正、公平;确保产品质量检测成果的一个极为重要环节,就是坚持执法公正、公平。作为产品质量检测部门,此计量检测所在进行产品质量检测过程中,力争做到执法严谨、公正、公平,以此来促使产品质量监管水平的提高,最终促使秩序良好、经营公平的市场经济环境成功地建立起来;对于那些扰乱正常市场经济秩序的偷斤短两、假冒伪劣产品等现象和行为,坚决进行严肃处理,绝不姑息养奸,以此来营造一个运转良好的市场经营环境。

结语

产品质量不仅极大地对企业的持续发展产生着影响,而且还对广大消费者的权益产生着极为深刻的影响;因此,在生产实践中,加强研究和探索有关产品质量检测的新思路和新举措,这对于促使产品质量检测水平的提高、促进我国社会的繁荣发展均具有极为重要的作用。

第十一章　争议、索赔、不可抗力和仲裁

在国际贸易交易过程中,买卖双方往往因彼此间权利与义务等问题产生业务纠纷,引起争议,并有可能导致索赔、仲裁和诉讼等问题的发生。为了防止争议的产生,或者出现争议时能够得到妥善和圆满的解决,买卖双方在磋商交易时就应明确各方的责任和义务,特别是对于容易产生争议的条款都应做出明确和详细的规定。除此之外,还要在合同中对于违约后的补救,如索赔、罚金和仲裁以及不可抗力等问题作为合同条款予以详细规定。

第一节　争议和索赔

一、争议

争议(disputes)是指交易的一方认为另一方未能全部分或部分履行合同规定的责任而引起的业务纠纷。在国际贸易业务中,这种纠纷屡见不鲜,究其原因主要是:

(1)卖方不交货,或未按合同规定的时间、品质、数量、包装条款交货,或单证不符等;

(2)买方不开或缓开信用证,不付款或不按时付款赎单,无理拒收货物,在FOB条件下不按时派船接货等;

(3)合同条款的规定欠明确,买卖双方国家的法律或对国际贸易惯例的解释不一致,甚至对合同是否成立有不同的看法;

(4)在履行合同过程中遇到了买卖双方不能预见或无法控制的情况,如某种不可抗力,双方有不一致的解释等。

由上述原因引起的争议,集中起来讲就是:是否构成违约,双方对违约的事实有分歧,对违约的责任及其后果的认识相悖。

对此,双方应本着友好协商、互谅互认精神,妥善解决。

二、违约及其法律后果

买卖合同是对缔约双方具有约束力的法律文件。任何一方违反了合同义务;就应承担违约的法律后果,受损方有权提出损害补偿要求。但是,各国的法律或国际组织的文件对于违约方的违约行为及由此产生的法律后果、对该后果的处理有不同的规定和解释。对此,应该了解和熟悉。

英国的《货物买卖法》将违约分为违反要件和违反担保两种。

违反要件（breach of condition）是指违反合同的主要条款,即违反与商品有关的品质、数量、交货期等要件;在合同的一方当事人违反要件的情况下,另一方当事人即受损方有权解除合同,并有权提出损害赔偿。

违反担保（breach of warranty）是指违反合同的次要条款,在违反担保的情况下,受损方只能提出损害赔偿,而不能解除合同。至于在每份具体合同中,哪个属于要件,哪个属于担保,该法并无明确具体的解释,只是根据“合同所作的解释进行判断”。这样,在解释和处理违约案件时,难免带有不确定性和随意性。与英国《货物买卖法》不同,《联合国国际货物销售合同公司》（1980年）则对人违约的后果及其严重性进行判断,将违约分为根本性违约和非根本性违约。

（1）根本性违约

根本性违约（fundamental-breach）是指违约方的故意行为造成的违约,如卖方完全不交货,买方无理拒收货物、拒付货款,其结果给受损方造成实质损害（substial-detriment）。如果一方当事人根本违约,另一方当事人可以宣告合同无效,并可要求损害赔偿。

（2）非根本性违约

非根本性违约（nonfunbamental-breach）是指违约的状况尚未达到根本违反合同的程度,受损方只能要求损害赔偿,而不能宣告合同无效。

三、索赔和理赔

（1）索赔（CLAIMS）

索赔是指国际贸易业务的一方违反合同的规定,直接或间接地给另一方造成损害,受损方向违约方提出损害赔偿要求。所谓理赔（settlement-of-claims）是指违约方受理受损方提出的赔偿要求。可见,索赔和理赔是同一个问题的两个方面。

案例

某年10月,我国某公司与日本商人签订引进二手设备合同。合同规定,出口商设备在拆卸之前均在正常运转,符合正常生产要求。同时规定,如果有部件损坏,货到我方工厂后14天内出具检验证明,办理更换或退货。设备运抵后,因我方工厂的土建工程尚未完工,三个月后才将设备运进厂房打开检验,结果发现几乎全是报废设备,只是对方刷了油漆,表面难以识别。问:我方是否可以退货或索赔?

分析：从案情上来看,纠纷和损失是由我方索赔条款签订不当引起的。我方仅仅把引进设备看作是签约、交货、收货几个简单环节,完全忽略了检验和索赔条款的重要性,特别是忽略了索赔时效问题,因此丧失了索赔和退货时机,造成了重大损失。

在国际贸易中,成套设备的检验程序是比较复杂的,何况是品质本来就存在缺陷需要运转一段时间才能发现,因此,在合同中应尽量延长索赔有效期以避免或减少损失,一般应规定为一年或二年左右。

案例

我国某外贸公司与国外客户签订一出口合同,价格条款为CIF 伦敦,每公斤30欧元,合同同时规定,我方应租船订舱、办理保险并保证符合合同规定的货物于11月5日前运抵目的地,结果货物在海运途中遭受自然灾害,运抵伦敦时损失了近1/3,对方以我方未完全履行合同为由向我方索赔。问：我方应如何处理?

分析:本案例关键问题在于明确使用CIF术语的性质,CIF术语是象征性交货术语,只要卖方在装运港将符合合同规定的货物交给船运公司,取得已装船清洁提单,货物越过船舷后一切风险就转移给买方,卖方无须保证何时到货。但是合同中却做出了与CIF术语性质相反的规定,即承担了不该承担的何时到货的责任,实质上将CIF变成了DES。所以本案例是由于我方业务人员所签合同有误造成的,应该按所签合同办理,合情合理向对方理赔。

案例

某年6月,南京某进出口公司按CIF术语与以色列外商签订一出口电缆合同（注:合同由进口方制作）,总金额为27.3万美元,其中90%货款采用即期信用证支付,10%货款待货到目的地收货人仓库后,经买方查验后再用汇付方式支付。（合同保险条款规定:保险期限为货到收货人仓库90天为止）。南京公司于9月5日收到进口方开来即期信用证24.6万美元,在交货后向中国人民保险公司投保了一切险和战争险。10月底南京公司将全部货物在上海港装船运往目的港,并取得船公司签发的清洁已装船提单。货物抵达目的港卸下海轮,货物数量与提单相符,然后用汽车运到收货人仓库,仓库出具了清洁仓库收据。

次年1月收货人发现货物在仓库内有部分丢失,损失价值18.3万美元,于是买方持保险单向中国人民保险公司索赔。中国人民保险公司认为,保险单载明被保险人投保的是一切险和战争险,其责任起讫为“仓到仓”和“水面责任”,此案保险标的物已经安全如数运到收货人仓库,保险责任已经终止,所以拒赔。

2月底,以色列进口方来电通知南京公司:在合同保险条款中规定保险期限不能少于货物到达买方仓库后90天,而贵公司只投保一切险和战争险,货物到达我方仓库后22天发生部分丢失,属于你方漏保而造成18.3万元损失。现在通知你方,损失金额从尚未汇付的27.3万美元货款中扣除,其余9万美元现在汇付你公司。

你认为南京公司应否赔偿?为什么?南京公司应该在个案中吸取什么教训?

分析:此案中,由于是买方制作的合同,合同中明确规定保险期限不能少于货物到达买方仓库后90天。此条款没有引起南京公司重视,南京公司只是按通常做法投保了"一切险"和"战争险",属于违约。因此,造成损失应该由南京公司承担。

如果南京公司回签此合同时能仔细审查并发现此条款,完全可以有两种选择:一是不同意,要求买方删除此条款;二是同意此条款,但在履约时,要依约投保,即可避免上述损失。另外,南京公司默然接受扣款的方式弥补其损失,很简单结案也不妥,因为买方只凭简单现场勘察记录、现场照片和其他单据来作为扣款凭证,案情是否真实?证据是否确凿?南京公司应该请求我驻外机构配合调查和实地勘察或请有资质的检验机构、公证机构、法律机构调查并出具合法证明,来确定案件真伪,绝不能简单从事。因为本案中不能排除买方有意制造假案以欺骗我方的情况。

第二节 不可抗力

不可抗力（Force Majeure）是指买卖合同签订后,不是由于当事人一方的过失或故意,发生了当事人在订立合同时不能预见,对其发生和后果不能避免并且不能克服的事件,以致不能履行合同或不能如期履行合同。遭受不可抗力事件的一方,可以据此免除履行合同的责任或推迟履行合同,对方无权要求赔偿。

不可抗力通常包括两种情况:一种是自然原因引起的,如水灾、旱灾、暴风雪、地震等;另一种是社会原因引起的,如战争、罢工、政府禁令等。但不可抗力事件目前国际上并无统一的明确的解释。哪些意外事故应视作不可抗力,可由买卖双方在合同的不可抗力条款中约定。

一、不可抗力条款

不可抗力（force majeure）又称人力不可抗拒。它是指在货物买卖合同签订以后,不是由于订约者任何一方当事人的过失或疏忽,而是由于发生了当事人不能预见和预防,又无法避免和克服的意外事故,以致不能履行或不能如期履行合同,遭受意外事故的一方,可以免除履行合同的责任或延期履行合同。不可抗力是合同中的一项条款,也是一项法律原则。对此,在国际贸易中不同的法律、法规等各有自己的规定。1980年〖联合国国际货物销售合同公司〗在其免责一节中作了如下规定:

“如果他（指当事人——编者）能证明此种不履行义务,是由于某种非他所能控制的障碍,而且对于这种障碍没有理由预期他在订立合同时能考虑到或能避免或克服它或它的后。”该〖公约〗指明了一方当事人不能履行义务,是由于发生了他不能控制的障碍,而且这种障碍在订约时是无法预见、避免或克服的可予免责。

不可抗力条款是一种免责条款,即免除由于不可抗力事件而违约的一方的违约责任。一般应规定的内容包括:不可抗力事件的范围,事件发生后通知对方的期限,出具证明文件的机构以及不可抗力事件的后果。

我国进出口合同中的不可抗力条款,按对不可抗力事件范围规定的不同,主要有以下三种方式:

概括式,即对不可抗力事件作笼统的提示,如“由于不可抗力的原因,而不能履行合同或延迟履行合同的一方可不负有违约责任。但应立即以电传或传真通知对方,并在XX天内以航空挂号信向对方提供中国国际贸易促进委员会出具的证明书”。

列举式,即逐一订明不可抗力事件的种类，如“由于战争、地震、水灾、火灾、暴风雪的原因而不能履行合同或延迟履行合同的一方不负有违约责任……”。

综合式,即将概括式和列举式合并在一起,如“由于战争、地震、水灾、火灾、暴风雪或其他不可抗力原因而不能履行合同的一方不负有违约责任……”。综合式是最为常用的一种方式。

二、不可抗力事件的处理

《联合国国际货物销售合同公约》规定,一方当事人享受的免责权利只对履约障碍存在期间有效,如果合同未经双方同意宣告无效,则合同关系继续存在,一国履行障碍消除,双方当事人仍须继续履行合同义务。

所以不可抗力事件所引起的后果，可能是解除合同也可能是延迟履行合同,应由双方按公约规定结合具体情势商定。

《公约》还规定在不可抗力事件发生后,违约方必须及时通知另一方,并提供必要的证明文件,而且在通知中应提出处理意见。如果因未及时通知而使另一方受到损害,则应负赔偿责任。

我国涉外经济合同法也规定:“……应及时通知另一方,以减轻可能给另一方造成的损失……”

不可抗力事件出具证明的机构,大多为当地商会。在我国,由中国国际贸易促进委员会（即中国国际商会）出具。

另一方接到不可抗力事件的通知和证明文件后,应根据事件性质,决定是否确认其为不可抗力事件,并把处理意见及时通知对方。

不可抗力事件的处理,关键是对不可抗力事件的认定,尽管在合同的不可抗力条款中作了一定的说明,但在具体问题上,双方会对不可抗力事件是否成立出现分歧。通常应注意下列事项。

区分商业风险和不可抗力事件。商业风险往往也是无法预见和不可避免的,但是它和不可抗力事件的根本区别在于一方当事人承担了风险损失后,有能力履行合同义务,典型情况是对“种类货”的处理,此类货物可以从市场中购得,因而卖方通常不能免除其交货责任。

重视“特定标的物”的作用。对于包装后刷上唛头或通过运输单据等已将货物确定为某项合同的标的物,称为“特定标的物”。此类货物由于意外事件而灭失,卖方可以确认为不可抗力事件。如果货物并未特定化,则会造成免责的依据不足，比如三万米棉布在储存中由于不可抗力损失了一万米,若棉布分别售于两个货主,而未对棉布作特定化处理,则卖方对两个买主都无法引用不可抗力条款免责。

案例

我国公司与国外一家大公司签订一笔进口精密机床合同,该公司在欧盟区内共有3家工厂生产这种机床。临近装运日期时,对方一工厂突然发生火灾,机床被烧毁,该公司以不可抗力为由要求撤销合同。问:可否撤销?说明理由。

分析:原则上不能撤销合同。此案涉及到不可抗力的后果。一般说来,不可抗力的后果有两种,一种是撤销合同,一种是延期履行合同。什么情况下解除合同,什么情况下履行合同要看所发生事故的原因、性质、规模以及履行合同所产生的影响程度。

本案中,火灾虽然是当事人无法预料的,应该属于不可抗力的范围,但由于对方还有两家工厂可以生产合同项下的产品,因此,我方要求对方延期履行合同。

案例

某年我国某公司与英国某公司成交某种食品1500吨,每吨CFR**港348英镑,总额522000英镑,交货期为当年5~9月。由于当时我方公司缺货,只交了450吨,其余1050吨经双方商议同意延长至下一年度内交货,次年,我国发生自然灾害。于是,我方公司以不可抗力为理由,要求免除交货责任。但对方回电拒绝,并称该商品市场价格上涨,由于我方公司未交货已损失15万英镑,要求我公司无偿供应其他品种的同类食品抵偿其损失。我方公司对此项不同意。该外国公司根据仲裁条款规定向中国仲裁机构提出仲裁。仲裁申请书中强调我方公司所称不可抗力的理由不充分,并指出我方公司如不愿以商品抵偿其损失,就坚持索赔15万英镑。在仲裁机构的调解下,双方经过多次协商,我方公司赔偿其41820英镑结案。

分析:本案双方争议的主要问题是“不可抗力”。“不可抗力”通常是指:在合同签订以后,不是由于任何一方当事人的过失,而是由于发生了当事人所不能预见也无法事先采取预防措施而避免的意外事故,以致本能履约或不能如期履约,遭受意外事故的一方可以免除其相应的责任。《联合国国际货物销售合同公约》在免责一节中,也作了类似规定:“如果能证明此种不履行义务,是由于某种其他所能控制的障碍,而且对于这种障碍没有理由预期他在订立合同时能考虑到或能避免或克服它及它的后果。”

“不可抗力”是一种有严格解释的特定概念,即不能履约或不能如期履约,必须是由于某种非常的意外事故和某种非当事人所能控制的障碍所造成,而当事人对这种意外事故既是订约时所不能预见,在意外事故发生之后,也是不能采取任何措施可避免或克服的。如果某种意外事故是当事人订约时就可以预见的,或者在意外事故发生后能采取措施加以克服和排除的,就不能构成“不可抗力”。

各国法律和实践虽然对“不可抗力”未作严格解释,但一般都允许当事人在合同中对

“不可抗力”的范围做出规定。关于不可抗力事故的范围,根据国际贸易的惯例,一般包括两种情况:一种是由于“自然力量”引起的自然灾害,如水灾火灾、飓风、暴风雨、地震等;另一种是由于“社会力量”引起的,如战争、罢工、政府禁令等。

本案例所涉及的是自然灾害问题。我方公司提出,由于自然灾害致使其不能取得货源如期履约,因此提出免除其不履约的责任。根据各国法律和国际贸易管理解释,由于自然灾害致使农副产品全部毁灭或减产,使合同全部或部分不能履行,有关当事人根据不可抗力条款的规定提出证明是可以免除责任的。但应当指出,这种自然灾害成为阻碍履行合同的不可抗力,其影响程度必须是根本行的或全局行的,致使无法取得货源。但有一种情况是例外的,即当遭受某种自然灾害,但由于科学技术的发展使人们有可能克服时,这一灾害仍不能构成“不可抗力”。因此,当事人如以不可抗力来免除自己的责任,不仅需对事实提出证明,而且还需对无法克服和无法预防所出现的自然灾害提出证明。

我方公司所销售的商品确因我国当时遭受自然灾害受到一定的影响,但尚未影响到根本取不到货源。当时交不上货,主要原因是由于供应货的工厂停止生产这种产品,我方公司也就无法提供上述两项证明,仅凭口头说明是不能引用“不可抗力”条款而免除不交货责任的。

从本案例我们应注意,在国际货物买卖合同履行过程中,一定要遵守“重合同,守信用”的原则。在本案例中,货物买卖是有严格的国际法律和国际惯例来约束的,不能只以自己的想当然去处理。我方公司在货源不足的情况下,要求延期交货,澳方公司给予通融,表现出澳方公司的友好合作态度,我方公司应珍惜这种合作关系。在第二年由于发生自然灾害和加工厂停产,致使我方公司不能交货时,我方公司应将实际情况告知澳方公司,在取得其谅解的前提下,协商处理问题,其结果肯定要比通过仲裁处理好。

第三节　合同中的仲裁条款

所谓仲裁（arbitration）又称公断,是指买卖双方在争议发生之前或发生之后,签订书面协议,自愿将争议提交双方所同意的第三者予以裁决（award）,以解决争议的一种方式。由于仲裁是依照法律所允许的仲裁程度裁定争端,因而仲裁决具有法律约束力,当事人双方必须遵照执行。

一、仲裁条款

目前,我国进出口合同中的仲裁条款的内容繁简不一,一般包括下列几个方面:

（1）仲裁地点的规定

在什么地方进行仲裁,是买卖双方在磋商仲裁时的一个重点。

这主要是因为,仲裁地点与仲裁所适用的程序法,以及合同适用的实体法关系至为密切。我国进出口贸易合同中的仲裁地点,视贸易对象和情况的不同,一般采用下述三种规定方法之一。

①力争规定在我国仲裁。

②可以规定在被告所在国仲裁。

③规定在双方认同的第三者国仲裁。

（2）仲裁机构的选择

国际贸易中的仲裁,可由双方当事人在仲裁协中规定在常设的仲裁机构进行,也可以由当事人以方共同指定仲裁员组成临时仲裁庭进行仲裁。当事人双方选用哪个国家（地区）的仲裁机构审理争议,应在合同中做出具体说明。

（3）仲裁程序法的适用

在买卖合同的仲裁条款中,应订明用哪个国家（地区）和哪个仲裁机构的仲裁规则进行仲裁。

（4）仲裁裁决的效力

仲裁裁决的效力主要是指由仲裁庭作出的裁决,对双方当事人是否具有约束力,是否为决定性的,能否向法院起诉要求变更裁决。

（5）仲裁费用的负担

通常在仲裁条款中明确规定出仲裁费用由谁负担。一般规定由诉方承担,也有的规定由仲裁庭酌情决定的。

二、仲裁程序

所为程序（arbitration-procedure）是指双方当事人将所发生的争议根据仲裁办议的规定提交仲裁时应办理的各项手续。

仲裁程序的主要内容大致如下。

提出仲裁申请（arbitration-application）

这是仲裁程序开始的首要手续。各国法律对申请书的规定不一致。在我国,〖中国国际经济贸易仲裁委员会仲裁规定〗规定:当事人一方申请仲裁时,应向该委员会提交包括下列内容的签名申请书:

a.申诉人和被诉人的名称、地址。

b.申诉人所依据的仲裁协议。

c.申诉人的要求及所据的事实和证据。

三、仲裁裁决的执行

仲裁裁决应由当事人自行执行。仲裁机构自身不具有强制执法的能力。一方如果逾期不予执行,另一方可向法院申请强制执行。

为了解决是否承认和执行外国仲裁裁决的问题,1958年6月联合国通过了《承认和执行外国仲裁裁决公约》,简称《1958年纽约公约》。我国于1987年4月正式加入这一公约,公约规定,各缔约国必须承认和执行外国的仲裁裁决。作为例外,缔约国可作两项保留,经济“互惠保留”和“商事保留”。我国加入时也作了这两项保留,即在互惠的基础上,对另一缔约国领土内作出的仲裁裁决适用于该公约,且只承认商事法律管辖关系所产生的争议适用于该公约。

复习思考题

一、在国际贸易中,引起买卖双方争议的主要原因有哪几种情况?

二、在对外贸易合同中,如双方当事人中的一方有违约行为,它可能导致什么后果?应如何解决?

三、办理索赔事件应注意些什么?

四、何谓“不可抗力”事故?发生不可抗力事故的法律后果如何?

五、对外贸易合同中的不可抗力条款有哪几种订法?哪一种较好?当我方和对方援引不可抗力条款时,我方应注意些什么问题?

六、简述仲裁与友好协商,仲裁与司法诉讼之间的区别。

七、我对外贸易合同中的仲裁条款一般包括哪些内容?对仲裁地点有哪几种订法?

第十二章　贸易方式

贸易方式是指国际贸易中买卖双方所采用的各种交易的具体做法。在对外贸易活动中,每一笔交易都要通过一定的贸易方式来进行。贸易方式是在买卖双方交易过程中随着不同商品、不同地区和不同对象,根据双方的需要形成的。

贸易方式是在买卖 双方交易过程中随着不同商品、不同地区和不同对象,根据双方的需要形成的。当前在国际贸易中流行着各种各样的贸易方式,各种贸易方式也可交叉进行,随着国际贸易的发展,新的贸易方式不断涌现。

国际贸易中常见的贸易方式按其组织形式可分为协定贸易方式,有固定组织形式的贸易方式,无固定组织形式的贸易方式。协定贸易是根据缔约国之间签订的贸易协定进行的贸易,可分为双边贸易协定和多边贸易协定,政府间的贸易协定和民间团体签署的贸易协定。有固定组织形式的贸易方式是按照一定的规章和交易条件,在特定地点进行交易的贸易方式,主要有商品交易所、国际拍卖、招标与投标、国际博 览会和博览会等,在国际贸易中,对某些商品特别是大宗商品的买卖,通常采用有固定组织形式的贸易方式。无固定组织形式的贸易方式是指不按照固定的规章和交易条件,在非特定的地点进行交易的较为灵活的贸易方式,大体可分为两类:

一类是单纯的商品购销方式,如单边出口和单边进口;

另一类是与其他因素结合的复合的购销方式,主要包括代理、包销、定销、寄售、补偿贸易、易货贸易、加工贸易、租赁贸易等,这种方式具有很大的灵活性,能够适应国际贸易中各种不同的需要。

国际市场上的各种贸易方式,是在资本主义生产方式产生、发展、国际贸易不断扩大的过程中,适应不同的政治、经济需要而逐渐形成的,20世纪60年代以后特别是80年代以来,由于许多发展中国家对外支付能力明显下降,贸易保护主义重新抬头,一些灵活的贸易方式如补偿贸易、易货贸易、来料加工、来件装配等的应用日益普遍。各种贸易方式具有各自不同的特点和利弊,应根据具体情况选择可行性较强,风险较小,收益较大的贸易方式。

第一节 进出口

国家与国家之间的贸易往来,进为购入,出为外销,进口和出口的综合。2012年8月21日,国家统计局发布报告称2011年中国外贸进出口额跃居世界第二。

进出口贸易是在一定的历史条件下产生和发展起来的。形成进出口贸易的两个基本条件,一是社会生产力的发展导致可供交换的剩余产品的出现;二是国家的形成。社会生产力的发展产生出用于交换的剩余商品,这些剩余商品在国与国之间交换,就产生了国际间的进出口贸易。

一、进出口的简介

进出口是指与外国当事人通过缔结契约进行买卖商品，包括劳务、技术等的一系列具体业务。

进出口具体内容包括：进出口商品的买卖和贸易方式；进出口商品的运输和保管业务；进出口商品的检验工作；进出口商品的海关监管业务；进出口商品的货运保险业务；进出口商品结算货款和提供资金的国际结算与银行信用业务，解决进出口业务纠纷的仲裁工作和司法审理；进出口业务的经营与管理等。

二、进出口的程序

各项业务的程序一般可分为交易洽商、合同履行和交货三个阶段。

（1）在交易洽商阶段，首先由进口商开出需要条件，向出口商提出询查或经过中介商表达其购买意向，使有关“供应商”或“出口商”与其接洽，或由出口商直接向进口商提出洽销；然后是出口商向进口商发盘，经进口商还盘,并经双方函电往返同意“接受”，完成发盘，然后是成交，双方对买卖条件协议完妥，换文或签约，完成买卖手续。

（2）在合同履约阶段,进口商方面的工作是申请进口许可证、进口签证,开发信用证,以FOB交货条件成交的洽船(订舱)，以及FOB或CFR等条件成交的投保水险等;出口商方面的工作是备货，境内运输，以C&F或CIF条件成交的洽订船位，以CIF条件成交的投保水险，出口签订，商检和报关。

（3）在交货阶段,出口商根据信用证规定。备齐装船文件于信用证规定的时间内向指定银行结汇(或押汇)收回货款,或请银行托收货款(D/P,D/A);进口商应备齐提货文件，准备报关提货，并处理公证检验等事宜。

三 我国进出口的现状

据海关统计,今年上半年,我国货物贸易进出口总值11.13万亿元人民币,比去年同期（下同）下降3.3%。其中,出口6.4万亿元,下降2.1%;进口4.73万亿元,下降4.7%;贸易顺差1.67万亿元,扩大5.9%。

6月份当月,我国进出口总值2.04万亿元人民币,下降0.3%。其中,出口1.17万亿元,增长1.3%;进口8633亿元,下降2.3%;贸易顺差3112亿元,扩大12.8%。

今年上半年,我国外贸进出口的主要特点:

（1）第二季度进出口有所回升,出口实现正增长、进口降幅收窄。上半年,我国进出口、出口和进口值虽仍同比下降,但从季度情况来看,有所回稳。其中,一季度,我国进出口、出口和进口值分别下降6.9%、5.7%和8.4%。二季度,进出口、出口值分别增长0.1%和1.2%,呈现正增长;进口值下降1.2%,降幅较一季度收窄7.2个百分点。

（2）一般贸易进出口比重有所提升。上半年,我国一般贸易进出口6.28万亿元,下降1.2%,占同期我国进出口总值的56.4%,比去年同期提升1.2个百分点,贸易方式结构有所优化。

（3）对部分一带一路沿线国家出口增长。上半年,我国对巴基斯坦、俄罗斯、孟加拉国、印度和埃及等国出口分别增长22.5%、16.6%、9%、7.8%和4.7%。同期,我国对欧盟出口增长1.3%、对美国出口下降4.6%、对东盟出口下降2.9%,三者合计占同期我国出口总值的46.4%。

（4）民营企业出口占比继续保持首位。上半年,我国民营企业进出口4.31万亿元,增长5.1%,占我国外贸总值的38.7%。其中,出口2.99万亿元,增长3.6%,占出口总值的46.6%,超过外商投资企业和国有企业出口比重,继续保持出口份额居首的地位;进口增长8.7%,延续了去年四季度的增长态势。

（5）机电产品、传统劳动密集型产品仍为出口主力。上半年,我国机电产品出口3.66万亿元,下降2.5%,占同期我国出口总值的57.2%。其中,医疗仪器及器械出口增长4.8%,蓄电池出口增长2.7%,太阳能电池出口增长7.4%。同期,传统劳动密集型产品合计出口1.34万亿元,增长0.4%,占出口总值的21%。其中,纺织品、服装、玩具和塑料制品出口增长,部分传统产品依然具有竞争优势。

（6）铁矿石、原油、铜等大宗商品进口量保持增长,主要进口商品价格持续低位但跌幅较一季度收窄。上半年,我国进口铁矿石4.94亿吨,增长9.1%;原油1.87亿吨,增长14.2%;煤1.08亿吨,增长8.2%;铜274万吨,增长22%。同期,进口成品油1547万吨,下降2%;钢材646万吨,下降2.8%。同期,我国进口价格总体下跌8%。其中,铁矿石进口均价同比下跌15.7%,原油下跌31.9%,成品油下跌21.4%,煤下跌20.1%,铜下跌15.7%,钢材下跌9.2%,跌幅均较一季度不同程度收窄。

此外,上半年我国出口价格总体下跌3.2%,由此测算,今年上半年我国贸易价格条件指数为105.2,意味着我国出口一定数量的商品可以多换回5.2%的进口商品,表明我国贸易价格条件继续改善。

（8）中国外贸出口先导指数回落。6月,中国外贸出口先导指数为32.7,较上月回落0.4,表明三季度出口再度面临较大下行压力。其中,根据网络问卷调查数据显示,6月我国出口经理人指数、新增出口订单指数和经理人信心指数均有所回落。

四、我国现在外贸状况分析

2015年的贸易数据将中国出口贸易的形势一举推到了零下的“冰点”,刷新了出口低速增长的新纪录。虽然贸易质量呈现提升的趋势,且与世界贸易增长的大环境相比仍闪耀着光芒,但低迷的贸易现状已经是不争的事实。紧接着的重要问题是,2016年中国出口贸易的形势如何?

2015年中国进出口总值同比下降8%,其中出口下降2.8%而进口下降14.1%,主要原因包括外需低迷、内需不足、大宗商品价格下跌、要素成本上升和传统比较优势的削弱。然而中国对外贸易的质量在不断提升,增速仍然好于其他主要经济体,外贸结构在不断优化和升级,进口的质量和效益有所提高,且贸易对就业和财政收入的贡献依旧。

从目前的国内外环境来看,2016年的中国出口贸易形势依然低迷,预计比2015年略有好转但难以实质性改观。以下从正面积极因素、负面消极因素和不确定性三个方面对2016年的出口贸易形势进行分析。

（1）正面动力

①欧美发达国家的经济呈现逐步复苏的势头,预计外部需求会有所回升。美国房地产市场复苏、制造业扩张、就业指标改善,居民消费能力与预期提高,预计2016年经济有望小幅复苏。欧元区由于受到石油价格低迷、欧元贬值以及量化宽松政策的影响,走出经济低迷的基

础增强。欧美的经济的好转会增加对外需求,有利于中国出口。

②人民币汇率的市场化和弹性变动有利于中国的出口贸易。2015年以来的人民币兑美元汇率一直处于贬值趋势中,汇率的贬值在一定程度上将有助于出口。为了提高人民币中间价形成的市场化程度,扩大市场汇率的实际运行空间,更好地发挥汇率对外汇供求的调节作用,中国人民银行决定完善人民币兑美元汇率的中间价,2015年8月10日之后人民币名义有效汇率指数和实际有效汇率指数下降。

③国内改革与开放的政策红利逐步显现有助于出口贸易。中国正处于深化改革和扩大开放的发展新阶段,一系列政策措施将在2016年逐步落实和发挥作用。国内的四大自贸区的制度创新和开放将会推动出口贸易,“一带一路”的拓展有助于“中国制造”开拓新兴市场,京津冀一体化的发展有助于产业整合和降低成本。

④一系列促进出口贸易的政策措施联合推动出口。国家推进了区域通关一体化、实施“三互大通关”政策、加快特殊监管区的整合优化改革、清理和规范进出口环节、行政审批规范化管理的新机制等政策降低贸易成本。2016年1月又出台了《国务院关于促进加工贸易创新发展的若干意见》。

⑤中澳和中韩等自贸区的贸易促进和贸易转移效应助推出口。中国与韩国和澳大利亚的自贸区协定于2015年底生效,将于2016年实施多次降税,将会扩大相互之间的贸易和投资、提升贸易便利化水平。

⑥2015年出口负增长的低基数效应。2015年中国出口贸易增速为-1.8%,较低的基数有利于2016年出口贸易的增长。

（2）负面阻力

①全球贸易进入低迷发展的状态,整体外部环境不利。世界货物贸易在2012~2014年间基本保持在3%以下的增长率,与2005~2014年平均7%的增长率相比有显著下降。全球贸易的低迷还表现在增速低于GDP的增速。在全球贸易低速发展的大背景下,对中国出口贸易难免会带来不利的影响。

②发达国家货币政策不确定,对汇率市场形成不稳定影响,可能会引发金融的不稳定。随着美联储加息,美元进入加息和升值预期,吸引国际资本流入美国。美元的升值周期容易引起大宗商品价格下跌,同时伴随资本的流动,导致新兴经济体普遍受到影响和冲击。中国资本市场和外部需求也会受到不稳定货币政策的影响,引起出口下降。

③发达和发展中经济体在金融危机冲击后的结构问题没有解决,经济难以实质性恢复。金融危机的爆发使得旧有世界经济结构和增长模式已经无法推动新的增长,发达和发展中经济体都需要进行结构性改革。然而至今结构性问题仍然没有得到很好的解决,世界经济没

有实质性恢复,这是阻碍新一轮增长和需求的关键因素。外需低迷的形势不利于中国的出口,2016年的外需预计不会大幅恢复。

④中国对外贸易进入转型和升级的阶段,传统比较优势出口产业不断萎缩,新的出口优势短期内难以凸显。中国经济在过去几十年的持续增长带来了劳动力成本和土地要素成本的上涨,中国劳动力密集型产业的传统比较优势逐步下降。大量的劳动密集型产业向东南亚和非洲、拉美国家转移,导致中国出口下降。同时,劳动力要素价格低廉优势的削弱带来中国加工贸易的萎缩。2016年中国外贸转型和升级的趋势会进一步深化,不利于出口增长。

（3）不确定性

①大宗商品等物价走势低迷。石油、铁矿石、铜、铅和粮食等大宗商品的价格近年一直处于低位,使得依赖石油等资源和原材料的新兴市场国家遭受重创。一方面,具有资源和原材料禀赋的出口国家收入锐减、需求下降且伴随金融和经济的危机。另一方面,大宗商品的消费国家由于进口价格下降,进口贸易总值会下降。2016年的大宗商品价格是否能触底反弹将在很大程度上影响中国的对外贸易。

②发达经济体货币政策的不确定性。美联储的加息和多国货币的竞争性贬值带来货币政策的不确定和汇率变动的不稳定,进而带来对外贸易的不确定。美联储加息预期进一步强化美元升值的预期,多国货币竞争性的贬值,人民币也进入了贬值的预期和通道。汇率变动的不稳定会带来对外贸易的不确定和风险。

③新兴市场国家的债务风险。金融危机之后的新兴市场国家整体债务水平不断增加,将给新兴市场经济体带来风险和不稳定,侵蚀新兴市场国家财政的可持续性,新兴市场经济体的对外贸易出现大幅下降的趋势。如果债务风险进一步恶化,将会带来新兴市场经济体的经济危机,不利于中国与新兴市场经济体之间的贸易。

④地缘政治风险。西方发达国家对俄罗斯的经济制裁、中东地区军事行动的持续和伊斯兰国等组织的恐怖行动、朝核局势的变动等都是潜在的不确定风险。俄罗斯经济由于石油价格的低迷已经陷入危机,美国和欧盟等发达经济体对于俄罗斯的经济制裁仍在持续发酵,未来俄罗斯与西方发达国家之间的经济争端和博弈是对外贸易发展的一个不确定影响因素。中东地区的政治局势和军事行动难以平静,“伊斯兰国”的恐怖组织行动短期内不会消失,中东地区集聚了大量的石油输出国,军事和政治局势的不稳定威胁贸易的发展。另外,朝核局势的紧张和南海的不平静也会给中国的对外贸易带来不确定性。

第二节　代理

代理（Agency）是国际贸易中的一种习惯做法。在国际贸易中,所谓代理商（Agent）是指接受委托人（Principal）的委托向第三者出售商品并办理与交易有关的其他事项的人,通过代理商进行贸易的方式称为代理方式。在代理方式下,委托人（即货主）一般都给予代理人在特定地区和在一定时间内代销指定的商品的权利。他们之间是委托代销关系。代理商有积极推销商品的义务和享有收取佣金的权利。据统计,世界各地的贸易有40%~50%是通过代理商这种渠道进行的。在我国出口业务中,对具有某些特点的商品。

一、总代理

总代理是指在指定的地区有权全权代表货主的人。总代理不仅有权代表卖方对外签订买卖合同,并可以代表卖方进行其他业务活动,甚至是非商业性质的活动。此种代理,从其活动范围来看,相似于委托人的代表（Representative）,但又与“代表”有不同之处,其主要不同是属代理人的行为。就其效果直接归于委托人,而“代表”的行为则视作委托人的行为。尽管如此,由于两者的权限都很大，对委托人来说,他们的行为对委托人的利害关系甚重。故一般多由与委托人的关系甚为密切者,或者就是委托人的国外机构任之。当然,作为总代理当有丰富的工作经验和知识,懂得经营销售的技术,明了驻在国的法律,并对市场具有分析研究的能力。

二、独家代理

独家代理的职权范围,比起总代理来要小得多。其活动范围一般仅限于商业方面。独家代理是指委托人给予代理商在特定地区和一定期限内享有代销指定商品的专营权。只要在特定地区和规定期限内做成该项商品的交易,除双方另有约定外,无论是代理商做成,或者由委托人同其他商人做成,代理商都享有佣金的权利。所谓专营权（Exclusive Rights）指的是在协议期限内,在协议地区,对协议中规定的商品享有专门经营的权利。即卖方在协议期限内不得向协议地区的第三者直接销售协议内规定的商品。如协议地区的第三者向卖方询购,卖方除将询购情况转告独家代理或独家经营商外,并告之该第三者经洽当地代理或经销商。至于经销或代理商也不能在协议范围内经营、代理第三者的同样商品。独家代理之主要权利是专营权,专营权对政府之间的贸易无约束力,其主要义务是要在协议期内完成最低的销售数额。独家代理与供货人之间的关系是委托与被委托关系,非买卖关系,因此代理方式也属于代销性质。在一般情况下,代理商仅负责穿针引线,收集订单。然后由买卖双方直接订立和执行合同。代理商不负责垫付资金和负担经济亏损,也不负责保证买方支付货款,但有义务代收或催收货款。按照通常做法,在特殊情况下,卖方在协议规定的地区与他人达成的交易,亦应付给独家代理人佣金。

三、一般代理

一般代理是代理权未经特别限制,代理人可以实施法律上规定其可以实施的一切代理行为的代理,故又称为全权代理、总括代理,佣金代理,是指在同一地区代理内,委托人同时委派几个代理人为其推销商品。普通代理不享有销售代理商品的专营权利。代理人根据推销商品的实际金额或根据协议规定的办法或百分率向委托人收取佣金,委托人也可以直接与该地区的实际买主成交,而无须给代理人佣金。在我国出口业务中,大多采用这种代理方式。

（1）代理方代表委托方在当地从事商业活动,成交后收取一定的佣金。

（2）委托方在某地区往往可拥有数个一般代理方。

（3）委托方有权越过一般代理方在其代理地区进行商业活动,而无须支付佣金给一般代理人。

（4）一般代理因不享有独家代理的专营权,因此不承担在一定时期内销售一定量商品的义务。

一般代理协议的主要内容有:

（1）协议的性质。说明委托人与代理人之间的关系是委托代理关系。

（2）授权范围。如代理的业务范围、时限和地段等。

（3）佣金条款。主要包括:计算佣金的价格基础是CIF还是FOB,计算佣金的方式、佣金支付的时间和结算方法、佣金率及其计算方法等。

委托人和代理人双方的义务规定。

通常规定,代理人必须经常就销售情况定期向委托人提供咨询或市场报告,有的协议则对代理人对商品售后服务的义务权限作出规定,并对此义务的相应报酬及支付方法作出规定。为了更进一步确保委托人的利益,有的协议明文规定代理人担保客户按期支付货款,委托人支付代理人保付佣金;代理人的有关代理业务及其账目应对委托人承担保密义务,不得收受贿赂并参与委托人的竞争活动;代理人有将有关账目提供委托人审核的义务等。

第三节 经销与包销

一、经销

经销(Distribution)是指在国际贸易中经销商按照约定条件为国外供货商销售产品。双方订立协议或相互约定,由供货商向经销商定期、定量供应货物,经销商在本国市场上销售。经销商与供货商之间也是买卖关系,经销商必须自垫资金购买供货商的货物,自行销售,自负盈亏,自担风险。

按经销商权限的不同,经销可分为:

（1）包销,是指经销商在规定的期限和地域内,对指定的商品享有独家专营权。

（2）定销,经销商不享有独家专营权,供货商可在同一时间、同一地区委派几家商号来经销同类商品。

经销也是售定,供货人与经销人之间是一种买卖关系,但又与通常的单边逐笔售定不同,当事人双方除签有买卖合同外,通常须事先签有经销协议,确定对等的权利和义务。

二、包销

国际贸易中的包销（Exclusive Sales）是指出口人与国外经销商达成协议,在一定时间内把指定商品在指定地区的独家经营权授予该经销商。经销商则承诺不经营其他来源的同类或可替代的商品。 通过包销协议,双方可以建立起一种稳定的长期的买卖关系,而具体的每一笔交易,则以包销协议为基础,另行订立买卖合同。

（1）包销协议

包销协议本身不是买卖合同,它规定了双方的权利和义务,以及一般交易条件,其主要内容如下:

双方的基本关系。明确出口方与包销商之间的关系是买卖关系。包销商应自筹资金买断商品,并自负盈亏进行销售。

包销的商品、地区、期限。协议应规定包销商品的种类或型号,并对包销商享有经营权的地理范围作出规定,这些都按出口商的营销意图和包销商的销售能力和所承诺的销售数量,由双方商定。包销期限即为包销协议的有效期限，通常规定为一年至两年,也有不规定期限,只规定中止条款或续约条款。

（2）专营权

专营权包括专卖权和专买权。前者是指出口方承诺在协议有效期内不向包销地区内的其他客户出售包销商品。后者是指包销商承诺只向协议出口方购买该项商品,不得向第三者购买同类商品或有竞争性的替代商品。其中专卖权是包销协议必不可少的内容,是区别于一般经销协议的主要条件。

包销商品的最低数量或金额,也就是在协议规定期限内包销商必须向出口人承购的最低限额。也有的包销协议对此不作规定。

包销商品的价格和一般贸易条件。包销商品的价格可以一次性规定,也可以在订立买卖合同时按市场行情商定。一般贸易条件是指适合于协议期间每一笔交易的条件,如支付方式、检验索赔、保险,以及不可抗力等贸易条件,可在包销协议中予以规定,以简化日后买卖合同的内容。

（3）报销的原则

①必须选择忠诚度高,有很强推广能力的经销商。高端产品必须重点选择能配合公司促销和品牌策划方案的、拥有良好终端形象的经销商,低价位产品可以选择批发网络通畅和广泛,有较强铺货能力和冲击市场能力的经销商。

②包销产品的种类确定必须根据观察、分析经销商的历史销售记录来决定——哪些经销商特别适合推广哪些种类、哪些档次、哪些细分市场的产品,必须有个详细的数据分析,同时、资金、地域、产品特性等也是考虑的范围。

③包销产品一般利润较高,能给经销商很大的销售积极性,所以厂家可以根据这个心理给经销商一定的销售压力——即分阶段承诺销量,来保证厂家自己的销量和利润。

第四节 加工、定制和补偿贸易

一、来料加工和来件装配业务

（1）基本概念

对外加工装配业务,是一种委托加工的贸易方式。由国外委托方提供全部或部分原材料、辅料、零部件、元器件、配套件和包装物料,必要时提供设备,由承接方企业按委托方的要求进行加工装配。成品交委托方在国外销售,承接方收取工缴费、对于委托方提供的设备价款,可结合补偿贸易的做法,以劳务所得的工缴费抵偿。

（2）加工装配贸易的形式

全部来料来件的加工装配。国外委托方提供全部原辅材料和元器件,由承接方企业加工后,将成品交国外委托方,制件和成品均不计价,承接方按合同收取工缴费。

部分来料来件的加工装配。国外委托方要求加工装配的成品中有部分料件需由承接方提供,政承接方除收取工缴费外,还应收取所提供的料件的价款。

对口合同,各作各价。国外委托方和承接方签署两份对口合同。一份是委托方提供的原辅材料和元器件的销售合同,一份是承接方出口成品的合同。对于全部来料来件,两份合同的差价即为工缴费,对于部分来料来件,两份合同的差价,既包括工缴费,也包括国内承接方所提供的料件的价款、以对口合同方式进行的加工装配贸易,必须在合同中表明。承接方无须支付外汇。

（3）加工装配贸易和进料加工贸易的区别

这两种加工贸易的共同之处在于原材料和元器件来自国外,加工后成品也销往国外市场。但两者有本质上的区别:

进料加工贸易中,进口料件和出口成品是两笔独立的交易,进料加工的企业需自筹资金从国外购入料件,然后自行向国外市场销售,而装配加工贸易则进、出为一笔交易的两个方面料件和成品的所有权均同委托方所有,承接方无须支付进口费用也不承担销售风险。

进料加工贸易中,企业所获得的是出口成品的利润,利润的大小取决于出口成品的市场行情；而加工装配贸易,承接方收取的是工缴费,工缴费的大小以劳动力的费用,即工资水平作为核算基础。两者相比,进料加工贸易的收益大于加工装配贸易,但风险也较大。

进料加工贸易,企业有自主权,根据自身的技术、设备和生产能力,选择市场上所适销商品进料加工。而加工装配贸易,则由委托方控制生产的品种、数量和销售地区。

（4）加工装配业务的作用

加工装配业务,对于委托方来说,是利用承接方的劳务,降低产品成本,对于承接方来说,则是以商品为载体的一种劳务输出。

我国自20世纪70年代末至80年代初,把对外加工装配业务作为利用外资的一种形式,在政策上加以保护和支持,因而发展迅速。加工装配贸易额,在我国进出口总额中,已占有相当大的比重。应该说,这一贸易方式,在增加就业机会,繁荣地方经济和推动出口贸易方面,起了很大的作用。

目前承接对外加工装配贸易的企业有两种类型：一种是承接方为我国企业或合资企业,和委托方之间是单纯的委托加工关系,通过承接加工业务,企业得以利用国外资金,发挥生产潜力,扩大出口,增加收入,并能获得国际市场信息,加快产品升级换代,改善管理水平和改进工艺技术。另一种是国外委托方在国内直接投资设厂,然后以委托加工装配的方式充分利用我国的政策优惠和低廉的劳动力,获利丰厚,并一定程度上与我国原来的出口贸易争夺市场。尽管目前这种“前店后厂”的方式对发展我国经济利大于弊。但从长远来看,把这一利用外资方式,用政策导向技术密集型和成本密集型产业,并加强税务管理,是十分必要的。

来料加工和来件装配业务应注意下述问题:

①对工缴费要很好核算并参照国际市场水平,应注意经济效益。

②要明确品质、规格、型号、包装等标准,便于双方验收,同时标准要订得合理;要明确损耗率、成品率和副次品的处理方法,损坏率、成品率也要订得合理。

③对国内配套的原辅材料、元器件、包装物件等要做好衔接安排。

④不要冲击正常的出口贸易,不打乱正常的出口销售渠道,不能影响我出口同类商品的价格掌握。

⑤要严格执行“重合同、守信用”的原则,按时、按质、按量对外履行交货义务。

二、补偿贸易

（1）基本概念

补偿贸易（Compensation Trade）又称产品返销,是指交易的一方在对方提供信用的基础上,进口设备技术,然后以该设备技术所生产的产品,分期抵付进口设备技术的价款及利息。

早期的补偿贸易主要用于兴建大型工业企业。如当时苏联从日本引进价值8.6亿美元的采矿设备,以1亿吨煤偿还;波兰从美国进口价值4亿美元的化工设备和技术,以相关工业产品返销抵偿。

后期的补偿贸易趋向多样化、不但有大型成套设备,也有中小型项目。80年代,波兰向西方出口的电子和机械产品中,属于补偿贸易返销的占40%~50%。

我国在80年代,曾广泛采用补偿贸易方式引进国外先进技术设备,但规模不大,多为小型项目、近年来外商以设备技术作为直接投资进入我国,故补偿贸易更趋减少。但是,随着我国市场经济的发展,补偿贸易在利用外资,促进销售方面的优越性不容忽视。

(2)补偿贸易的作用

①补偿贸易对设备技术进口方的作用。

企业通过补偿贸易引进设备技术,可解决其缺少资金进行设备更新和技术改造的难题,从而使产品得以升级换代增强市场竞争能力(包括国际市场和国内市场)。

设备技术进口方将产品返销,在抵偿设备技术价款的同时,也利用了设备出口方在国外的销售渠道,使产品进入国外市场、以进口设备技术来带动产品的出口,称之为“以进带出”的方法,是当代中小型补偿贸易的一大特点。

以补偿贸易方式引进的设备技术,往往并不十分先进,甚至是二手设备。但如果产品能够运销且市场前景良好,设备价格合理,则对发展中国家增加产品出口,扩大国内就业机会,提高地区经济发展水平仍是有利的。

②补偿贸易对技术出口方的作用

出口方在提供信贷的基础上,扩大设备和技术的出口。

出口方出于转移产业的需要,通过补偿贸易方式将产业转移至发展中国家,既获得了转让设备和技术的价款,又从返销商品的销售中获取利润,可谓是一举两得。

(3)现代补偿贸易的特点

跨国公司经营多元化有利于开展补偿贸易扩大设备技术出口。补偿贸易是一种易货贸易,以设备技术和相关产品相交换,供方既承担供应所需的设备技术,又承担销售作为抵偿的相关产品。如果是单一的设备制造商,就难以接受这种易货方式。随着跨国公司多种经营的迅速发展,生产企业前向经济一体化已日臻完善。在国内外有广泛的销售代理或建立了自己的销售公司,使生产企业有能力销售相关的返销产品,从而把补偿贸易作为一种扩大售资本货物的手段,并以此获取双重的利润。

世界分工进一步发展,产业转移向纵深展开是补偿贸易的又一促进因素。一些发展中国家的经济,近年来有了长足的进步,良好的投资环境使发达国家将部分技术和资本密集型产业向发展中国家转移。尽管其中大部分产业转移是为了占领国外市场,但也有相当一部分产品是返销的或者是用来装配整机的零部件。以产业转移为目的,设备技术出口方主要是从返销产品中谋取利润,而不是主要从出口设备技术中谋利。而设备技术进口方则通过信贷方式,引进较为先进的设备技术,建立生产基地,同时又出口了产品,这构成了可能达成补偿贸易的又一基础。

设备技术的先进性是补偿贸易双方的主要矛盾。为了加强对先进技术和设备的控制,发达国家的有关企业在产业转移中,面对市场的激烈竞争,采取了不同的方式。常见的是直接投资,只是利用东道国的土地、劳动力以及原料、动力资源,而把生产技术和设备的所有权、使用权全部控制在自己手中、但由于补偿贸易对设备技术出口方有着双重利润的吸引力,使得进口方也有了争取引进先进设备技术的能力。双方达成交易的关键是:

①技术设备出口方之间的竞争态势;

②返销产品（或零部件）的市场前景;

③设备技术进口方的配套能力;

④偿付条件;

（4）补偿贸易的业务要点

以下三个方面,是补偿贸易业务必须重点明确的内容。

引进设备技术的先进性、适用型及其保障措施。对引进的设备技术,必须就其质量保证和技术合作方式作出明确规定,技术上至少应该是领先于国内水平,并在国际上也较为先进的，设备供应方并应对涉及工业产权的问题作出保证。

返销产品抵偿设备技术价款的规定。回购是设备出口方的基本义务。我国在补偿贸易中,通常用直接产品补偿。但在具体交易中,有不同做法:

①全额补偿。全部设备技术价款由等额的返销产品抵偿。

②部分补偿。由设备进口方支付部分现汇,其余大部分价款通过返销产品补偿。

③超额补偿。要求设备出口方承诺回购超过补偿金额的返销商品。

④以相关劳务补偿。这是一种来料加工相结合的补偿贸易,即引进设备技术后,接受对方的来科来件加工业务,以工缴费抵偿设备技术价款。

⑤偿还期限和结算方式。偿还期限和返销商品的数量和价格直接相关。必须对返销商品的作价原则、定价标准和方法作出规定,并应通过约定返销商品的数量或金额,安排偿还期限。补偿贸易虽然是以产品抵偿设备,但并非直接的易货贸易，双方仍要通过货币进行计价

支付。设备进口方必须掌握先收后付的原则,选择适当的结算方式。通常采用的方式有:对开信用证、托收、汇付（结合银行保函）等。

（5）结语

采用补偿贸易方式,引进先进的技术设备,同时“以进带出”。利用设备供方的销售能力,进入国外市场,是利用外资的一种有效途径。当前国际经济合作发展迅速,产业转移的范围已突破了劳动密集型产业,而延伸至技术密集型和资本密集型产业。我国企业如能抓住这一契机,充分利用自身的优势,使得补偿贸易方式在利益分配、市场控制和自主经营上独特的优势为我所用。

第四节　易货贸易与租赁贸易

一、易货

易货贸易是指在换货的基础上,把等值的出口货物和进口货物直接结合起来的贸易方式。 传统的易货贸易,一般是买卖双方各以等值的货物进行交换,不涉及货币的支付,也没有第三者介入,易货双方签订一份包括相互交换抵偿货物的合同,把有关事项加以确定。在国际贸易中,使用较多的是通过对开信用证的方式进行易货,即由交易双方先订易货合同,规定各自的出口商品均按约定价格以信用证方式付款。根据协定规定,任何一方的进口或出口,由双方政府的指定银行将货值记账,在一定时期内互相抵冲结算,其中有的差额部分结转下一年度。

易货贸易是指在换货的基础上,把等值的出口货物和进口货物直接结合起来的贸易方式。

传统的易货贸易,一般是买卖双方各以等值的货物进行交换,不涉及货币的支付,也没有第三者介入,易货双方签订一份包括相互交换抵偿货物的合同,把有关事项加以确定。在国际贸易中,使用较多的是通过对开信用证的方式进行易货。

(1)直接易货

直接易货又称为一般易货。从严格的法律意义上来讲,易货就是指以货换货。这种直接易货形式,往往要求进口和出口同时成交,一笔交易一般只签订一个包括双方交付相互抵偿货物的合同,而且不涉及第三方。它是最普遍也是目前应用最广泛的易货形式。

(2)综合易货

综合易货多用于两国之间根据记账或支付(清算)协定而进行的交易。由两国政府根据签订的支付协定,在双方银行互设账户,由双方银行凭装运单证进行结汇并在对方国家在本行开立的账户进行记账,然后由银行按约定的期限结算。

(3)特点

易货贸易在实际做法上比较灵活,例如:在交货时间上,可以进口与出口同时成交,也可以有先有后;在支付办法上,可用现汇支付,也可以通过账户记账,从账户上相互冲抵;在成交对象上,进口对象可以是一个人,而出口对象则是由进口人指定的另一个人等。

（4）退（免）税规定

易货贸易出口销售在核算上基本同于自营出口销售。只是在外汇结算上,易货贸易一般是相互记账,收不到外汇。对易货贸易的出口退税,主要是比照自营出口退税的方法办理。

（5）结算定义

以货物交易为方式的贸易形式,每年终了根据协定的结算货币或其它方式进行结算。

（6）结算的方式

有多种方式,具体操作办法差异较大,可根据贸易的实际情况分别进行处理。在实践中易货贸易通过专项帐户结算所占的比重较大。

（7）结算的要点

①需凭外贸主管部门同意易货贸易的批件及客户的申请书;审核有关易货贸易合同,合同中应对账户的使用范围、期限、计息以及差额的处理等做出规定;根据有关规定征询国外银行并获得确认之后为客户建立易货贸易专项账户。

②易货专项账户的使用范围仅限于合同规定的交易及其从属费用的清算,根据易货合同规定的交货共同条件、指定的支付方式和规定的单据进行相应的业务处理。

（8）易货的两种形式

易货在国际贸易实践中主要表现为下列两种形式:

1）直接易货

对于需要通过运输运送货物的交易方来说,由于这种易货形式一般要求进出口同时进行,因此,应用中存在困难。于是在实际业务中,就产生了一些变通的做法,最常见的即为通过对开信用证的方式进行易货贸易。在采用对开信用证进行易货时,交易双方先签订换货合同,双方商定彼此承诺在一定时间购买对方一定数量的货物,各自出口的商品按约定的货币计价,总金额一致或基本一致,货款通过开立对开信用证的方式进行结算,即双方都以对方为受益人,开立金额相等或基本相等的信用证。

由于交货时间的差异,双方开立信用证的时间也就有先有后,先进口开证的一方为了使对方也履行开证义务,一般都在信用证内规定该证以对方按规定开出信用证为生效条件;或规定,该证的金额只能用来作为对方开立回头证之用,以此控制对方。

2）综合易货

综合易货多用于两国之间根据记账或支付（清算）协定而进行的交易。由两国政府根据签订的支付协定,在双方银行互设账户,双方政府各自提出在一定时期(通常为一年)提供给对方的商品种类、进出口金额基本相等,经双方协商同意后签订易货协定书,然后根据协定书的有关规定,由各自的对外贸易专业公司签订具体的进出口合同,分别交货。商品出口后,由双方银行凭装运单证进行结汇并在对方国家在本行开立的账户进行记账,然后由银行按约定的期限结算。应注意的是,一定时期终了时,双方账户如果出现余额,只要不超过约定的幅度,即通常所说的"摆动额",原则上顺差方不得要求对方用自己外汇支付,而只能以货物抵冲,即通过调整交货速度,或由逆差方增交货物予以平衡。

(9)易货贸易的发展

1)发展趋势

易货贸易往往是一次性行为,买卖过程同时发生,大致同时结束。自有人类以来,就有了易货贸易,随着货币的出现,易货贸易进入了3000年的沉寂期。自20世纪世纪中叶开始,随着关贸总协定向世界贸易组织和全球经济一体化的演变以及信息高速公路的四通八达和现代信息技术的普及,苏联和东欧局势的演变,亚洲金融风暴和拉美众多国家金融体制的崩溃,现代易货呈现出复杂多样欣欣向荣的局面,众多的易货专业公司和行业协会如雨后春笋般地出现。

2)主要特征

综观全球现阶段的易货贸易,主要表现出以下特征:

①公司个体行为:采用最传统的以货易货手段,互取所需,随着商品的互换经济活动随之截止;

②小范围的内部调剂:由专门的易货公司统一发展内部会员,统一结算、收费标准,内部自由调剂,各取所需;

③电子商务模式:由互联网公司提供网上交易平台,收取会员费,各会员单位自由发布易换信息,自由交易;

④政府牵头:由政府出面,以本国特色资源换取所需的他国产品;

⑤民间组织协调:由全球较大的专业易货公司签定合作协议,相互交流所属会员信息,实现资源共享,互利互惠。

以上五种表现形式基本包括了易货贸易的交易特征,但存在以下缺点:

交易范围较小,往往出现企业提供的产品或服务易不出去,自己所需的产品易不进来;

无信用保证体系,容易导致企业被骗;

无统一的全球结算体系,没有统一的结算工具和结算标准,长时间形不成交易;

无统一的交易规则,企业无法在公平公正的条件下实现交易;

无统一的管理机构,发生纠纷无法调解;

无专业的大家认可的易货经纪代理商;

无统一的交易平台,易货信息交流不畅,成交与否无法监管。

从目前现代易货的表现形式和存在的缺点来看,成立以全球国家或地区为成员的全球统一易货贸易组织,充分利用全球各大商业银行的结算体系作为结算工具,以专用的国际互联网站和中心城市易货交易所为交易平台,制定全球统一的易货贸易交易规则,必将能够解决现代易货贸易发展的瓶颈问题,为未来的全球易货贸易提供无限的商机,这也是全球易货贸易未来发展的必然趋势。

(10)操作原则

针对全球目前各易货企业的内部操作规则存在的缺点和难点,根据WTO关于货物贸易、服务贸易的相关条款,未来全球统一的易货贸易组织应遵循以下大致操作原则:

① 遵循WTO多边贸易体制的主要原则,进行非歧视的、更自由的贸易,通过约束实现双边或多边的贸易,促进公平竞争,鼓励经济发展。

②遵守各国贸易法规和税收法规。

③ 诚信原则。

④市场准入原则,对未来全球统一的易货贸易组织来说,各成员方参与易货贸易既要符合本国国情又不违背全球贸易自由化要求的原则。通过各成员方对参与易货贸易所做出的具体承诺,保证各成员方的货物、投资、服务等可以在易货贸易组织成员内公平自由竞争。

⑤ 公平解决争端原则,各成员方之间一旦出现贸易争端,应通过公正、客观、平等和友好协商的方式使有关贸易争端能得到妥善的解决。

案例

自2002年下半年以来,埃及政府在对外贸易活动中一直寻求与其贸易伙伴开展易货贸易,很多埃企业也希望通过易货方式进行贸易和项目合作。如今年上半年埃政府提出,希望与俄罗斯、乌克兰、澳大利亚等国以易货贸易方式进口小麦,埃及则以柑桔、磷酸盐、冶金制品等作为易货物品;棉花进出口商协会、埃广播电视联盟均表示,希望通过易货贸易方式(或以埃镑结算)进行贸易和项目合作。2002年6月,埃及易货俱乐部(Bartercard Egypt)在开罗正式创立,并作为会员加入总部位于澳大利亚的国际易货俱乐部(Bartercard International)(1992年成立,专为中小企业服务)。

中锡贸易

1952年9月和12月,中国与锡兰从各自的需要出发,签订了以大米换橡胶为主要内容的政府贸易协定,不仅开创了新中国同尚未建交,又是不同社会制度国家签订政府贸易协定的先河,而且建立了新中国与锡兰间的贸易关系,促进了两国贸易额的迅速增长。1957年8月,中锡在签订第二个五年贸易协定时,面对“超价”难题,周恩来提出了将贸易和援助分开来谈,即橡胶贸易按照公平的市场价格,但中国同时给予锡兰经济援助的设想,使谈判进入了比较顺利的阶段。中锡贸易协定的执行和续订,从南亚和东南亚方向打开了美国对华封锁、禁运的缺口,促进了中锡友好关系的发展。

在实践中,易货贸易产生于以下三种情况:

一是政府为保证国内基本生活物品的供应、上重点项目,在外汇短缺、贷款无着落时,通过寻求易货解决。如政府进口小麦、进口铁路车厢等。在这种情况下,政府会主动帮助解决易货物品。

二是在当前埃外汇管理体制下,埃国内有些实体有投资能力,愿上项目,通过进口设备进行技术改造,项目能获得政府批准,但政府不负责解决外汇资源。这些单位每年都有相当可观的埃镑收入,项目单位愿意支付埃镑。在这种情况下,需要出口企业自己解决易货物品问题。

三是有一些交易,部分货款以分期付款形式支付。如一笔交易,双方商定先以美元支付40%的货款,剩下部分,实行收益分成制,并以埃镑进行支付。在这种情况下,小额交易由出口方通过(或通过黑市进行兑换,但这属非法交易,面临较大的风险)与其他企业之间进行调剂,且只有那些在埃及设立了经济实体的单位才有可能通过这种方式开展贸易。一些金额较大的交易最终还是需要通过易货贸易方式进行。

(11)参与主体

一项易货贸易的完成,可能直接涉及的五个利益方:

货物或工程、技术服务的提供方,即出口企业;

货物或工程、技术服务的接受方,即进口企业;

提供易货物品并接受B以B企业所在国货币支付的经济实体;

接受易货物品并向A以A企业所在国货币支付货款的经济实体;

代表A方利益的中间人,以B所在国的货币向B方收取货款、向C支付货款,并监督C履行交易。

(12)交易模式

根据交易的难易程度和参与主体的多少,易货贸易表现为两种基本模式,即偶然的易货贸易模式和扩大型易货贸易模式

①偶然的易货贸易模式。

在交易过程中,双方商定,A在向B提供物品或服务后,由B提供相应的货物作为支付手段(B本企业的货物或其向任何第三方取得的货物);A直接进口易货品后,作为本企业或关联企

业的原材料,或由本企业或关联企业在国内市场销售后实现其价值。

交易过程可描述为:A→B→A

如一家中国企业A向埃及企业B提供炼钢设备,B以其产品钢材支付货款。A是一家综合型集团企业,其子公司——房地产公司正好需要钢材建房。

这种交易模式属于偶然的跨国界的物——物交换。交易发生的前提是双方都需要对方的商品或服务,交易过程在使用价值形态下由双方直接完成,不涉及任何第三方。

②扩大型易货贸易模式。

在实践中,更多的情况下则是由多方参与的交易模式。在交易过程中双方商定,A在向B提供物品或服务后,由B向C以本国货币支付相应的货款,由C向D提供货物,最终由D向A支付货款。

交易过程可描述为:A→B→C→D→A

如一家中国企业A向埃及企业B提供200节铁路车厢,双方商定以美元支付50%的货款;另50%货款以埃及C企业产250辆小轿车进行易货。A委托一家专门从事经营汽车业务的中国企业D从C进口小轿车并负责销售,以人民币向A支付货款。

这种交易模式属于扩大形式的跨国界的物——物交换。易货品的选择和价值实现需要借助第三方、第四方甚至需要第五方的参与才能完成。其特点是:交易环节多,交易费用大,交货时间、收回货款的间隔期、货物的品质等方面的风险难以控制。在实践中这种交易方式可能演变成以下几种模式:

M1模式:A→B→D→A 。在交易过程中,双方商定,A在向B方提供物品或服务后,由B提供相应的货物进行支付,A寻找D方帮其实现货物的价值形态,再由D将货款支付给A。

M2模式:A→B→C→A 。在交易过程中,双方商定,A在向B方提供物品或服务后,由B按照A的要求寻找C,由其提供A所需要货物。

M3模式:A→B→A→C→A 或A→B→Z→C→A。在交易过程中,双方商定,A在向B提供物品或服务后,由B向A（或Z）支付相应的本国货币,再由A(或通过Z)向C购买其需要的货物,进口到国内后,供A自身或关联企业作为原材料或在国内市场实现其价值。即由B提供等价物,由A（或Z）寻找C,以能更好地提供满足A需要易物品。

M4模式:A→B→A→C→D→A 或 A→B→Z→C→D→A 。交易的前几个环节与M3模式类似,交易后期需要A寻找D将易货品转换成价值形态,最终由D向A支付货款。

二、租赁

是指采取以商品为媒介的信贷形式,双方按协议（契约）,出租方把商品租给承租方,在一定时期内使用,收取一定租金的贸易方式。分金融租赁,维修租赁,经营租赁三种形式。租赁信贷是由租赁方(出租人)在一定时期内使用,并收取租金,但设备仍归出租人所有的贸易方式,又称“租赁信贷”。租赁贸易是信贷和贸易相结合的一种贸易方式。通常由租赁公司居间,与承租人签订租赁契约,又与设备所有人订立买卖合同,资金由租赁公司提供。它是承租人获得设备的一种独特的筹资方式。其形式按租赁的目的划分,有融资租赁和经营租赁;按交易程序划分:有直接租赁、杠杆租赁和回租。租赁贸易是指企业之间较长期的动产租赁。

出租人一般为准金融机构,即附属于银行或信托投资公司的租赁公司,也有专业租赁公司或生产制造商兼营自己产品的租赁业务。

租赁对象主要是资本货物,包括机电设备、运输设备、建筑机械、医疗器械、飞机船舶,直至各种大型成套设备和设施等。

承租人通常为生产或服务企业。

租赁贸易往往是三边贸易,即有三个当事人:出租人、承租人和供货商。承租人选定所需设备和供应商后,由租赁公司洽谈购买;

在租赁贸易中,除非承租人自身有足够好的信誉,经租赁公司评估后,在一定额度内实现租赁、通常租赁公司要求承租人提供经济担保人,比如,银行、投资信托公司、保险公司等出具的保函。

租赁贸易是在信贷基础上进行的。出租人向承租人提供所需设备,承租人则按租赁合同向出租人定期支付租金、设备的所有权属于出租人,承租人取得的是使用权。租赁期一般较长,是一种以融物的形式实现中长期资金融通的贸易方式。

(1)租赁贸易的种类

①融资租赁(Financial Lease)。

融资租赁的标的物主要是设租赁公司出资购买用户选定的设备,出租给用户。租赁期较长,接近设备的使用期。租赁期内由用户自行维修保养,租赁期满,设备归用户所有。或者由用户支付残值后拥有设备。

在整个设备使用期内只租给一个用户,租赁公司按设备成本利息加上费用,分摊成租金向承租人收取,故而又称为“完全支付租赁”或“一次性租赁”。这是最基本的租赁形式。

②经营租赁(Operating Lease)。

这种形式的租赁期限较短,在设备使用的有效期内,不仅仅租给一个用户,每个用户所缴付的租金只相当于设备投资的一部分,故又称为“不完全支付”租赁。在租赁期内,由出租人提供设备维修保养服务,以期保持设备的良好状态供再次出租。对承租人来说,这种租赁方式和提供的服务,使他获得了始终保持正常运转的高新技术设备,但租金也比较高。

经营租赁的标的物是通用设备。当承租人只需短期使用某种通用设备时,往往采用这种租赁方式。

经营租赁的出租人通常是生产制造商兼营的租赁公司或者专业租赁公司。

③转租租赁。

我国在以租赁方式引进国外设备时,往往由我国的租赁公司作为承租人向国外租赁公司租用设备,然后再将该设备转租给国内用户。经营转租业务的租赁公司,一方面为用户企业提供了信用担保,即以自己的名义承担了支付租金的责任。另一方面又为用户承办涉外租赁合同的洽谈和签订,以及各项进口手续和费用。

我国租赁公司除办理转租赁外,也作为中介机构为国内用户企业介绍国外租赁公司,由用户企业与国外公司直接签约。我国租赁公司开立保函,为国内承租人定期支付租金作保。

④回租租赁。

承租人向出租人租赁原来属于自己的设施。一般做法是先由承租人和出租人签订租赁协议,然后再企订买卖合同,由出租人购进标的物,将其租给承租人,即原物主。这种租赁方式主要用于不动产,由于承租人缺少资金而出售不动产以筹措所需资金。

回租租赁均为融资租赁。标的物的售价将分摊在各期租金中。故在回租租赁业务中,标的物的售价往往并不反映真正的市场价,而更多取决于承租人所需资金的数额。当然也不可能超过其真正的市场价。

(2)租赁贸易的作用

租赁贸易实质上是出租人向承租人提供信贷的一种交易方式。

从利用外资、引进设备的角度来看,它与一般的中长期信贷和延期付款有相似之处,但对供需双方来说,有其特有的优越性:

①对承租人而言。

企业利用中长期信贷或延期付款方式购入设备,将记录在企业的资产负债表内。而租赁的设备,则不作为企业的负债记录,不影响企业的举债能力。

即使企业能以自有资金购入设备。若改用租赁方式,则可增强流动资金的周转能力,改善企业的资产质量。

承租人支付的租金可列入生产或经营成本从而降低了企业应税收入的数额。

承租人可按自身需要选择生产厂商和所需设备,确定技术指标。而租赁公司作为市场中的大买家,往往拥有优越的谈判地位,能以相对优惠的价格购进设备,从而降低承租人支付的租金。

以租赁方式引进设备,承租人只须和租赁公司达成协议,而落实资金和采购设备均由租赁公司负责,故而业务环节减少,设备到位所需时间较短。

承租人可以分享租赁公司所享受的减免税优惠以及所具有的资金运作优势,从而降低租金支出。

承租人所支付的租金,包括设备价款、利息和租赁手续费。租金在租赁期内一般固定不变,而中长期贷款的利率往往是浮动的,有上升的趋势。

国际市场是买方市场、承租人作为用户,具有一定的优势,充分利用这一优势,在一定条件下,比起直接获得国外出口信贷,更具现实性和更为经济,比起外商直接投资,在收益分配和经营控制上更有利于设备引进方。

②对出租人而言

出租人购买设备进行租赁业务,作为设备所有人可享受投资减税待遇,以及折旧或按政策加速折旧的优惠。

金融租赁公司作为出租人,租赁贸易也是一种金融业务。由此扩大了资金投放市场。由于拥有设备所有权和应收租主的承诺贷款风险较小。

专业租赁公司作为出租人,一般只需支付所购设备款项的20%~40%,其余部分则以设备所有权和租金受让权作为抵押,由银行等金融机构提供贷款，但出租人仍享有全部减税利益。

一些大型制造公司在往附设租赁公司,通过以租代销扩大出口业务。特别对于一些售价高,相对陈旧老化的设备,租赁是一种行之有效的促销方式。

（3）租金和租期

构成租金的主要项目包括租赁标的物的购置成本、租赁期间的利息和费用、经营开支、税收和利润。一般可按下列公式计算:

其中利息是最关键的一个项目。它和租期有关，租期愈长,相应的利率就愈高，也和租赁公司的资金来源以及所享受的减免税优惠有关。

融资租赁是一次性租赁故租期最长，可与设备使用的有效期一致。但如果承租人有足够的支付能力,在不造成企业负担过重的情况下,缩短租期,有利于减少利息负担。

国际租赁贸易的一般做法编辑

以融资租赁为例说明国际租赁贸易的一般做法:

委托租赁。用户企业将已选定的租赁物品向租赁公司提示,并填写租赁委托书。租赁委托书中应包括企业资产负债状况及经营指标。如有必要,应表明可以提供的担保。

洽购标的物。由用户企业或租赁公司或双方联合,与租赁标的物的制造厂或供应商磋商购买标的物的贸易条件。

签订租赁合同。当购买标的物的贸易条件已商定,租赁公司即出具租赁费估价单。双方然后就租期、租金、租赁标的物的交接验收、维修保养以及保险等条件达成一致,并签署租赁合同。

签订购货合同。租赁公司与制造商就事先谈妥的贸易条件,正式签订购货合同。

交货验收。制造商按合同规定直接向用户企业交货。我国企业以租赁方式引进设备,其手续等同于一般进口贸易。用户企业验收合格,以承租人身份向租赁公司出具验收收据。

支付租金和履行合同义务。承租人应按合同规定定期支付租金,并履行合同中规定的其他义务。租赁公司亦应按合同规定,承担保险和维修责任。在融资租赁中,一般由用户自行维修。

期满留购。融资租赁期满后,通常标的物所有权即归承租人所有。租赁合同也可规定由用户支付一定数额的设备残值后,才拥有所有权。

（4）国际租赁贸易的局限性

租金高昂,即比用现汇或外汇贷款购买的代价高,从而提高了产品的生产成本。通常情况下,高出的幅度可达12%~17%。

在租赁期间,承租人只有使用权,设备的所有权仍属于出租者。因此,承租人不能将租赁物进行技术改造、抵押或者出售。

租赁设备在租用期满后的残值,仍属于出租人所有。如果采用经营租赁方式,承租人对于在设备使用期间内所确定的租金,没有经过仔细的调查研究,核算租用设备的使用寿命及其利用率,将是一笔很大的损失。长期按规定支付租金,而设备利用不充分,则生产成本将会增加。租赁契约经双方签订认可后,一般不得随意终止合同,如果一方毁约或不租赁贸易（Leasing Trade）也称“租赁信贷”（Lease Credit）,是信贷和贸易相结合的一种贸易方式。它是由租赁方（出租人Lea—sor）根据租赁契约,将设备出租给租惜方（承租人Lessee）在一定期限内使用,并收取租金,设备仍属出租人所有。凡分别在不同国家的出租人,承租人之间进行的租赁贸易即为国际租赁。

①国际租赁（International Lease）有以下特点:

1）承租人用运营设备所获得的收入购买设备使用权,代替了通常自行筹资购买设备所有权的做法。

2）在基本租期内,设备所有权归出租人,使用权归承租人。

3）租期一般为3~5年,也可长达10年以上,租金在租期内平均分期支付,也有采用递减支付的。

国际租赁的出租人与承租人在不同国家（地区）,有时会出现供货人,形成三方合作的租赁业务。这种供货人可能与出租人在同一个国家,也可能与出租人不在同一个国家。他们之间签订的租赁合同均属国际租赁。

②国际租赁的种类。

从租赁的目的分,有融资租赁(FinanceLease)、经营租赁(Operating Lease);从征税角度分,有正式租赁(Truelease)、租购式租赁(Hire Purchse);从交易的程序分,有直接租赁(DirectLeasse)、杠杆租赁(Leverage Lease)、回租(Sale andLeaseback)和转租赁(Transfer Lease)等几种。它们的各自特点是:

1)融资租赁

以融通资金为主要目的,它是不可撤销的;承租人付清全部租金后,设备的所有权即转移于承租人;租期较长;承租人负责设备的保险、保养和维修。

2)经营租赁

合同可以撤销,也可以退还设备、改租设备;出租人要通过多次出租才能收回设备投资及费用;租期较短;出租人负责提供资金信贷和技术服务。

3)正式租赁

出租人可享有加速折旧、投资减税等税收优惠,承租人的租金较为低廉。

4)租购式租赁

承租人在租期届满时,可以留购设备并获得所有权。

5)直接租赁

出租人独自承担购买出租设备的全部资金。

6)杠杆租赁又称借贷式租赁

出租人自筹20%~40%资金,余款向金融机构借贷,然后购买设备出租给承租人。

7)回租

设备的货主将设备卖给出租人,再租用此设备。既使用原设备,又取得资金。

8)转租赁

租赁本国出租人的设备转租给别国的承租人,或租赁别国的设备转租给本国的承租人,原租约与转租租约并存。

复习思考题

一、什么叫独家代理?什么叫包销?它们的主要区别何在?

二、易货贸易的优缺点是什么?

三、租赁贸易在现代贸易中起到了什么作用?

四、简述商品交易所的业务内容及其在国际贸易中的地位和影响。

第十三章 技术贸易

技术市场同其他商品市场一样,也有狭义和广义之分。狭义的技术市场是指进行技术商品交易的场所,如技术交易会、技术集市等。狭义的技术市场,是一种有形市场。广义的技术市场是指技术商品交换关系的总和,它包含了从技术商品的开发到技术商品应用的全部过程,涉及与技术开发、技术转让、技术咨询、技术服务相关的技术交易活动及相关主体之间的关系。广义的技术市场,既包含了技术产品交换的具体场所,也包含了技术商品交换过程中所行程的买卖双方经济利益关系的总和。因此,广义的技术市场,是有形市场与无形市场共生的市场。

从业务范围来讲,技术市场包括为科技成果向现实生产力转化。满足用户对技术商品的现实需求和潜在需求所进行的一系列业务活动。在我国目前建设的技术转移中心、技术交易机构、生产力促进中心、中小企业发展中心等机构,近年来兴起的技术产权交易机构,所从事的业务工作都是围绕促进科技成果向现实生产力转化而开展的,理论上属于技术市场的范畴。

第一节 技术贸易的概念与特点

技术已成为现代社会生产力和经济活动的决定性因素。因此,与技术相关的贸易已成为国际贸易十分重要的组成部分。不但发展中国家为弥补技术差距大量引进技术,就是发达国家之间也进行着频繁的技术贸易,以发挥各自特长,获取比较优势。然而,谈到国际技术贸易的确切内涵和外延,人们的看法和认识很不一致,国际国内尚未有一个权威的为大家所公认和通用的定义。这本身就反映了国际技术贸易活动的广泛性、多样性、动态性。本文并不是试图给出一个标新立异的定义,而是将人们已有的对国际技术贸易的概念进行一个辨析和综合,并将它与相关概念进行比较,从不同侧面揭示国际技术贸易的内涵和外延。

一、国际技术转移、国际技术转让与国际技术贸易

首先,我们要比较的是“国际技术转移”、“国际技术转让”与“国际技术贸易”这一组概念,并揭示它们之间的内在联系。

《市场经济百科全书》这样定义国际技术转移:“国际技术转移是指作为生产要素的技术通过无偿的和有偿的各种途径,自一国流向他国的活动。技术的跨国转移除政府间的援助方式进行的无偿转让外,绝大多数是通过政府机构或私营机构以有偿方式进行的。国际间的技术转移采取契约性协定(许可证、技术特许 权、技术援助协定、工程管理合同、交钥匙工厂、供货 合同、开采资源特许权、咨询)、债务融资(租赁)、对外直接投资(独资或合资经营)和国际技术交流与合作等形式。跨国公司对外直接投资是当代国际技术转移的主要形式。” 该书对于“国际技术转让”的定义是:“国际间技术供方通过某种方式把技术转让给技术受方的行为。”

国际间的技术转让通常采用两种形式:一种为非 商业性的,另一种为商业性的。前者是指政府间以无偿的援助或无条件的技术合作的方式进行的转让;后者是指通过技术贸易方式进行的技术转让。该书对于国际技术贸易的定义为:“不同国家的企业、经济组织或个人之间,按一般商业条件转让技术使用权的一种行为。是国际技术转让的一种形式。”

根据以上所引定义,笔者认为,就通常的理解,三个概念在外延上的关系应是:国际技术转移>国际技术转让>国际技术贸易。三个概念的共同点是技术跨越国界的移动和流动,它们的区别在于实施流动的主体不同,以及流动的标的不同。“国际技术转移”是指所有途径和形式的技术跨国界的流动,因此这个概念的外延最大,既包括在两国两个不同的经济主体之间的流动,也包括虽然跨越国界但同属一个经济主体内部的流动(跨国公司通过国外直接投资的方式,可以把技术转移到国外,但又无须把技术转让给其他企业);既包括能够单独作为标的实施转移的技术,也包括不能单独作为标的实施转移的技术。“国际技术转让”的外延要小于“国际技术转移”,体现在两个方面:

(1)既然是“转让”,就必有技术的供方和受方,就必是两个主体之间的行为。由此,在同一个主体内部跨国转移技术的行为不属于国际技术转让。需要说明的是,跨国公司与其子公司虽然在经济上属于同一个主体,但在法律上它们属于不同的主体,因此,它们之间的技术转移也可以被看作技术转让,这就是所谓跨国公司“内部技术转 让”。

(2)既然是转让,就应有可转让的标的,按照联合国《国际技术转让行动守则草案》,技术转让的标的,应是技术知识及随同技术知识一同转让的机器设备等,那些天然融合在经济组织的运行之中、只能通过经济组织的整体移植才能转移的管理诀窍等,就无法转让。 因此,国际技术转让的外延要比国际技术转移小,它排除了相当一部分通过跨国公司直接投资实现的技术转移。再来看“国际技术贸易”的内涵和外延。根据前面的定义,在国际技术转让中,那些“以一般商业条件” 转让技术的行为就是“国际技术贸易”,因此从“国际技术转让”到“国际技术贸易”,概念的外延进一步缩小,非商业性转让被排除在外。但由于商业性转让是技术转让的主体,因此,国际技术贸易是国际技术转让的主要形式,二者在外延上的区别已经不大。基于同样的原因,国际技术贸易不但包括不同企业之间的跨国有偿技术转移,也应包括跨国公司与其子公司之间、同一跨国公司不同子公司之间至少表面上以一般商业条件进行的技术转让。事实上,这种跨国公司内部的技术贸易在当代已成为国际技术贸易的主体。

但是,我们不应该只看到 三个概念的区别,更应该看到它们的统一。它们的共同使命都是促进技术在国际间的转移和流动,从而促进世界技术资 源的合理配置和产业的合理布局,提升各国的生产力和技术发展水平。促进国际技术转移,正是国际技术贸易的灵魂所在。

国际贸易发展的一个指标,美国跨国公司通过向其国外子公司及其他公司转让技术获得的酬金和提成费,1960 年为6.5亿美元,1969年增长到18.94亿美元, 1978年进一步增长到54.17亿美元,其中1960~1969年平均每年增长12.6%, 1970~1978年平均每年增长11.9%(《三论世界中的跨国公司》,第237页)。据联合国贸发会议统计,2001年世界专利费及许可证费交易额达到720亿美元,比1990年增长了1.4倍,比1982年增长了7倍,远高于同期国际货物和服务贸易的增长速度。再从国际技术贸易的另一项重要内容高新技术产品贸易来看,增长速度同样迅速。据联合国贸发会议统计,1985~ 2000年间,世界高技术产品出口额以年均 13.19%的速度增长,高于制成品出口平均增速4.1个百分点,目前高技术产品出口已占世界出口总额的将近1/4。国际技术贸易是实现国际技术转移的重要途径。

二、国际技术贸易的标的与不同口径的概念

技术的本质是具有创新性的进行生产或服务的知识、技巧、诀窍等,它能够以多种形式存在:既可以以独立的知识形态存在,也可以物化在特定的设备和产品关键的问题,对此人们有不同 认识。根据对技术贸易标的的界定不同,技术贸易的概念有小概念、中概念、大概念,还可以通过掌握技术的人的服务来提供。由此引出了“技术贸易的标的应该是什么”这一基本的同时也是小概念:专指知识性技术的贸易。联合国《国际技术转让行动守则草案》采用这一定义。该守则称技术转让是指关于制造产品、应用生产方法或提供服务的系统知识的转让。 根据这一定义,技术转让的标的应是技术知识,或者除技术知识外,还包括随同技术一起转让的机器设备。单纯的机器设备,不带有任何无形的技术知识的转让,不属于技术转让的范围。按照这一定义,技术贸易的主要形式是许可证贸易,贸易标的既包括有工业产权的技术,如发明专利、实用新型专利、外观设计专利和商标权等,又包括无工业产权的技术,主要是专有技术和技术诀窍。贸易的内容既可以是转让产权,也可以是只转让使用权,以后者居多。

我国自2002年1月1日起施行的《中华人民共和国技术进出口管理条例》采用的技术贸

易定义接近于小概念。该条例第二条规定:“本条例所称技术进出口,是指从中华人民共和国境外向中华人民共和国境内,或者从中华人民共和国境内向中华人民共和国境外,通过贸易、投资或者经济技术合作的方式转移技术的行为。前款规定的行为包括专利权转让、专利申请权转让、专利实施许可、技术秘密转让、技术服务和其他方式的技术转移。”

中概念:指知识性技术的贸易+物化技术(硬件)的贸易。物化技术通常是指含有创新技术的关键设备和成套设备。在当代,还包括具有很高技术含量的高新技术产品。这里提到的物化技术或硬件的贸易,不同于上面狭义概念中提到的支持纯技术运用所必须的仪器、设备的引进,这种情况下的硬件贸易实际上不是独立的,而是纯技术交易的一个组成部分。相反,广义概念中所指具有较高技术含量的成套设备、关键设备、高新技术产品的贸易,并不从属于某一纯技术交易合同,而是独立交易。广义口径的技术贸易概念也被广泛采用。如《市场经济百科全书》认为“技术贸易可分为包含创新 技术的成套设备(包括设备器材)的买卖和许可证贸易两大类”(该书上册第474页h美国AeA公司发表的《2003年技术贸易最新报告》,其主要内容其实是分析高科技产品贸易。

大概念:指知识性技术的贸易+物化技术的贸易 +技术性服务”。严格地说,技术性服务不属于对技术性商品的贸易,而属于技术的运用;它不涉及技术产权或使用权的转移,而只是购买由掌握技术或诀窍的人提供的服务。技术性服务的例子如管理合同,工程咨询,工程设计,以及与成套设备引进相配合的技术服务等。这些无疑都是实现国际技术转移的重要的和有效的途径。这是从国际技术转移的大视野看国际技术贸易得出的图景。

笔者认为,对技术贸易的狭义概念(小概念)和广义概念(中概念、大概念)各有其利弊。狭义概念的优点 是明确确定,可操作性强,便于据此开展统计分析等;缺点是它大大低估了技术贸易的规模和分量。广义概念的优点是能够比较广地涵盖技术贸易的不同形式和 途径,比较全面;缺点是对于哪些硬件贸易和技术性服务能进入技术贸易的范围难以明确界定,失之过泛,同时,在统计上难有确切的数据。事实上,国际组织并没有关于国际技术贸易广义口径的统计,有的只是狭义口径中最核心的项目许可证贸易的统计数据。虽然广义概念有上述缺点,但对于政策制定者来说,把握广义的技术贸易的现状和发展趋势仍有重要意义,对于实事求是地认识本国在国际贸易和产业分工的地位和作用、确立正确的政策导向是必须的。对于从事国际技术贸易经营的企业来说,更不宜受狭义定义的局限,而要注重从广义上来认识和把握国际技术贸易。

在分析了国际技术贸易的标的和几种不同的概念口径之后,我们应该认识到,所谓“国际技术贸易”,其实并不是独立存在的一个事物,而是融入国际商品贸易、服务贸易和国际直接投资之中的。许可证贸易和技术性服务,一向属于服务贸易之列;含有创新技术的关键设备、成套设备和高新技术产品,则属于典型的商品贸易;在国际直接投资中,投资方常常以拥有的技术作为出资,跨国公司总部与其子公司之间、跨国公司不同子公司进行着大量的专利、商标、专有技术方面的交易。由此可见,国际技术贸易的发展是与商品贸易、服务贸易、国际直接投资交织在一起的,它依托国际贸易的各种渠道和形式而发展,并为国际贸易增添新的内容和活力。

虽然关于国际技术贸易的概念有不同口径,但不论用哪个口径来衡量,得到的关于国际技术贸易的发展趋势都是相同的,那就是比较迅速的、超过国际贸易平均水平的发展。拿技术贸易最狭义的一个衡量标准许可证贸易来看,50年代中期,国际许可证贸易总额大大超过西方发达国家国内许可证贸易总额,宣告了技术贸易“国际时代”的来临。

第二节　技术贸易的主要方式

国际技术贸易合同是分属两国的当事双方就实现技术转让这一目的而缔结的规定双方权利义务关系的法律文件。它的形式往往是与国际技术贸易方式相对应的,如许可合同、技术服务和咨询合同、合作生产合同、设备合同等。其中许可合同是最基本、最典型、最普遍的一种形式。 技术服务和咨询合同也比较典型和广为采用。因此,这里仅介绍这两种合同形式。

一、许可合同

许可合同是指许可贸易的技术供方为允许(许可)技术的受方有偿使用其知识产权或专有技术而与对方签订的一种授权协议。根据授权程度的不同,它有独占许可合同、排他许可合同、普通许可合同、可转让许可合同、交叉许可合同等类型。根据其合同标的不同,又有专利许可合同、商标许可合同和专有技术许可合同等类型。

许可合同由于类型不同,其合同条款及其内容有相同的部分,也有各自特殊的部分。

各种许可合同共同性的条款及内容有以下方面:

(1)合同名称和编号。合同名称要确切地反映合同的内容、性质和特征。例如“××专利许可合同”。合同编号是识别合同的特定符号,它反映出许可方的国别、被许可方的名称和部门及签约年份等。

(2)签约时间和地点。签约时间是双方正式签字日期,签约地点往往与签约时间相联系。签约时间和地点往往涉及合同的生效、法律的适用及纳税等问题。

(3)当事人法定名称和地址。这是有关通讯联络不可缺少的,也是双方发生争议确定法院管辖权和适用法的依据之一。

(4)鉴于条款,常用“鉴于……”语句,故名。它是叙述性条款,用以说明当事人双方的背景、立约意愿和目的,其中要特别讲明许可方对技术或权利拥有的合法性及被许可方接受技术的经验和能力。

(5) 定义条款。为使合同内容清楚、言简意切,常对以下词语进行定义:与合同标的有关的重要名词和术语;各国法律或惯例有不同理解或易产生歧义的重要名词和术语;重要的专业性技术术语;合同中多次出现、需加以简化的名词和术语等。应注意所下定义的名词和术语在同一合同各条款出现时,含义应安全一致。

（6）转让技术的内容和范围。这是整个合同的核心部分,是确认双方权利和义务的基础。它主要规定:具体的技术名称、规格,要求达到的性能和技术指标;转让的方式 (包括合同产品设计资料、生产技术资料的范围和内容),供方在技术培训和技术服务方面应承担的责任和义务,具体培训人数、方式,技术服务的范围及待遇条件,要达到的目标,受方可以使用技术制造、销售和出口许可产品的地区;商标的使用办法等。

（7）技术改进和发展的交换。在合同期限内,供受两方都有可能对原转让的技术作出某种新的改进或发展。一般来说,改进和发展的技术的所有权应归作出改进和发展的一方所有。双方均应承担不断交换这种改进和发展了的技术的义务。对这种改进或发展了的技术的交换办法应在合同中加以明确规定。通常将规定许可方向被许可方提供改进和发展技术的条款称为“继续提供技术援助条款”,将被许可方向许可方提供改进和发展技术的条款称为费用互惠、交换期限一致的原则。

（8）技术文件的交付。该条款包括技术文件交付的时间、地点和方式,对技术资料包装的要求,技术文件短损的补救办法,技术文件使用文字和技术参数的度量衡制度等内容。

（9）技术价格与支付。技术价格是指技术受方为取得技术使用权所愿支付的、供方可以接受的技术使用费的货币表现。与有形商品定价不同,技术定价是个复杂的问题,其高低取决于多种图素,主要有供方为完成交易所垫支的直接费用;供方所预期的利润;技术的生命周期和技术所处的周期阶段;供方所提供销技术服务量;技术使用的目的和范围;供方对受方授权程度,供方对技术的担保和受方接受能力;技术供求状况;技术的经济效益;受方国家政治环境和对产权保护状况等。技术价款的支付办法也与有形商品不同,常用的做法有三种:一是一次总付。即将技术使用费、技术资料费和技术服务费等费用一次算清加总,其总金额一次付清或分期友。二是提成支付。即当技术实施后,逐年按合同产品的产量或销售额或所获利润提取一定比例作为技术价款支付。三是入门费加提成支付。即当合同生效或受方收到技术资料后,先支付一笔约定的金额,然后再逐年提成费用。

（10）保证。该条款主要是为维护被许可方的利益,加强许可方的责任。它包括权利保证和技术保证两项内容。权利保证主要是指许可方应保证其是所转让技术的合法顾有者,并有权进行技术转让,这种转让在合同规定的地域内没有侵犯任何第三方的权利。技术保证是指供方保证按合同规定提供技术,其提供的技术是安全实用的,可以生产出合格的合同产品。在保证条款中,主要是规定技术保证的内容。权利保证则主要在鉴于条款、侵权等条款中加以规定。

（11）其他条款。除上述条款外,许可合同中还有“索赔、不可抗力、税费、法律的适用和争议的解决、合同期限、文字及签字,合同附件等条款和内容。这些内容与一般商品买卖合同大同小异,故此不再赘述。

各种许可合同的特殊条款是根据合同标的具体特点所须规定的条款。

专利许可合同的特殊条款包括专利条款、专利保持有效条款等。

二、专利条款

该条款要明确所转让专利技术的法律状态,列出专利号、专利申请国别、申请时间和有效期限。若属正在申请的专利,则要在合同中订明将来双方的权利义务如何随申请结果而变化,等等。 专利保持有效条款。多数国家规定,专利权人必须按年交纳年费才能维持专利权的有效。因此,在合同中一般应规定:许可方有义务依法交纳年费以维持所转让专利的有效性;若因未交纳年费而导致专利失效,则合同将因此而解除。 在专利许可合同中还应列有规定专利标记的使用、侵权及其处理条款等。

商标许可合同的特殊条款主要有:商标内容和特征,商标的合法性和有效性;受方使用商标的形式;对商标标识的管理;关于产品质量监督权等。

专有技术许可合同的特殊条款主要有:初期保密协议,保密和考核验收条款。初期保密协议主要是在进行技术谈判时双方所达成的保密协议,保证在技贸合同未达成的情况下,受方有义务在一定期限内,对从供方那里获得的一切技术秘密予以保密。保密条款则是在双方达成交易订人合同中的关于保密责任、措施等规定。

考核验收条款。技术贸易的“交货”过程,实际上是供方向受方传递和传授技术知识、经验和技能的过程。其中除移交技术资料外,更主要的是靠言传身教的形式向受方“交货”。“交货”是否完成?所交之“货”是否符合合同要求?在技术贸易中这些问题只能用考核合同产品的办法来解决。因此,在考核验收条款中,必须订明以下主要内容:考核验收的产品型号、规格、数量,考核验收的内容、标准、方法、次数,考核验收的地点、时间,所用关键专用测试仪器及设备的提供,双方参加 考核验收人员的安排和责任,考核费用的负担,考核结果的处理,考核不合格的责任归属,经济、法律责任归属等。

技术服务和咨询台同技术服务和咨询也是国际技术贸易实践中常用的一种技术贸易方式,由于其内容、范围和形式相当广泛,故其合同的内容也不尽相同。但一般来说,技术服务和咨询合同主要包括以下几个方面的内容。

（1）合同的标的。主要订明合同项目名称、服务内容和最终要解决的问题或要达到的技术要求。

（2）服务的要求及形式。在该条款中,应订明服务方派遣技术人员的人次、等级、资历、工作进度、工作地点和待遇条件,委托方接受培训人员的数量、资格、培训时间、地点、方式和待遇条件,服务方提供资料或报告的时间、地点和方式,以及完成技术服务和咨询的时限。

（3）双方的责任。委托方要如实介绍情况,为服务方实地考察提供方便;按规定支付技术服务咨询费;按时接受对方的工作成果。服务方要尽最大努力为对方服务;及时提出报告;适时解答对方提出的问题;为对方保等。

（4）咨询报告的验收和处理。若属咨询性服务,则在咨询报告期限完了以后一定时间内,服务方要提供出咨询报告,双方举行答辩会,由服务方解答委托方提出的问题或质疑。若发现报告中有数据差错或其他问题,应规定纠正的期限,并确定验收报告的最终期限。

（5）其他条款。其他如技术服务和咨询的计价和支付;违约及其处理;关于工程设计、产品开发等技术服务合同的保证和担保等都要在合同中订明。

三、贸易许可

国际技术贸易的方式主要有许可贸易、顾问咨询、技术服务、合作生产和工程承包等。这些方式没有明显的界线。实践中又常常是结合采用的。如工程承包项目就有相当大量的技术服务,而且还包括专利技术和专有技术的许可贸易。而许可贸易又往往包括技术服务和提供某些必要的关键设备与测试仪器等。

（1）许可贸易的概念

许可贸易是国际技术贸易中使用得最广泛和最普遍的一种贸易形式。它是指一国的技术输出方允许另一国的技术引进方在支付代价的条件下使用其技术,进行产品生产和销售的一种商业性交易。许可贸易的双方常称为许可方和被许可方。

许可贸易是通过签订书面的许可协议进行的。许可方和被许可方首先对某个技术转让项目进行磋商,然后就双方磋商的结果达成许可协议。在许可协议中具体规定许可的主题、内容、许可使用的权限范围、期限以及使用费和支付方式,作为日后双方共同履行的法律依据。就其性质而言,许可贸易是技术使用权的一种转让方式。通过许可贸易,使许可方可获得受工业产权法保护的专利技术的使用权,也可以获得或使用许可方严加保密的专有技术,进行产品的生产和销售,获取经济的收益。

（2）许可贸易的主要内容

许可贸易形式主要有下列三种:

①专利技术

专利（Patent）是一种工业产权,它是指发明拥有者依法向国家专利局提出申请,经审核批准后发明拥有者即被授予一种独占使用该项发明的权利。专利批准后其内容即由专利局公开,但专利受批准国法律保护,除专利权人外,其他任何人都不得擅自使用这项发明,否则便构成侵权,将承担法律和经济责任。但专利有一定的期限,超过期限,专利即告终止,原来受专利保护的技术便成为社会的公共财产,任何人都可以任意使用。

②专有技术

专有技术（Know-How）是指为生产某种产品或采用某种工艺所需要的保密的知识、经验、技艺的总和。专有技术的范围非常广,既包括技术领域,又包括经营管理和财务管理等领域;既体现在图纸、数据、技术规范等成文的技术资料中,又体现在专家、技术人员等所掌握的不成文的经验与知识中。

专有技术一般具备以下的特点:

1）实用性

指专有技术已在工业上获得实际应用。转让的专有技术必须是许可方在本公司的范围内已加以应用的、成熟的、完整的先进技术。那些正在试验或未经试用的技术不能作为专有技术。

2）秘密性

指专有技术中有许多重要的技术资料对外严格保密,而且许可方要求被许可方对其提供的资料在一定时间内保守秘密。这主要是通过协议、签订保密条件来加以限定的。

3）先进性

专有技术中特别是保密部分的技术内容必须具有一定的特色与先进性,而且随着科技发展不断有所改进。

4）完整性

指许可方所提供的专有技术应当包括生产某一产品全过程的完整的技术资料。对于其中无法体现在技术资料中的经验或技艺,许可方有责任通过培训将其传授给被许可方所派遣的技术人员,使被许可方能够完整地掌握该项专宫技术的全部内容,从而达到许可的目标。

专利技术与专有技术,无论在法律上,还是在技术上均有显著的区别。

①在法律上的区别主要表现在:

A、专利受工业产权法的保护,享有绝对的独占性,而专有技术无专门法律保护,需要通过协议规定加以保护。

B、专利具有严格的地域、时间和技术范围的限制,而专有技术无上述限制。

C、专利的技术内容需要公开,而专有技术的内容是保密的。

②专利和专有技术在技术上的区别主要表现在:

A、专利要符合新颖性、先进性和实用性的要求,但在工业中不一定已经应用。而专有技术并非一定要达到发明的要求,但必须在工业中已经加以应用过。

B、专利包括产品设计、材料、配方、工艺和方法等。而专有技术范围较

广,它除了上述内容外,还可包括管理、财务等方面的技术和经验。

C、专利是静态技术,专有技术是动态技术。

（3）商标

商标（Trade Mark）是工商企业为区别自己的商品和他人的商品而在商品或其包装上使用的一种特定标记。这种标记可由文字、图形或其组合而形成。产品的商标不仅有助于消费者认牌购买,而且也代表某产品的质量和信誉,因此,对生产和销售企业来说,可以通过商标,在市场上树立商品信誉,从而增加销售和出口。由于当前技术发展非常迅速,一个产品,特别是涉及新工艺、新方法的产品,其生产制造过程都十分复杂,引进方往往既需要获得有关某项产品的专利,也需要掌握制定这项产品的具体的知识与经验,才能真正生产出合格的产品。所以在国际许可贸易中,以专利和专有技术同时作为主题的混合许可,要比单纯的专利或专有技术许可更加常见。商标往往也是与技术结合在一起转让的,因此,被许可方不但能使用许可方的技术进行生产,同时还能在所生产的许可产品上使用许可方的商标,利用该商标的声誉,扩大产品的销售。

（3）许可协议的种类

许可协议的种类很多,一般主要有以下几种:

①独占许可

独占许可是指许可方在合同期限内授予被许可方在一定地域内对许可技术享有独占的实施权（制造权、使用权、销售权）。许可方无权再在该地域内制造和销售同样产品,也不得再向该地域内的任何第三方许可同一技术,因而排除了第三方在该地域取得该技术的可能性。被许可方可在该地域内独享制造权和垄断销售市场。这种许可协议,许可方的要价比较高。

②排他许可

排他许可是指在协议规定的期限和地域内,被许可方对转让的技术享有实施权,与此同时,许可方自己仍可以在同一地域内制造和销售产品,但不得再向同一地域的第三方转让同样技术。排他许可属非独占许可。

③普通许可

普通许可也是非独占许可,是指在协议规定的期限和地域内,被许可方取得许可技术的实施权,许可方仍有权制造和销售该产品,而且还可以将该技术再转让给第三方在该地域内制造

和销售产品。

④分许可

分许可是相对主许可而言的。凡是以工业产权人或专有技术拥有人为许可方而签订的许可协议常称为主许可合同。而分许可是指被许可方将通过主许可方协议获得的技术再与其他人签订的许可协议。一般来说,被许可方只有经许可方同意后(即在主许可中规定被许可方有权分许可),被许可方才能在一定的地域范围内将他取得的技术分许可给其他第三方使用。

⑤交叉许可

交叉许可是指许可贸易双方,将各自拥有的技术互相交换,许可给双方使用的一种许可方式。以上几种许可协议种类之间存在的相关联系与区别,有以下几种许可协议种类之间存在的相关联系与区别。

许可种类各方权利(在协议规定的期限和地域内)

被许可方许可方第三方

独占许可有独占实施权无实施权无实施权

排他许可有实施权有实施权无实施权

普通许可有实施权和转让权可获得实施权

分许可有实施权和再转让权

有实施权可从被许可方获得实施权

交叉许可有实施权并以此交换对方实施权

有实施权并以此交换对方实施权

上述各种许可反映了技术的被许可方对技术实施权所享有的权利程度的不同。因此,所付的代价也不一样。一般来说,独占许可所付的代价最高,排他许可次之,普通许可最低。

在实际业务中,具体采用哪一种许可方式,通常需考虑的因素有:①潜在的市场容量;②技术的先进性;③双方当事人的意图。一般认为,对市场容量不大的,宜采用独占许可,以免相互竞争,使产品价格下跌;对于市场容量大,即能大量生产、大量销售的商品,则宜采用普通许可。因为,即使存在竞争,也不致影响产品的销售和收益。当技术先进程度较高,或属尖端技术,技术输出方必然要索取较高的转让费。因此,究竟采用哪种许可方式,需要各种因素结合起来考虑。

四、技术服务

技术服务,亦称技术协助,是国际上广泛采用的一种技术转让方式。它是指雇主与服务方之间签订技术服务合同,由服务方凭借自己丰富的技术、知识与经验为雇主提供有偿的服务,以解决生产中的某个技术难题。

技术服务的内容包括咨询服务和工程服务两部分:

(1)咨询服务的范围很广,灵活性也很大。小范围可以搞单项专题的调查研究或技术方案;大范围可以搞整个工程项目的技术指导或质量监督。

(2)工程服务的内容有:工程项目设计、设备器材的供应以及提供工程建设和生产指导等。此外,技术服务还包括人员培训、销售服务以及管理咨询服务等。

由此可见,技术服务与许可贸易不同,它不涉及技术使用权的转让,而是技术的服务方用自己的技术知识和智力为受方完成一定的任务,雇主接受工作成果,并付给服务费。由于技术服务的目的是解决技术难题,因此往往其内容比较单一,通常仅为生产中的某个方面,而不是生产产品所需要的比较完整的全部的技术知识。通过技术服务,可利用服务方较丰富的技术知识、经验和技术手段,使需求方既快又省地建立起生产设施,并有效地进行生产和开辟销售市场。

作为技术贸易的一种手段,许可贸易、技术服务等技术转让方既可单独地运用,也可以与贸易和其他经济合作途径,如与直接投资、合作生产、工程承包、补偿贸易、购买机器设备等结合起来运用,或通过与上述几种途径构成一揽子交易来进行。从当前技术贸易的实际情况来看,这种综合性的技术转让方式十分常见。采用这些综合方式,技术引进方在获得技术的同时,还能得到与使用技术有关的其他生产要素,从而促进技术引进的配套,使引进项目更好地发挥效益。对技术输出方来说,通过技术输出,带动资本的输出和设备、原材料、零部件等产品的出口,并可以利用具有优势的生产要素获得更大的经济效益。

复习思考题

一、什么叫技术贸易?包含哪些内容?有什么特点和作用?

二、开展技术贸易有哪几种主要方式?

三、许可贸易是什么?有几种形式?许可协议的种类有几种?

四、什么叫技术服务?有哪些内容?

五、许可合同有哪些内容?限制性条款是指什么?

课外拓展

中国制造如何突破技术性贸易壁垒

在中国,每年有超过30%的出口企业不同程度地遭受国外技术性贸易措施的影响。但不管是政府还是企业,都不应该把这些措施视作壁垒,而是要当作消费者市场来研究,并且在研究发达国家消费者市场不断提高的标准中,让中国制造不仅“走出去”,而且“走回来”。

在2015年世界的三大变化趋势中,其中第一大趋势就是世界变得更加崎岖不平,国界日益凸显。而使得国界日益凸显的一个重要原因就是各国用技术性贸易措施堆砌起来的贸易壁垒。雄踞世界市场数十年的中国制造,正面临着劳动力越来越昂贵、创新能力欠佳、世界需求疲软的难题,它们与长期存在的贸易壁垒一起,成为中国制造第二次腾飞的天花板。早在2006年的底特律国际车展上,吉利集团就信誓旦旦地表示要以每辆车不超过1万美元的价格闯入美国市场;华晨集团也在同年宣称要在2009年前杀入美国市场,结果都没了音讯。南汽、东风、长城、比亚迪和奇瑞也曾发出过类似的豪言壮语,但临门一脚都被美国安全和环境排放标准这道门槛给挡了回来。

技术性贸易措施的初衷是合情合理的,比如《贸易技术壁垒协议》中规定:“任何国家在其认为适当的范围内可采取必要的措施保护环境,只要这些措施不致认为在具有同等条件的国家之间造成任何不合理的歧视,或成为对国际贸易产生隐蔽限制的一种手段。”又如《实施卫生与植物卫生措施协定》规定:“缔约方有权采纳为保护人类、动物或植物生命或健康的卫生和植物卫生措施。”更值得注意的是,只要缔约方确认它的措施有科学依据和保护水平是适当的,就“可以实施或维持高于国际标准、指南和建议的措施”。显然,这里面的空间十分之大。因此,技术标准被许多国家用来实施贸易保护,它们往往以技术性贸易措施等非关税措施的面目出现。这种措施名义上合理,形式上隐蔽,但技术性复杂,对出口以及产品进口造成了极大障碍。在中国每年有超过30%的出口企业不同程度地遭受国外技术性贸易措施的影响。

美国企业:品牌即标准

那么,美国企业有没有遭遇技术贸易壁垒的时候?当然有,而且也不少。它们是如何应对的,其经验又对中国企业有哪些借鉴意义呢?

面对这种情况,美国企业通常采取的态度有两种。一是美国公司擅长利用法律“维权”,如果财大气粗,有理有利,就会拿起法律的武器和对方打官司,政府也往往会出来助阵。美国人爱打官司是出了名的,美国公司也不例外。

二是美国公司擅长投其所好,与其打贸易战,不如研究透对方的市场需求和消费者习惯,不但达到对方的标准,而且研究出比本土公司更受消费者欢迎的产品。像3M的口罩和耳塞这样的小商品,都做到了极致。说到底,国际贸易本身就是"强龙要斗地头蛇",要战胜地头蛇必须知己知彼。美国的汽车、飞机、苹果手机、咖啡,甚至炸鸡翅在中国如入无人之境,不难看出它们的功力了得。反观中国企业,对国外的规定和市场习惯一是不知晓,二是知晓了不理解,而不理解往往又导致了应对不力。

中美之间的最大区别不在于是否有法规,核心的差别在于守法意识。但是一个企业的兴衰,并不完全在于是否遵从了这些标准,这些只是做生意必须遵守的最基本标准,比如含铅量、对玩具类的特别要求等。好比上班开车或骑自行车红灯停绿灯行一样,不遵守肯定不行,但遵守并不意味着事业的成功。

美国企业基本是靠品牌做证书,用品牌制定标准,靠创新和"差异化"取胜。从某种意义上来说,颠覆行业标准、推陈出新才是美国企业的标准企业行为。也可以说,最"标准"的美国产品标准就是不断地颠覆标准。苹果公司颠覆的是什么,是标准,这才是其伟大之处,也是中国企业需要学习的地方。

至于安全和健康法规,在美国甚至州与州都不一样,太复杂,有作茧自缚之嫌。笔者更欣赏中国的国标制度,但同样的,关键在于执行。

出口产品不能搞"标准化"

近年来,有关中国某些产品的国家标准低于国际标准、内外标准有别等质疑不时出现,于是业内一片呼吁出口产品"标准化"的声音。但在笔者看来,出口产品要搞"标准化",好比是用马尾巴毛提豆腐,提不起来。

首先,中国出口企业是在"三来一补",即"两头在外,大进大出"的模式上发展起来的,因此基本上遵循的是"替他人做嫁衣"的传统。这"三来"其中的一来就是"来样",所谓"来样"即是来标准。笔者在过去30年分别在美国的服装、鞋业、百货、办公用品和手工工艺连锁行业做自有品牌、产品开发、设计和货源等工作,接触到的生产企业数不胜数,有一条是共同的,那就是标准来自客户。

例如,金宝贝下到中国企业的订单不但指定面料、辅料的供应商,甚至连缝纫机用的针和每英寸缝几针都有规定,说白了就是生产企业说了不算。

其次,客户的标准本身也有不同:姑且不论面对欧美市场和日本市场的标准各异,同样是来自美国服装行业的产品标准也不同。现在企业的生存法则就是"差异化",企业的竞争力就是创新。没有这两个核心竞争力,企业连生存都有问题,更谈不上基业长青和从优秀到卓越。而"差异化"和创新内涵就是标新立异、颠覆标准。所以,任何试图"标准化"的尝试,常常好像要咬住自己尾巴的小狗一样,总是在原地打转、瞎忙活。

最后,现在消费者保护法规的变化层出不穷,同样在美国,加州地区对消费者和环境的保护比其他州都要严格。州政府一立法,我们这些做零售业的就手忙脚乱。金宝贝有一个小组,每天的工作就是专门收集州政府和联邦政府的各种法规。相较这样的商业氛围,中国出口企业闭门造车地搞“标准化”岂不就是用马尾巴提豆腐吗?中国是制定了一些“国标”,这当然比没有标准好,但这些标准主要是针对国内市场的,而海外客户对这些标准却并不十分认同起码笔者干了快30年的中美贸易,从来没有用过“国标”。

但换个角度来看,情况就不一样了。眼下金宝贝正打算进军中国童装市场,那至少在安全检测方面所要遵循的恰恰是中国的“国标”。最近,金宝贝决定把针对中国市场的生产从东南亚的十多个国家全部集中迁回中国生产,就是因为美国的标准和中国不一样。而把生产全部移至中国后,虽然劳动力稍贵,但是入乡随俗就地生产的效益抵消了劳动力昂贵的副作用。所以,中国的“国标”在无形中起到了贸易保护的作用。当然,在符合“国标”的基础上,还会增加其他必不可少的金宝贝“标准”,这是品牌的DNA。

制定标准从新兴市场做起

既然是客户制定标准,当然不执行是不行的。但在这个被动执行的过程中,中国企业却愈发认真,也愈发成熟。出口制造业取得了惊人的进步,“中国制造”作为一个品牌的含金量也在逐步增加,这是非常鼓舞人心的。之所以说是被动执行,这是因为零售商对中国制造企业的产品从原材料、测试、包装物、生产制造和成品检验事无巨细,一一检查到位。

所以,从某种意义来说,品牌就是一种标准,品牌可以自己制定标准。那么谁来检验和批准呢?自然是消费者。他们才是最权威的检测机关和发放经营许可的决策人,所以才被尊为“上帝”。中国的企业,尤其是中小出口企业,绝大部分还没有品牌可言,所以是被动执行客户标准,还不得不被查。“中国制造”虽然含金量不断增加,但是良莠不齐,一颗老鼠屎坏一锅汤的事时有发生。这种状态下,技术性贸易措施很容易成为进口国得心应手的贸易壁垒。

与成熟的欧美市场相比,新兴市场对中国伪劣产品的抱怨更甚。这是因为欧美市场有完善的监管机构和很强的消费者保护意识,新兴市场则没有,因此中国出口产品到了这里就像“荒田里舞大刀”,不少中国企业缺乏诚信的恶习更容易显露出来,伪劣产品因此而泛滥。这使得“中国制造”的品牌不断受到玷污,甚至连中国人的形象也被歪曲。要说制定出口产品的标准不妨从新兴市场做起,把其看作是“中国制造”的最低标准,低于这个标准就不能出国门,不能使用“中国制造”这个标识。

中国商业生态环境的软肋:

缺乏诚信

俗语有云:“越是缺什么,越是想表现什么。”这句话用在中国出口企业的认证上其实蛮恰当。中国认证多,很多国际认证机构都特别喜欢中国,在国外闻所未闻的东西都在中国大行其道。一是中国素来有讲面子的习惯,更有“名不正则言不顺”的行为准则,所以进了企业的门总是看到墙上挂了一大堆认证证书,就连零售商发放的验厂证书也被装裱一番挂在墙上。国内企业家常常会滔滔不绝,眉飞色舞地告诉我和我的同行他们通过了类似IS9002这样的认证。说实话,我们从来不看这些没有用的证书,意大利、德国、美国和日本的供应商从来就不给我们看什么证书。还有一个怪现象那就是领导视察的照片也变成了一种认证。笔者并不想全盘否定认证,但是认证越少越好,企业要把真功夫花在市场调研和产品开发上,花拳绣腿的事情还是少做为佳。

具有讽刺意义的是,连认证也作假,由此还衍生出牵涉面极广的诚信危机。笔者听说美国领馆有意加快中国申请访美签证的发放,但是真正束缚他们手脚的正是防不胜防的造假文件。眼下的中国社会和商业氛围是潜规则流行,腐败渗透到了商业流程的诸多环节。诚信危机,缺乏的正是对法律的敬畏。

亚当·斯密斯有一句名言:“东方缺乏的是制度。”就中国而言,他的这句话表面上已经过时,但是细品之下,不难发现中国大地真正缺乏的是对制度的敬畏和执行。尼尔·弗格森在他的名著《文明》一书中精辟地指出:“民主是一栋建筑的顶石,而建筑物的基础是法制说得更精确一点,民主是透过代议制立宪政府来保护个人自由的神圣性与保障私有财产权。”历史已经反复证明,每当我们越接近和尊重这样一个以法治为核心的游戏规则时,就越能充分发挥民族的潜能和特色。今天中国人民勤劳富有,中国企业强大兴盛,而且已经走了出去。但是源清流洁,本盛末弘。要跻身世界品牌行列,要真正地跨出国界和越过贸易壁垒、融入世界体制,需要的是一个与之无缝对接的中国企业法制生态环境。

国际化从中国市场开始

那么,中国政府应该如何指导企业应对技术性贸易壁垒,有哪些方面可以向美国等国家学习?首先一条就是不要把技术性贸易措施当作壁垒来研究,而是当作消费者市场来研究。中国社会早已过了温饱期,不妨借着这个机会改“要我做”为“我要做”。在研究发达国家消费者市场不断被提高的标准中,多拿一些东西回来。中国已经吃够了一切向GDP看的苦头,需要超越性发展,而不是步发达国家的后尘。把标准定得高一点,长远看是件利国利民利世界的好事。所以中国政府对企业的最大帮助应该是提供咨询服务和指导,焦点是对世界市场的现行法规和消费者市场的了解,让中国制造的产品不仅“走出去”,而且“走回来”。多研究市场,多投其所好,少投诉,尽量避免两伤俱败的诉讼。

改革开放30年,中国出口制造为经济崛起立下了汗马功劳,“中国制造”这块品牌有了一些含金量。但是这一成功多少有点“无心插柳柳成荫”的偶然性在里面,而且蚂蚁雄兵的量变还没有引发真正意义上的质变。过去的标准绝大部分是客户定的,我们根本就没有话语权。要像欧美和日本,甚至韩国企业那样最后用品牌制定世界标准,我们还有很长的路要走。

再就是开发自家后院这个“超级市场”。不要用“内销”这个概念,就把中国市场当国际市场来做。提高标杆,国际化从中国市场开始。千万不要急功近利。不要欺骗消费者。依据笔者的经验,凡是做内销的企业往往更能领悟海外采购商的要求。

最后,中国制造最需要的是以法律为基础的长远国策为其保驾护航,从制造大国升级为制造强国。没有强大的制造业为基础,工业“4.0”和“中国制造2025”还有“互联网+”,都是人云亦云的时髦语而已。出口制造是劳动力密集型产业,中国这一产业已经成为国家竞争优势,依笔者之见甚至是目前唯一已成气候的国家竞争优势,一定要好好呵护,并进一步发展,而不是总以朝令夕改的政策打压和排挤。中国出口制造兴,国家兴;中国出口制造旺,民族旺。反之亦然。

附件 国际贸易实务试题

一、单选题

1. CIF LONDON 卖方交货地点是（ A ）。

A. 装运港船上　　B. 目的港船上　　C.目的港码头　　D. 装运港码头

2.以CIF术语成交,货物在途中灭失应由（ D ）

A.卖方承担损失　B.买方承担损失　C.船方承担损失　D.买方向保险公司索赔

3.国外来证规定,总金额50万元数量为1000公吨散装货物,如果未表明可否溢短装,则不准分批装运,根据《UCP600》条款规定,卖方发货的（ D ）。

A.数量和总金额均不能增减

B. 数量和总金额均可增减10%以内

C.数量和总金额均可增减5%以内

D.数量可增减5%,总金额不超过50美元

4.在国际贸易中,海运提单的签发日期是表示（ B ）。

A.货物已经开始装船的日期

B.货物已经装船完毕的日期

C.装载船只到达装运港口的日期

D.装载船只离开装运港口的日期

5.某货轮在航行途中,A舱失火,船长误以为B舱也同时失火,命令对两舱同时施救。A舱中共有两批货物,甲批货物全部烧毁,乙批货物为棉被单,全部遭水浸,B舱货物也全部遭水浸。那么（ D ）。

A. A舱乙批货物与B舱货物均属共同海损

B. A舱乙批货物与B舱货物均属单独海损

C. A舱货物均属共同海损

D. A舱乙批货物属于共同海损,B舱货物属于单独海损

6.在国际贸易中,买卖商品是按重量计价的,若合同未明确规定计算重量的办法时,按惯例,应按（ A ）。

A.净重计　　B.毛重计　　C.皮重计　　D.重量计

7. 以下单价表示方式正确的是（ C ）。

A. USD 100/PC　　　　　　　B. 1000/MT CIF

C. USD 100/PC London　　　　D. USD 100 CIF London

8. 必须经过背书才能进行转让的提单是（ C ）。

A.记名提单　B.不记名提单　C.指示提单　D.备运提单

9.国际货物买卖使用托收方式,委托并通过银行收取货款使用的汇票是（ C ）。

A.商业汇票,属于银行信用

B.银行汇票,属于银行信用

C.商业汇票,属于商业信用

D.银行汇票,属于商业信用

10. D/P at 30 Days Sight 与 D/A at 30 Days Sight 的区别是（ A ）。

A.前者30天后付款交单;后者承兑后交单,30天后付款

B.都是30天后付款交单

C.都是承兑后交单

D.付款和交单的时间都不一样

二、多选题

1.海洋运输货运险的基本险别有（ ABC ）。

A.平安险　　　B.水渍险　　　C.一切险　　　D.战争险

2. FOB、CFR、CIF这三个贸易术语的相同点是（ AD ）

A.买卖双方的报关责任相同　　　B.买卖双方承担的运费责任相同

C.买卖双方承担的保险费责任相同　D.买卖双方承担的货物风险责任相同

3.构成共同海损的条件是（ABCE）。

A.共同海损的危险必须是实际存在的,不是主观臆测的

B.消除船、货共同危险而采取的措施必须是合理的

C. 必须是属于非正常性质的损失

D. 采取措施后,船方和货方都作出了一定的牺牲

E. 支出的费用必须是额外的

4.租船运输包括（ AD ）。

A.定期租船　B.集装箱运输　C.班轮运输　D.定程租船

5. 海运提单的性质与作用主要是（ BCD ）。

A.它是海运单据的惟一表现形式

B.它是承运人或其代理人出具的货物收据

C.它是代表货物所有权的凭证

D.它是承运人与托运人之间订立的运输契约的证明

6.海上货物保险中,除合同另有约定外,哪些原因造成货物损失,保险人不予赔偿（ABCD）。

A.交货延迟　　B.被保险人的过失

C.市场行情变化　　D.货物自然损耗

7.共同海损分摊时,涉及的收益方包括（ ABC ）。

A.货方　　B.船方　　C.运费方　　D.救助方

8.信用证支付方式的特点是（ BCD ）。

A.信用证是一种商业信用　　B.信用证是一种银行信用

C.信用证是一种单据的买卖　　D.信用证是一种自足的文件

9.罚金条款一般适用于（ ABC ）。

A.卖方延期交货　　B.买方延迟开立信用证

C.买方延期接运货物　　D.一般商品买卖

10.备用信用证与一般的跟单信用证的区别主要在于（ ABC ）。

A.适用的范围不同

B.银行付款的条件不同

C.受款人要求银行付款时所需要提交的单据不同

D.备用信用证属于商业信用,而跟单信用证则属于银行信用

三、判断并说明原因

1.贸易术语的变形是由于在程租船运输的情况下,CIF要明确目的港的卸货费用由谁承担的问题。（√）

原因:对于程租船运输,船方不负责装卸,所以买卖双方要明确装卸费用有谁承担。FOB要明确装船费用承担问题,CIF要明确在目的港的卸货费用由谁承担。

2.CIF与CIP最主要的区别是适用的运输方式不同。（√）

原因:CIF,CIP在性质上是一样的,只是CIF只适用于水路运输,而CIP适用于各种运输方式。

3.对于个数、件数可以精确计件的商品不适用于溢短装条款。（√）

4.在凭样品买卖时,出口人为了争取主动,防止日后交货困难,有时按买方来样进行复制再寄交买方确认,这种复制的样品叫复样。（ × ）

原因:应该是对等样品。

5.提单的抬头是指提单的发货人。（ × ）

原因:提单的抬头是指提单的收货人。

6.水渍险、一切险、战争险保险责任的起讫均为仓至仓条款。（ × ）

原因:战争险不采用仓至仓条款,而只保水上的风险。

7.推定全损时,如果被保险人不愿向保险人办理委付手续,就不能从保险人处获得赔偿。（ × ）

原因:如果被保险人不办理委付手续,那么保险公司只能按部分损失来赔偿。

8.对于D/P远期的方式,买方承兑汇票后即可取得单据,待远期汇票到期后才来付款。（ × ）

原因:D/P远期方式也要等到远期汇票付款后才向买方交单。

9.Shipping Qulity,Shipping Weight实际上是剥夺了买方的复验权,对于买方不公平。（√）

原因:Shipping Qulity,Shipping Weight是指以出口国检验机构出具的检验证书作为品质、重量合格与否的最后依据,买方无权提出异议,这实质上是剥夺了买方的复验权。

10.在国际贸易中,如果交易双方愿将履约中的争议提交仲裁解决,必须在买卖合同中订立仲裁条款,否则仲裁机构不予受理。（ × ）

原因:既可以在买卖合同中订立仲裁条款,又可以在争议发生后双方协商订立仲裁协议,二者具有同等的法律效力。

四、案例分析

1.某公司以CIF条件进口一批货物。货物自装运港,启航不久,载货船舶因遇风暴而沉没。在这种情况下,卖方仍将包括保险单,提单,发票在内的全套单据寄给买方,要求买方支付货款。问进口方是否有义务付款?

答:因为按CIF条件成交时,卖方交货属于象征性交货方式,卖方只要提供全套合格单据,就算完成交货义务,而无须保证到货,买方就必须履行其付款义务。相反,假设卖方提交的单据不合格,即使货物已安全抵达目的港,买方仍有权拒绝付款。就本例来讲,只要买方对卖方提交的全套单据无异议,就有义务向卖方支付货款。

2.我对澳大利亚出口1000公吨大豆,来证规定:不允许分批装运。结果我分别在大连、新港装500公吨于同一航次同一船只上,问这是否违约?能否议付?为什么?

答:不违约,银行能议付。只要运输单据表面上注明同一运输工具、同一航次、同一目的地的多次装运,即使注明不同的装运日期或不同装货地点,也不视作分批装运。

3.有批玻璃制品出口,由甲乙两轮分别载运,货主投保了平安险。甲轮在航行途中与他船发生碰撞事故,玻璃制品因此而发生部分损失,而乙轮却在航行途中遇到暴风雨而使玻璃制品相互碰撞而发生部分损失,事后,货主向保险人提出索赔,问保险人该如何处理?

答:在第一种情况下,由于造成玻璃制品部分损失的原因是船舶在航行途中与他船相撞,这一碰撞意外事故导致的部分损失属于平安险的承保责任范围,保险人应当赔偿货主;而在第二种情况下,由于造成玻璃制品部分损失的原因不是船舶发生意外事故而是暴风雨袭击船舶,使之颠簸的结果,而暴风雨属于自然灾害,由自然灾害造成的部分损失不属平安险的承保范围,故而保险人也就无须承担赔偿责任。当然,如果船舶在遭遇暴风雨前后发生了碰撞、搁浅、沉没、触礁或焚毁意外事故,由此造成的玻璃制品的损失,货主还是能够从保险人那儿获得赔偿的。

4.我某公司以CIF价格向美国出口一批货物,合同的签订日期为6月2日。到6月28日由日本东京银行开来了不可撤销即期L/C,金额为100万日元,证中规定装船期为7月份,偿付行为美国的花旗银行。我中国银行收证后于7月2日通知出口公司。7月10日我方获悉国外进口商因资金问题濒临破产倒闭。在此情况下,我方因如何处理?

答:由于两个业务行,开证行(东京银行)、偿付行(花旗银行)都是资信很高的银行,我方可以办理出口手续,将货物出口。因为信用证业务中,开证行承担第一性的付款责任。因此,我方应在7月份按时发货并认真制作单据,交单议付,由议付银行向东京银行寄单,向花旗银行索偿。

5.我出口公司A向新加坡公司B以CIF新加坡条件出口一批土特产品,B公司又将该批货物转卖给马来西亚公司C。货到新加坡后,B公司发现货物的质量有问题,但B公司仍将原货转销至马来西亚。其后,B公司在合同规定的索赔期限内凭马来西亚商检机构签发的检验证书,向A公司提出退货要求。请问:A公司应如何处理?为什么?

答:A公司应拒绝退货要求。马来西亚商检机构出具的检验证书无效。新加坡B公司已经转卖给马来西亚C公司,意味着对货物的部分接受,部分接受视同整体接受,B公司已经丧失了对货物的检验权。

6.日本某银行应当地客户的要求开立了一份不可撤销的自由议付L/C,出口地为上海,证中规定单证相符后,议付行可向日本银行的纽约分行索偿。上海一家银行议付了该笔单据,并在L/C有效期内将单据交开证行,同时向其纽约分行索汇,顺利收回款项。第二天开证行提出单据有不符点,要求退款。议付行经落实,确定不符点成立,但此时从受益人处得知,开证申请人已通过其他途径(未用提单)将货提走。议付行可否以此为理由拒绝退款?

答:不能拒绝退款。因为(1)L/C业务是纯单据业务,单证不符不能付款,银行仅处理单据,不问货物真实情况。(2)尽管开证申请人将货物提走,但开证行并未将单据交给开证人所以,议付行应向受益人追索所垫付的货款,退款给开证行。